JN081617

ミドル&シニアの
キャリア発達

知識労働者にみる転機と変化

三輪卓己［著］
MIWA Takumi

中央経済社

はしがき

　本書のテーマは，ミドル期やシニア期における知識労働者のキャリア発達である。これからの社会は知識社会であり，また高齢社会でもある。そこでは創造的な仕事や複雑な問題解決に従事する知識労働者が年齢を重ねても活躍し，成長を続けることが必要とされる。

　しかし，知識労働者がミドル期以降も活躍するというのは簡単なことではない。従来から，創造性や専門性は加齢とともに衰えると言われてきた。それがどの程度正しいかはともかく，高度な知識やスキルを長く学び続けるのは誰にでもできることではないだろう。

　また，そもそもミドル期以降のキャリアには，年齢や環境の変化にまつわる様々な課題や困難があり，それをどう乗り越えるかによって後のキャリアが大きく変わるということが，多くの研究で指摘されてきた。本書ではそれらをキャリアの転機と捉えて注目するのであるが，転機を乗り越えて積極的な変化を遂げることは，決して簡単ではないだろう。

　つまり，ミドル期以降の知識労働者は，自分の専門性や創造性を維持するための努力を続けながら，様々なキャリアの転機に対処し，そのうえで積極的な変化を遂げていかなくてはならないわけである。そうしたキャリアとはどういうものなのか，積極的な変化に必要なものは何なのか，それらのことを明らかにすることが，今後のキャリア研究の重要な課題になるのだと考えられる。

　本書は，実際の知識労働者の事例研究を通じて，その課題に取り組むものである。全部で18名の知識労働者のキャリアを取りあげ，ミドル期以降に転職に成功する人，独立・起業を果たす人，専門分野を変えて成長を続ける人，早い成功の後の停滞から抜け出す人，学び直しをして飛躍する人，仕事の中心性を変えながら活躍する人，それらの積極的な変化の要因やプロセスを考察していく。

　ただし本書の目的は，厳密な理論を構築することや，何らかの仮説を検証することではない。その前段階の取り組みだと言えるのかもしれないが，長く活躍を続ける知識労働者のキャリアを丁寧に見ることによって，ミドル期以降のキャリア発達に重要となる要素をできるだけ具体的な形で把握し，そこにいくつかの意義のあるプロセスや関連性を見出すことを目的としている。その意味で本書は，これからの議論の広がりを志向した探索的な研究であり，今後の理論構築のため

のたたき台だと言える。

　事例研究はそれに適した研究方法だと考えられるし，その他にもメリットのある方法だと言える。特に，実務家に代表される研究者以外の読者を想定した場合にはメリットが大きい。事例研究は，発見事実の客観性や一般化の可能性に限界がある一方で，事例となった人の迷いや葛藤，それを乗り越えるプロセス，その背景や文脈，それらが具体的に把握できる研究方法である。そのことによって事例の内容を読者自身やその周囲の人に投影し，比較することも容易になるだろう。これからの社会で働く人にとって，実践的な示唆が豊富に得られる研究方法だと思われる。

　筆者は長くキャリアの研究に従事しているのだが，以前から知識労働者のキャリアに関する事例研究に取り組みたいと考えていた。彼（彼女）らのキャリアには学ぶべきものが多く，個々のキャリアを丁寧に辿ることの意義を強く感じていたのである。

　そして実際にそれに取り組んでみて筆者が学んだことは，私たちは働き方や学び方を大きく見直す必要があるということである。彼（彼女）らのキャリアには，従来の日本企業で一般的であったキャリアとは異なる特徴がかなり見られた。そしてそれらが，知識社会で長く活躍するための要件になるのである。

　いくつかの例をあげてみよう。まず彼（彼女）らの多くは，若い頃から新規事業や新しいプロジェクト等に参加し，試行錯誤を繰り返している。その中で（手さぐりで）自律的に学び続ける習慣と，レジリエンスと呼ばれるような精神的な強さ等を身につけている。彼（彼女）らは変化と不確実性の中に身を置き，自分で何かを学び取る習慣を体得しているのである。そしてその過程において，古い成功体験を捨てて新しい自己を発見している。

　またキャリアの途上で（ミドル期以降においても）大学院に学んだり，難しい公的資格を取得したりしている。そしてそれを実務に活かすのであるが，彼（彼女）らは理論と実務を往復しながら学習していると考えられる。別の言い方をすれば，職場での実務経験からの学習だけには依存していない。そして同様に，社外の人たちと協働して学ぶことにも積極的であり，組織の中と外を行き来して学習を重ねている。彼（彼女）らの中にはミドル期以降に学び直しや専門分野の変更を行う人もいるのだが，それに関わる学習の多くは組織の外で行われている。言い換えるならば，組織に依存した学習ではないのである。そして，こうした学習で得られた知識や人的ネットワーク，心理的特性等が，彼（彼女）らが転機を

乗り越えて変化するうえでのリソースになる。

　自律性や組織内外における学習，そしてそれらを通じた自己変革等が彼（彼女）らのキャリアの特徴だと言えるだろう。それは一つの組織に強くコミットし，何度かの人事異動を受け入れながら，与えられた仕事に従順に取り組むような働き方や，組織内での経験に偏った学習とは大きく異なるものである。

　筆者自身もシニア世代に入っており，本書の議論は決して他人事ではない。同世代の人たちからも，キャリアが停滞しているとか，活躍する場がなくなったという話が聞こえてくるようになった。彼（彼女）らはどこかで転機を乗り越えられなかったのかもしれないし，変化するためのリソースを持ちえなかったのかもしれない。そうだとすれば，本書の事例は多くの人にとって参考になるものだと言える。

　また本書の草稿をまとめて出版準備に入った頃から，新型コロナウィルスが流行して，多くの人や企業が影響を受けたわけであるが，そこにおいても新しい働き方に対応できないミドルやシニアの話がよく聞かれた。テレワーク等が求められることにより，日本企業でよく見られた対面による擦り合わせや，言語化しにくい文脈的な知識の活用ができにくくなってしまったため，そうした旧来の働き方に慣れ親しんだミドルやシニアが当惑してしまったらしい。それは新しい社会に適応できず，シニア期にキャリアが停滞してしまう組織人の姿にも重なるものだと言えるだろう。私たちは今，過去の慣習や成功体験を捨てて新しい働き方を身につけることが求められているものと思われる。

　本書で取り上げるミドルやシニアは，自らの意志で学び，積極的に変化してきた。その具体的な内容やプロセスを見ることは私たちにとって大きな意味があることだと思われる。もちろん本書が明らかにできたことはごくわずかであり，本書はこれからの研究につながる手がかりをいくつか見つけたにすぎない。現時点では研究成果よりも今後の課題の方が多いと言える。しかしそれでも事例のキャリアから読み取れるもの，学べるものはあると思われる。彼（彼女）らの事例が後に続く人たちを励まし，支えるものになれば幸いである。

　さて，本書は多くの方々のご支援やご協力によって完成したものである。まずは調査にご協力いただいた企業，ならびに知識労働者の方々に心よりお礼を申し上げたい。それらの方々の協力なしには研究が成立しなかった。また研究面でご指導や助言をいただいた方々にも感謝したい。神戸大学大学院の恩師である奥林康司先生はもちろんのこと，上林憲雄先生（神戸大学），三崎秀央先生（兵庫県

立大学）をはじめ，たくさんの方々から貴重なご意見やご指導をいただいた。それらのお力添えがなければ，本書を書くことはできなかったであろう。

　なお，この研究は学術研究助成基金の助成金（基盤研究C）を受けて行われたものである。また出版に際し，中央経済社学術書編集部の納見伸之氏，酒井隆氏に大変お世話になった。心から感謝したい。

　こうした多くの方々のご支援があったにも関わらず，本書には未熟な点も多い。もちろん，それらはすべて筆者の責任である。批判は真摯に受け止め，一層精進していきたい。そしてそのうえで，筆者の最後のキャリアの課題として，新しい社会の働き方やキャリアについて，少しでも働く人たちの希望につながるような研究成果を残したいと考えている。

2021年1月

三輪　卓己

目　次

序章 本書のねらい

第1節 高齢社会，知識社会におけるキャリア

　本書のテーマは，ミドルやシニアと呼ばれるような中高年齢者のキャリア発達である。本書ではそれを，創造的な仕事や複雑な問題解決に取り組む知識労働者（knowledge workers）を対象に議論しようとしている。実際の知識労働者のキャリアの事例を通じて，ミドル期以降の多様なキャリアのプロセスや，積極的な変化を可能にする要因を探索したい。

　先進諸国において，人口の高齢化が問題視されるようになってから久しいのであるが，中でも日本における高齢化のスピードは急激であり，65歳以上の人口比率は2025年には30％を超えると予測されている[1]。そしてその一方で，若年層の労働力人口は，その実数，比率ともに減少していくと予測されている。

　このような人口構成の変化により，多くの高齢者が60歳以降も長く働き続けることを期待されるようになってきた。企業などに雇用される労働者は，かつては60歳で定年退職し，職業生活から引退するというのが一般的であったが，2013年には原則として希望者全員を65歳まで継続雇用することが企業等に義務付けられている。そして近い将来において，70歳までの雇用が現実のものになろうとしている[2]。

　このように，働く人々の引退の年齢が徐々に高くなり，キャリアが長期化していけば，様々な職場に60歳以上の人たちがいることが当たり前の社会になるだろう。もはや高齢者は，少数の周辺的な労働力，あるいは補助的な仕事に従事する労働力ではなくなってきている。若年層と同様に，重要な仕事を担う中核的な労

1）　総務省統計局ホームページ（http://www.stat.go.jp/data/topics/topi721.html，2020年12月26日閲覧。）
2）　引退年齢の上昇については，年金保険の問題など，様々な別の要因も影響している。

1

働力として活躍することが期待されるようになると考えられる。

　しかしながら，高齢になってからも第一線の仕事で活躍することは，決して簡単なことではない。長期間にわたって働く意欲を維持し，新しい仕事に適応しながら成長を続けることは，誰にでもできることではないだろう。近年では，人生100年時代のキャリアに関する研究も始まっているが（Gratton and Scott, 2017），それを充実したものにするためには，乗り越えるべき課題が数多くあるものと思われる。

　一方，高齢化と並ぶ大きな社会の変化としてあげられるのが，知識社会（knowledge-based society）の進展である。知識社会とは，人々の持つ知識が生産や経営の主たる資源となる社会であり，創造的，あるいはユニークな製品やサービスの提供が，企業の競争力となる社会である（Drucker, 1993）。かつての産業革命後の工業化社会においては，巨大な資本に基づく大量生産が企業の競争力となっていたのであるが，もはや画一的な製品やサービスを提供するだけの企業は，市場で淘汰される時代になってしまったと言える。

　欧米諸国や日本などの先進国では，工業化社会から知識社会への移行が進展しているのであるが，それには大きく分けて二つの要因があったものと考えられる。一つは情報技術（information technology：以下IT）の発達により，情報や知識のやり取り，編集，加工などが格段に行いやすくなったことである。そのことによって，社会のいたるところで知的な活動が急速に増加し，推進されたものと思われる。そしてもう一つは先進国経済の成熟化である。20世紀の工業化社会は物質的な製品が行き渡っていない社会であり，そこでは多くの人々の様々なモノに対する購買意欲が高かった。しかしながら，現在のように多くの人たちが必要なモノをほとんど所有しているような成熟した社会になると状況は変わってくる。消費の対象がモノからサービスにシフトするだけでなく，ありふれた製品やサービスは市場での競争力を失い，何らかの新しい価値を持っているものだけが顧客に支持されるようになる。そしてそうした製品やサービスを生み出すために，企業は創造的な活動や知的な活動に重点的に取り組まなければならなくなったのである。

　ここで見てきた二つの社会の変化は，人々の働き方に大きな影響を与えていると言える。まず知識社会化は，創造的な仕事や知的な仕事の重要性を高めることになる。企業等で働く人々は，そうした仕事に積極的に取り組むことを要求されるようになるし，それらの仕事で活躍できる人，すなわち知識労働者が企業や社

会を牽引することになる。

　そして高齢化やそれに伴うキャリアの長期化は，働く人々にそうした仕事に長く取り組み，活躍し続けることを要求することになる。もちろんそれは，単に働く期間が長くなるということではない。創造性や高度な専門性を維持するために，努力をし続けることが必要とされるのである。それが決して容易なことではないのは想像に難くないだろう。それゆえ本書は，知識労働者のミドル期以降のキャリア発達をテーマに掲げたのである。

第2節　ミドルやシニアのキャリアの問題

　本節と続く第3節において，知識労働者のミドル期以降のキャリアにおける重要な論点をあげておきたい。

　これまでの日本の企業や社会においては，60歳以降も第一線で生き生きと働ける人は，あまり多くなかったと言える。さらにいえば，そうしたシニア期に入る手前の，中年と呼ばれるミドル期において，活力を失って成長が止まってしまう人も少なくなかったであろう。多くのシニア期のキャリアの問題は，実質的にミドル期に始まっていたとも考えられるのである。

　したがって，高齢社会のキャリアについて考えるうえでは，60歳前後やそれ以降のシニア期だけでなく，その前段階にあたるミドル期も併せて検討することが必要になる。ミドル期からシニア期に連なるプロセスが重要になるわけであるが，そこに最も難しいキャリアの課題があることが，これまでも多くの研究において指摘されてきている。

　古くから，ミドル期やそれ以降のキャリアには多くの困難があることが，心理学や社会学，経営学等の様々な学問領域において議論されてきたのだが，ここでは簡単にその代表的なものに触れておきたい。

　例えば，ミドル期とそれ以降のキャリアの停滞を扱う概念として，キャリア・プラトー（career plateau）がある（Ference, Stoner and Warren, 1977）。プラトーとは平原を意味する言葉であり，キャリア・プラトーとは元々，組織内キャリアにおいて昇進が止まってしまい（あるいはその可能性が低くなり），一定の職位でそのまま固定されてしまうような現象を意味している。そのような状態になると，働く人々の成長が止まってしまうだけでなく，仕事への意欲も低下してしまう恐れがあると考えられる。

図表序－1 Schein（1978）によるキャリア中期の課題

課　題	内　容
専門化対一般化	一つの専門分野で働き続けるのか，仕事の領域を広げてマネジメントに参加するのかを選択する。
組織における個人のアイデンティティおよび貢献領域の確立	自分の能力や特性を発揮できる領域を見出して確立する。
夢と現実の葛藤の克服	自分の理想と現実的な状況との折り合いをつける。
「助言」の責任	年長者として後進に助言する責任を引き受ける。
仕事と家庭と自己発達の適切なバランス	仕事上の成功や成長と家庭生活との調和を図る。
積極的な成長志向の維持	年齢を重ねても成長しようとする意欲を維持する。

出所）筆者作成

　さらに近年では，昇進に関わるプラトー現象だけでなく，ミドル期以降に仕事の内容が変わらなくなってしまうという，仕事内容のプラトー現象も議論され始めている（山本，2016）。いずれの場合にせよ，キャリア・プラトーは現実のキャリアにおいてよく起こり得るものであるため，それをいかに打破するかが，ミドル期の重要な問題とされているのである。

　またSchein（1978）では，昇進の問題も含めて，ミドル期のキャリアの課題が様々な視点から論じられている。

　図表序－1はそれをまとめたものであるが，それらはいずれもミドル期に差し掛かった多くの人が直面する課題であり，それにどう対処するかが，その後のキャリア発達を左右するものだと言える。中には仕事以外の生活領域に関わる課題もあるし，加齢や老化といった肉体的な変化と強く結びついた課題もある。それらも若年期にはない困難な課題だと言えるだろう。現実的に，ここであげられたような課題や葛藤を乗り越えられず，その後のキャリアを充実したものにできなかった人も少なくないであろう。こうした研究からもわかるように，ミドル期やシニア期のキャリア発達は，古くから難しい問題として議論されてきたのである。

　それに加えて，知識労働者，あるいは知識社会に焦点を当てた場合には，さらに難しい問題も浮かび上がってくる。その一つは，彼（彼女）らの専門性や創造性の維持の問題である。

　知識労働者の中核的な能力は認知的課題遂行力や創造的能力などと呼ばれる知的な能力であるが，それらを長きにわたって高いレベルに維持するのは難しいこ

とである。それらの能力の低下をどう防ぎ，成長を続けるかが，彼（彼女）らのキャリア発達における重要なポイントとなるのである。益田（2001）によれば，認知的課題遂行力と加齢の関係は一般的に逆U字型になるとされており，高齢時にはその能力が徐々に低下するといわれている。特にIT技術者に関しては従来からそうした考え方が一般的であり，企業などにおいても，長きにわたってIT技術者35歳限界説などが囁かれてきた（古田，2017）。その主な理由は，一つにはIT技術者の仕事は激務であり，中高年になってしまえばそれに耐えられなくなるというものである。そしてもう一つは，ITは目まぐるしく進歩し，変化するので，中高年にはそれについていくのが難しくなるというものである。もしこうした主張が正しいとするならば，IT技術者をはじめとする知識労働は若い人の仕事であり，ミドル期，シニア期に至るまで続けることは極めて難しいということになってしまう。

　しかしその一方で，加齢による能力の低下は誰にも避けられないものではなく，環境条件や人生経験によって緩和可能だと主張する研究もある（Baltes,1987）。特に働く人の経験や訓練によって，加齢と能力との関係は変化するといわれており，Simonton（1990）による知識労働者の創造性に関する研究によれば，一般的には年齢と創造性の逆U字型の関係は確実であるが，創造的な個人は人生の最後まで創造的であり続けられるとされている。そうであるならば，知識労働者にとって知的な能力を維持して知識労働を継続することは，長期化するキャリアにおける最重要課題であり，そのために必要な努力や学習が解き明かされることが強く求められるだろう。当然ながらそれは，本書においても重視され，議論されるべき点だということができる。

　また，知識労働者に関するもう一つの問題は，彼（彼女）らのキャリアには一般的なホワイトカラー等に比べて，大きな多様性があることに起因するものである。彼（彼女）らは専門性や創造的能力を持つがゆえに，組織を超えて活躍できる可能性を持っている（Drucker, 1993）。おそらくミドル期を超えた知識労働者の中にも，一つの組織に縛られずに働ける人がいるだろう。それゆえ，彼（彼女）らのミドル期以降の活躍のし方は，一つの企業で長く働き続けるだけでなく，転職や独立を含めた多様なパターンがあるものと思われる。知識労働者の長期的なキャリア発達においては，そうした多様な可能性の中からどのような選択を行うのかが，大きな問題となるのである。その選択のプロセスや，選択を可能にする要因についても議論が行われるべきであろう。

第3節　ミドル期以降の転機と変化

1．キャリアの転機

　ここまで見てきたように，知識労働者のミドル期以降のキャリアを考えるうえでは，①加齢に伴う問題への対処，②創造性や専門性の維持，③多様なキャリアのプロセスなどが重要な論点となる。本書ではそれを踏まえて，彼（彼女）らがミドル期以降の様々な課題を乗り越え，継続的に成長して活躍するキャリアを，現実的かつ具体的に把握していきたいと思う。

　そしてそのために本書が注目するのが，知識労働者のミドル期以降のキャリアにおける「転機」と「変化」である。それらが長期化するキャリアを充実させるために，そして継続的に活躍を続けるために，重要なキーワードとなるのである。

　まず「転機」についてであるが，先述の通り，キャリアのミドル期には様々な課題があるために，多くの人がそこで立ち止まり，自らのキャリアを振り返ることになる。そしてその課題をどう克服するかが，その後のキャリアを左右することになる。それは多くの学問領域において議論されてきたミドル期以降のキャリア発達における要点だと言えるのである。

　生涯発達心理学の研究などでは，ミドル期における転機は「キャリアの危機」と表現されるのであるが[3]，岡本（2007）はそうしたキャリアの危機とは，あれかこれかの決定的転換の時期だと説明しており，中年期のアイデンティティの再体制の機会として捉えている。ミドル期には働く人々が自分を問い直し，自己変革を行うような機会が存在するということであり，だからこそミドル期以降も活躍を続ける人，反対に停滞してしまう人が現れるということなのであろう。

　先に見たキャリア・プラトーや，Schein（1978）があげたミドル期の課題は，働く人々にそれまでのキャリアの再考を促すであろう。それを乗り越えることで，働く人々は新しい自分を見出し，それまでよりも強固な自信を得ることになるのだと思われる。

　こうした転機を乗り越えるプロセスは，キャリアが長期化する時代においてはさらに重要なものになると考えられる。ミドル期以降の時間が長くなれば，転機

3）　中年の危機を論じた初期の研究の代表的なものとして，人は「人生の正午」を過ぎて下降を経験することによって，その後の生き方を考え直すようになると論じたJung（1933）があげられる。

を通じて新たな自己や自信を持てたかどうかが，その後の活躍に強く影響することは想像に難くない。本書では，ミドル期以降の知識労働者のキャリア発達を見るうえで，彼（彼女）らがどんな転機を迎えるのか，そしてそれにどのように対処するのかを重要なポイントとして取り上げ，詳しく見ていくことにしたい。

2．転機を経た後の変化

次に「変化」についてであるが，キャリアの転機を乗り越えた後に，個人の働き方がどう変わるかに関するものである。積極的な変化を遂げた人はその後のキャリアでさらに活躍するだろうし，消極的な変化をした人，あるいは変化を拒否した人は停滞してしまうとも考えられる。転機を活かしてどのように変化を遂げるかが重要になるのだが，こうした変化が，近年のキャリア研究で特に注目されているのである。

キャリアが長期化し，ミドル期以降の働く期間が長くなれば，一つの仕事や組織にとどまることが容易ではなく，また合理的でもなくなる可能性がある。それだけでなく，若年期に獲得した知識やスキルに頼ることができなくなり，常に新しいことを学び続ける必要にも迫られる。したがってキャリアにおける変化は，高齢化が進んだ社会においてはより大きな意味を持つことになる。

それゆえ本書では，こうしたキャリアの変化に注目するのであるが，その変化には転職や独立といったキャリアの客観的な側面の変化と，その人の考え方や働くうえでの目的意識などの，キャリアの主観的な側面の変化があることが重要である。

まず客観的な変化でいうならば，今後はミドル期以降の転職や独立といった変化が増加するものと考えられる。近年のキャリア研究においてもそのことが注目されており，従来であれば若年期から壮年期の話と考えられていた転職や起業，独立などが盛んに議論されるようになってきた（Ibarra, 2003；Gratton and Scott, 2017）。キャリアが長期化することによって，より多くの人が活躍の機会を得るために，そうした選択が重要になるものと考えられる。

特に知識労働者に着目するならば，先述の通り，彼（彼女）らは一つの組織に依存しないキャリアを歩むことが多いと言われている。おそらくは，転機を乗り越えた後で，それまでとは異なる仕事や環境に挑戦する知識労働者は少なからずいるものと考えられる。そうすることによって，長く活躍できる領域を自ら切り開いていく知識労働者は，今後増えていくだろう。その詳しい内容やプロセスを

見ることも，知識労働者の長期的なキャリア発達を理解するうえで重要であろう。

　次に主観的な変化であるが，その変化は所属する組織や雇用形態の変化ではなく，その人の思考や行動の変化である。働くうえでの目的意識が変わったり，仕事を遂行するうえでの方針が変わること，あるいは重視する事柄が変わることを意味している。例えば，ひたすら成功や名声を追求していた人が社会貢献を意識するようになったり，または新しい目標や関心領域を見出すような変化だと言えるだろう。

　転機を乗り越えた知識労働者は，新しい自分を見出し，それまでとは異なる行動をとるようになることも多いと考えられる。そしてそうした変化は，働く意欲を高めるという意味においても，また保有する知識やスキルを向上させる，あるいはそれらを環境に適応させるという意味においても重要になるだろう。本書ではこうした主観的側面の変化が，知識労働者のミドル期以降のキャリアにどのような形で現れるのかについて，詳しく見ていきたい。

3．変化を可能にする要因

　このように，本書では転機と変化に注目しながら，知識労働者のミドル期以降のキャリア発達について考えていくわけであるが，それに関連してもう一つ考えなければならない問題がある。それは，転機を乗り越えて積極的な変化を遂げるためには何が必要になるのか，言い換えるならば，変化した人はなぜ変われたのかという問題である。

　それについて，近年のキャリア研究や心理学の研究において，重要な示唆を持ついくつかの知見が見られており，それらを参考にした考察が可能になると思われる。

　近年のキャリアや心理学関連の研究では，こうしたキャリアの変化を可能にする要因を，個人が蓄積し，保有している知識やスキル，人的ネットワーク，さらには心理的特性などの視点から明らかにしようとするものが増えている（Wang, Olson and Shultz, 2013：Gratton and Scott, 2017：Luthans, Youssef-Morgan and Avolio, 2015）。キャリアの転機を経験しても，変われる人と変われない人がいるのは事実であるし，またどれだけ積極的な変化を遂げられるかについても，大きな個人差があるものと考えられる。近年の研究では，そうした積極的な変化を可能にする要因を，若い頃から形成・蓄積してきた個人の能力や特性によって説明しようという議論がなされているのである。

　それらの研究は，知識社会の進展を念頭に置いたものであるため，個人が継続的に活躍するために，豊富な知識やスキル，有意義な他者とのつながりが必要になることが強く意識されている。蓄積してきた知識やスキルが豊富で貴重なものである人や，有能な人とのつながりを多く持つ人は，それらを有効活用することによって，ミドル期やシニア期において新しいキャリアを選択したり，新しい仕事に挑戦することができるという考え方である。そこではそうした個人が持つ様々な特性がリソースや資本という名前で呼ばれているのであるが，積極的な変化を可能にするリソースや資本とはどのようなものなのか，それを理解することも知識労働者のミドル期以降のキャリアを考えるうえで重要になるだろう。

　実際に，知識労働者がミドル期以降に転職や独立をしようとした場合に，これらのリソースや資本が必要になることは想像に難くない。また，転職や独立をしない場合においても，継続的な成長の基盤に何らかの個人特性が必要になることも十分に考えられる。それが具体的にどのようなものなのか，本当に有意義なリソースや資本とは何なのか，その内容が明らかになれば，ミドル期以降のキャリア発達に対する理解が進むものと思われる。

第4節　実際の知識労働者の事例に学ぶ

1. 本書における研究の課題と対象

　ここで，本書の具体的な研究課題や研究対象，ならびに研究方法について明らかにしておきたい。

　まず本書の研究課題である。前節まで述べてきた問題意識に則り，本書の研究課題を次のように設定した。

【研究課題】

① 知識労働者のミドル期以降の多様なキャリア発達のプロセスを，転機と変化を中心に据えて分析し，明らかにする。

② 知識労働者のミドル期以降の変化を可能にする要因を明らかにする。

　上記①の研究課題は，長期間活躍できる知識労働者のキャリアのプロセスを理解しようとするものであり，彼（彼女）らがどのような転機や変化を経験しているのか，またそこにどんな多様性があるのかを見るものである。知識労働者がどのように成長し，また加齢に伴う課題を克服したのかを具体的に把握しようとす

るものだと言える。

　一方②の研究課題は，継続的に活躍している知識労働者はなぜ変われたのかを明らかにしようとするものである。先行研究に則るならば，彼（彼女）らの持つリソースや資本について，どのようなものが変化するために役立ったのかを見ていくことになる。これら二つの課題に取り組むことによって，長く知的な仕事，あるいは創造的な仕事で働くということへの理解が深まり，今後の社会で働く多くの人々に，有意義な示唆が得られるものと考えられる。

　さて次に，本書の研究対象についてである。まず本書における知識労働者の捉え方を明らかにしておく必要があるだろう。知識労働者に関する先駆的な研究としては，Drucker（1993）があげられる。その中で知識労働者は，「正規の高等教育を受け高度な知識を保有している人」と定義されている。そのうえで，知識社会における生産手段は資本や天然資源ではなく知識であり，その社会における最も重要な社会的勢力は知識労働者であると明言されている。そして知識労働者は生産手段である知識を豊富に保有しているがゆえにどこにでも行くことができ，組織から監督されない存在であるとされている。知識労働者は企業や社会の活動を牽引する存在であり，同時に組織に依存せず，自律的に働く人たちだとされているのである。

　また，その後に知識労働を研究したDavenport（2005）は，知識労働者を「高度の専門能力，教育または経験を備えており，主に知識の創造，伝達，または応用を目的として働く者」と定義しており，Drucker（1993）と同様に自律的に学び，働くことを強調している。

　このように，知識労働者が知識を用いて高度な仕事に従事する人を指しているのは明らかなのであるが，実はこれらの研究を含め，知識労働者の範囲は非常に幅広いものである。おそらく最も古くからある知識労働者は，医師，弁護士，会計士，聖職者，研究者などに代表されるプロフェッショナル（professional）であろうが[4]，知識社会の進展とともに，それ以外にも多くの知識労働者が台頭してきている。論者によって見解の違いはあるものの，それらをまとめるならば次のようになるだろう。

4）　先行研究に基づいてプロフェッショナルの要件をまとめるとすれば，①長期的な教育訓練によって得られる体系的な知識や理論を用いて働くこと，②プロフェッショナルの倫理や規範があること，③公共の利益のために働くこと，④同業者団体に所属してそれに準拠すること，⑤自律的で自己統制を行うこと，⑥天職意識を持つこと，になるが，それらの中には新しい知識労働者にはあてはまらないものもある。

図表序−2　先行研究における知識労働者の範囲

	Kelly (1985) ゴールドカラー	Reiche (1991) シンボリック・ アナリスト	Drucker (1999, 2002)	Davenport (2005)	Florida (2005) クリエイティブ・ クラス
プロフェッショ ナル，研究開発 技術者	○	○	○	○	○
新興専門職	○	○	○	○	○
創造や変革を リードするマネ ジャー，ホワイ トカラー	○	○	○	○	○
知的な業務も行 う作業労働者			○	○	○

出所）著者作成

① 企業などの組織に勤務し，新製品や新技術の研究開発に従事する研究者や技
　術者
② ソフトウェア技術者，経営コンサルタント，各種のアナリスト，プランナー，
　プロデューサーなど，近年急激に増加した新興専門職
③ 企業などの組織の中で経営企画や事業創造に，あるいは各職能部門における
　企画や分析，問題解決に従事するマネジャー，およびホワイトカラー
④ 主として定型的な作業やサービスを行いつつも，作業の改善，設備や作業シ
　ステムの保守・保全などの知的な業務にも従事し，一定の判断力が必要とさ
　れる作業労働者

　これらの職種の中で，どこまでを知識労働者とみなすかについては，先行研究
によって見解の違いがある。あくまで主として非定型的，あるいは創造的な仕事
に従事する人たちにのみ限定して考える研究と，定型的な仕事にも従事する人た
ちを含めて考える研究が存在している（**図表序−2**）。

　間違いないのは，現在の社会はこれらの多様な知識労働者が活躍する社会であ
り，すべての職場に知識労働が存在していると言ってよいということであろう。
ただし，本書においてこれらすべての知識労働者を扱おうとすると，議論が拡散
し焦点がぼやけてしまう恐れがある。上にあげたものをみると，専門性の高さや
仕事の難易度はもちろん，どの程度裁量的で創造的な仕事をしているかについて
も大きな違いがある。その違いを放置したままで議論を進めることは適切ではな

いだろう。

　そのため，事例に取り上げる知識労働者を限定する必要があるのだが，本書では知識労働者を「何らかの専門知識，ならびに関連する知識や思考力を用いて，知識の創造，伝達，編集，あるいは応用や改善を行う仕事に従事する者」と定義したうえで，上記の②に該当するIT技術者，各種のコンサルタント，金融・保険のスペシャリスト（ファイナンシャル・プランナー，保険数理・運用の専門職）を取り上げることにしたい[5]。

　これらの職種を取り上げる理由を説明する必要があるだろう。まず一つには，社会の変化とともに彼（彼女）らの重要性が増大していることがあげられる。工業化社会の頃から知識労働は存在しており，特に日本では，自動車産業や電機産業等において，モノづくりに関わる知識労働者が数多く活躍していた[6]。しかしながら今後の知識社会においては，モノづくり以外の領域での知識労働が重要になることは間違いない。

　アメリカのGAFA[7]の例をあげるまでもなく，情報産業や知識サービス産業の社会への影響力が大きなものになっている。日本においても，今後はこうした領域の知識労働者が活躍することが重要になるだろう。

　さらにもう一ついえば，新興国の台頭に伴い，日本の製造業の競争力はかつてのような強いものではなくなってきていることがあげられる。欧米諸国がそうであったように，日本も産業構造を転換し，成長力のある新しい産業で，多くの人が創造的な仕事や新しい価値を生む仕事をしていく必要がある。本書が注目している知識労働者は，いずれも今後の成長が期待される産業に属する人材である。しかも彼（彼女）らの仕事の成果は，すべての産業に幅広く影響を与える重要なものだと言える。それゆえ本書では，これらの職種を研究対象として取り上げることにしたのである。

　なお，本書はミドル期やシニア期を迎えた知識労働者を対象に議論をしていくのであるが，どの年齢層をミドル以上と呼ぶのかについても定めておく必要がある。ミドルやシニア，あるいは中高年という言葉から思い浮かぶイメージは人によって違ったものになるかもしれないからである。

---

5 ）　銀行，証券，保険会社の総合職として育成されるホワイトカラーは対象にしていない。
6 ）　新製品開発を行う研究開発技術者はもちろんであるが，Drucker（1993）のいうテクノロジストに該当する現場の熟練工が，品質や生産性の向上に貢献していた。
7 ）　Google, Apple, Facebook, Amazonの略称である。

　本書では大きく二つの理由から，35歳以上をミドル以上の年齢と見なすことにしたい。一つには，キャリアの中期における代表的な研究に準拠して，そのように判断することが可能だと言える。Erikson（1980）のキャリアの成熟期（35〜65歳），Levinson（1978）の人生半ばの過渡期（40歳前後），Schein（1978）のキャリア中期（35歳〜50歳）などがミドル期を識別する根拠となる。

　もう一つには，IT技術者には35歳限界説が喧伝されることが多く，それに基づいてミドルの年齢を設定することが可能になる。30歳代はミドルと呼ぶにはやや早いと考える人もいるだろうが，IT技術者のこうした事情に配慮すれば，本書の議論の対象はやや若い年齢層も含めておく必要があるものと思われる。

　以上のことから，本書ではキャリアのミドル期を，若年期が終わり，様々な変化を経験することの多い35歳から54歳までと見なすことにしたい。そのうえで35歳から44歳をミドルの前期，45歳から54歳をミドルの後期と呼ぶことにする。そして役職定年や引退，再就職に関わることの多い55歳以降を，シニア期と見なすことにしたい。

2．キャリアを分析する方法

　本書の目的は，ミドル期以降の多様な知識労働者のキャリアのプロセスや，積極的な変化を可能にする要因を理解することであるが，本書が企図しているのは，厳密な統計分析を行って精緻な理論を構築することや，特定の仮説を検証することではない。（その前段階のことと言えるかもしれないが）新しい社会で長く活躍するキャリアの特徴や，そのために必要な要件を，できるだけ具体的な形で把握し，意義のある発見事実を明示することを目指している。知識社会の進展と知識労働の増加，さらにはキャリアの長期化が顕著になる中で，働く人々にはどのようなことが大事になり，何が求められてくるのか，あるいは企業や組織はそれをどう支援できるのか，そうしたことを現実的な形で議論できるようにしていくのが本書のねらいだと言える。

　そして，そのために本書が選択したのが，実際に長い間第一線で活躍している知識労働者のキャリアの事例から学ぶという方法である。元々研究蓄積の少ない新しいテーマについて議論するためには，研究対象の実際の姿を観察し，情報を集め，それをもとに考察していくことが重要になるものと思われる。本書においても，そうした考え方に基づいて，実際の知識労働者に対するインタビュー調査を行ったのであるが，その調査の結果を検討することで，多くの発見と学びが得

られるものと思われる。そしてそういった発見事実の蓄積が，後の理論の構築につながっていく可能性もある。

　また，事例研究は他の研究方法に比べ，研究課題や研究対象に関する個別の詳細な情報を記述し，議論の対象にできるというメリットがある。サーベイリサーチやM-GTA（修正版グラウンデッド・アプローチ）などの研究方法では，客観性が高い分析は可能になるものの，個別事例の詳細な情報は捨象されてしまうことになる。それに対し，事例研究は客観性を追求することに限界がある代わりに，事例に関する豊富で詳細な情報から，多くの気づきを得て深い考察につなげることが可能になる。本書の研究対象である知識労働者のキャリアには，従来のホワイトカラー等のキャリアにはあまり見られなかった新しい特徴も多い。事例研究はそうした特徴にも向き合い，詳細に検討できる研究方法であると考えられる。

　他にも，事例研究による考察は，事例の文脈や背景を含めて，様々な視点から考えることができるという利点も持っている。したがってそこからの学びは，実際に働く人々にとって理解や共感がしやすいだけでなく，多くの実践的含意を持つものだと考えられる。本書では参考事例を含め18名のキャリアを取り上げるのであるが，それらを比較検討していく中で，多くの人が自らのキャリアを再考し，展望を得ることが可能になるものと思われる。

第5節　本書の構成

　本章の最後に，本書の構成について述べたい。

　次の第1章では，本書がミドル期以降のキャリアを見るうえで，特に注目しているキャリアの転機と変化について，これまでの代表的な研究を振り返りたい。それらの研究は，高齢社会の進展とともに長期化するキャリアの研究や，知識社会のキャリア研究，あるいは知識労働者のキャリア研究なのであるが，その重要な論点を確認することによって，本書における事例の分析視点を明らかにしていく。

　それに続く第2章から第7章までが事例研究の章である。キャリアの転機を経験した後，どのような変化を遂げたかによって，章が分けられている。同じような変化を遂げた人ごとに何人かの事例をまとめて見ることで，そこに共通するものを見出すことが可能になるし，また章ごとの比較を行うことによって，キャリアの違いを識別しやすくなると考えられるからである。

　キャリアの変化には，既述の通り転職や独立といった客観的側面の変化と，考え方や行動が変わるといった主観的側面があるが，それらを章によって分けた構成となっている。もちろん，キャリアが変化する際には主観的側面の変化と客観的側面の変化の双方が起こり得るし，それらが影響し合っているのであるが，本書の各章は，より顕著に現れた変化を取りあげたものである。章別にいえば，第2章から第4章までが客観的側面の変化が顕著であった人の事例，第5章から第7章が，客観的変化が少ないか，主観的側面の変化がより重要であった人の事例である。

　まず第2章では，ミドル期以降に転職した人のキャリアを扱う。かつては年齢を重ねてからの転職は難しいとされていたが，近年ではそれが徐々に増加しているといわれている。ミドル期以降の転職が成功するためには，キャリアの目標や，働くうえでの目的意識が重要になることが示される。

　第3章では，独立・起業する人のキャリアを扱う。独立・起業を果たした人のキャリアは，転職するキャリアよりもさらに動態的で変化が激しいものである。個人が高い目標やキャリアのビジョンを持つことが重要になるのはもちろんのこと，人的ネットワークを活用することがキャリア発達を促すことになる。

　続く第4章では，キャリアの途中で自らの専門領域を変えてしまった人のキャリアを扱う。例えば，IT技術者だった人が人事関連のコンサルタントになったり，大学で経営学を教えることになった人の例である。この事例の中には，自分が好きな仕事を失った後に，数年にわたる努力を重ねて，自分のやりたい仕事を新しく見出した人の例も見られる。

　第5章からは，主にキャリアの主観的な側面が変化した人の事例を見ていく。最初に取り扱うのは，早い段階で大きな成功体験をした人が，ミドル期に停滞状態に入り，そこで自分を見直して停滞から抜け出した事例である。若いうちに大きな成功を収めた人が，不意に大きな不安に取りつかれたり，挫折してしまうことがある。彼（彼女）らはそうした不安や挫折を乗り越えるために，活動領域を広げて試行錯誤したり，自問自答を繰り返したりする。それが自己を再確認し，自信を取り戻すことにつながるのである。

　続く第6章では，それまでの自分に限界を感じてしまった人が，ミドル期に新たなことを学ぶことによって，キャリアを立て直した事例を扱う。年齢を重ねてから新しいことを学び始めるのは，かなり負担が大きいことではあるのだが，自分を厳しく評価できる人，そして若い頃に試行錯誤をして働いた経験のある人は，

新しい学びに積極的になりやすいことが示される。

　そして第7章では，健康問題や生活環境との関連で働く目的を見直し，新たな働き方を見出した人の事例を扱う。心身の健康を失った末に，ひたすらに成功を追求する働き方を改めた例や，育児のために仕事と生活のバランスを見直した人の事例を見ていく。彼（彼女）らの持つ市場価値の高い知識やスキルが，新しい生活への移行を円滑にするようである。

　そして，終章において本書のまとめを行い，今後の課題について述べる。先述の通り，本書では強固な新しい理論を明示することはできないし，仮説を検証するような研究もできていない。あくまで事例からわれわれが何を学べるかに重点を置いて議論を行っている。しかし実際の知識労働者のキャリアには，今後の働く人々のキャリアに対する多くの示唆が含まれているはずである。本書がそれを示すことができれば幸いである。

転機と変化をどう見るか

第1節　転機と変化に関するこれまでの研究を見る

　本章では，知識労働者の事例を分析するうえでの重要なポイントであるキャリアの「転機」と「変化」について，これまでの研究を振り返ることによって理解を深めていきたい。

　先述の通り，ミドル期のキャリアには多くの困難や課題があり，それによって多くの人がキャリアの転機を迎えることになる。それをどう乗り越えるかが，その後のキャリアを左右することになるのである。

　ただし転機とは，失敗や挫折，大きな問題の発生といった，いわば苦境にあたるような原因によって起こるものばかりではない。個人が大きな成功を収めることによって，あるいは著しく成長することによって転機を迎えることも珍しくはない。それらはキャリアが順調であるがゆえに起こる転機ということもできるだろう。そうした転機に直面した人は，それまでの仕事や職場が物足りなくなり，より大きな挑戦を求め始めることになる。また，中には成功の後についてくる不安や躓きに立ち向かう人もいる。特に知識労働者の場合は，そうした転機を迎える人が少なくなく，その際にどのような行動をとるかが，後に大きな飛躍を遂げるかどうかに影響するものと思われる。

　本章では，様々な学問領域における代表的な研究を参照することによって，キャリアの転機とはどういうものかを整理するのと同時に，筆者が独自に行った調査の結果をもとに，知識労働者の転機について，その多様な実態を概観していきたい。

　またキャリアの変化についても，近年では多くの研究が見られるようになってきた。本書で取り上げる研究は主に，①高齢化社会のキャリアや長期化するキャリアの研究，②知識社会や知識労働者のキャリアに関する研究に大別できるのだ

が，そこではキャリアの変化の重要性が論じられているだけでなく，変化するために必要なものについても検討されている。つまり，変化を可能にする要因が論じられているのである。

　その要因は大きく分けて，①個人の心理的特性，特にアイデンティティや自己認識，ならびに柔軟性や回復力（精神的な打たれ強さ）など，②個人が持つ知識やスキル，そして③個人が持つ社会的なつながり，あるいは人的ネットワークと言えるのであるが，それらについていくつかの研究を参照しながら理解を深めていきたい。

　そのうえで筆者の独自調査に基づき，実際の知識労働者のキャリアの変化にはどのようなものがあるのか，その実態についても見ていく。そして最終的にはそれらを踏まえて，次章以降の事例を見るうえでの分析視点を明らかにしていきたい。

第2節　キャリアの転機とはどのようなものか

1．これまでの研究

　数々の研究によって，多くの人がミドル期にキャリアの転機を迎えることが論じられてきた。転機を経験することにより，人はそれ以前とは異なる働き方や考え方が必要となり，アイデンティティ，あるいは自己認識が変わることにもつながる。

　もちろん，キャリアの転機はミドル期だけにあるものではない。ミドル期以外の若年期等においても，キャリアの転機は存在する。Bridges（1980）はそれをトランジション（transition）と呼んで詳しく論じているのであるが[1]，それによると，人は人生で何度かのトランジションを経験することによって，それまでとは異なる新しい自己を発見しながら成長することになる。Bridges（1980）によれば，人はトランジションを経験することによって，それまで捉えていたよりも深い層の現実をみるようになる。そして，それまでの自分が「終わった」こと

1）　Bridges（1980）によれば，トランジションのプロセスには①古い自分を葬り去る「終わりの段階」，②一時的な方向感覚の喪失に耐える「空白・喪失の段階」，③古いアイデンティティと新しいアイデンティティが再結合される「始まりの段階」がある。このプロセスを経て人は新たな成長を遂げるとされている。

18

を受け入れることができ，それを理解し評価することができれば，それが新しい自己を形成する契機となるのである。

　このように，人生で何度かの転機がある中でも，ミドル期の転機は特に大きな変化を伴うものとして多くの先行研究においても注目されてきた。精神分析学や発達心理学においては，古くからミドル期に焦点をあてた優れた研究が数多く見られている。

　先述の通り，それらの研究においては，ミドル期の転機が「キャリアの危機」と表現されているのであるが，それに関する日本の代表的な研究の一つである岡本（2007）では，危機とはあれかこれかの決定的転換の時期であり，中年期のアイデンティティの再体制の機会だと説明されている。ミドル期には働く人々が自分を問い直し，大きな自己変革を行うような機会が存在するということなのだろう。そして，その転機にどのように対処するかが，その後のキャリア発達を左右するのだと思われる。

　確かにミドル期のキャリアの転機には，若年期の転機とは異なる特徴がいくつかある。その代表的なものをあげるとすれば，一つには働く人がキャリアの残り時間を強く意識することがあるだろう[2]。それまでの20年前後の職業経験を振り返りながら，人は残りのキャリアについて深く考察し始めることになる。そして限られた時間の中で，自分は何がしたくて何がしたくないのか，あるいは何ができて何ができないのか，そうしたことを真剣に考えて有意義に生きようとする。それが岡本（2007）のいうアイデンティティの再体制につながるのだと思われる。

　そしてもう一つには，ミドル期には個人を取り巻く環境が大きく変化したり，新たな社会的役割を担う場合が多いことがあげられる。例えば年老いた両親を介護するようになったり，子供が独立したりといった生活上の変化がある。また地域のコミュニティに貢献することを求められる場合もあるだろう。職場においては，後進を指導する立場になったり，大きな責任を担うことも多い。それらの「やり過ごすわけにはいかない問題」や「逃げられない重要な役割」によって，若年期よりも大きな転機が起こりやすいのだと思われる。

　さて，精神分析学や発達心理学においては，ミドル期の危機，あるいは転機に関する優れた研究が多いのだが，ここで代表的な二つの研究に触れておきたい。

2）　Jung（1933）が中年期を表現した「人生の正午」はよく知られているが，それも自分に与えられた時間が限りあるものであることを意識し，そこから生き方が変わることを論じたものだと言える。

その二つの研究を見ると，ミドル期の転機とは，人生の中でも大きな転機であると同時に，繊細で複雑な転機であることがわかる。

Erikson（1980）は人間の発達段階を，乳児期，幼児期，学齢期，青年期，初期成人期，成人期，老年期に分類したうえで，それぞれの発達課題を明らかにしている。その中で，ミドル期にあたる成人期（35～65歳）の危機は，世代性・生殖性を体得することができるか，停滞・自己耽溺の状態に陥ってしまうかであることが示されている。そしてこの課題にどう対処するかが，後に続く老年期（65歳以降）に，統合・英知の段階に至るのか，絶望・嫌悪に陥るのかに影響するとされている。ミドル期において，世代性と生殖性，すなわち次世代を育てて導く，何かを創造して残すといった課題を達成できるかどうかが，その後のキャリアを大きく左右する転機となることが示されているのである。平易な言葉でいうならば，ミドル期までに自信を持つことができるような実績を残せるか，そして次世代や後世のために貢献することができるかによって，その後の人生を充実したものにできるかどうかが変わってくるということであろう。その意味では，ミドル期は人生に幸福感や充実感を持って終わることができるか，あるいは後悔を残すかの分かれ目だと理解することができる。

またLevinson（1978）では，ミドル期のキャリアの課題が，若さと老い（young/old），男らしさと女らしさ（masculine/feminine），破壊と創造（destruction/creation），愛着と分離（attachment/separateness）の対立を乗り越えることとして表されている[3]。キャリアのミドル期とは，多くの矛盾や葛藤に対峙し，それを乗り越えて新しい自分を発見する時期だということであろう。それ以前の若い段階のキャリアの課題とは異なり，これらの課題は積極果敢に物事に挑戦し，逞しく成長することだけを意味するものではない。体や心の変化に向き合いつつ，何かを失いながら別の何かを体得し，それまでとは異なる役割を受け入れながら乗り越えられるものであろう。それゆえにキャリアのミドル期は，複雑で繊細な転機と考えられるのである。

こうした精神分析学や生涯発達心理学の知見は，高齢化やキャリアの長期化が進む社会においては，非常に重要なものになるだろう。ミドル期以降も長く働く

3）　Levinson（1978）のいう男らしさとは，強靭さや分析的，野心的であること等に関わる概念であり，女らしさとは，感情の豊かさ，芸術的であること，子供の成長を支えること等に関わる概念である。また，愛着とは何かへの所属や没入を意味し，分離とは独立や自己志向を意味している。そして発達の過程には，破壊と変質がつきものであり，同時に何かを存在させる，生み出すことが重要になるとされている。

人にとって，こうした転機を認識し，それに前向きに対処していくことは，豊かなキャリア発達を遂げるうえでの必須条件になるものと思われる。その意味で，それに焦点を当てた研究が増加することが期待されるのであるが，経営学の領域のキャリアの研究では，1990年代からこうした精神分析学や生涯発達心理学の知見を応用した研究も見られるようになってきている。例えば金井（1997）では，個人がキャリアの転機や移行期を乗り越える際に，自らのキャリアや役割に対する積極的な意味付け（センス・メイキング）を行うことの重要性が指摘されている[4]。そうした意味付けができれば，ミドル期の転機はキャリアにおける「二段ロケットの点火」の契機となり，さらなるキャリア発達が期待できるとされている。また平野（1999）では，大手小売企業のミドル人材の事例研究によって，その人たちがミドル期の転機において自らの仕事やキャリアにどのような意味付けを行ったのかが分析されている。そのうえで，残された時間の中で自分のライフワークを探索すること，それまでのキャリアの回顧と将来の展望を通じて，自らのキャリアの領域（キャリア・ドメイン）を認識することの重要性が述べられている[5]。

2．知識労働者の転機

先行研究が示すように，ミドル期のキャリアの転機は大きな意味を持つものであるが，実際の知識労働者はどのような転機を経験するものだろうか。筆者はそれについて，2016年から2018年にかけて調査を行った（三輪，2018a）。ここでその結果の概略（**図表1-1**）を見ておきたい。

全部で39名の知識労働者にインタビュー調査を行ったわけであるが[6]，対象者の年齢は35歳から69歳までであり，そのうちの9名が女性であった。

まず全体的な傾向からいうならば，ミドル期における転機の起こり方，あるいは転機に対する認識のし方は，人によって実に様々なものがあった。危機という

4）　金井（1996）では，こうしたセンス・メイキングを行うためには，キャリアのプロセスで生じる仕事の変化や経験の多様化に応じて個人の認知が「分化」し，同時にそれら経験全体の束をしっかりまるごと肯定できること，すなわち「統合」が重要になると論じられている。しっかりした回顧を行い，そのうえで積極的な展望ができれば，ミドル期にさらなる成長が期待できるということであろう。
5）　平野（1999）では，小売企業に勤務するミドルのキャリア・ドメインとして，シンボリック・アナリスト（データ，言語，音声，映像表現の操作と取り引きを行う人），お客様第一のミッションを担う者，経営者，国際流通企業への脱皮の推進役，戦略的ビジネスプランナーなどが見られたという。

| | 図表1-1 | 知識労働者のミドル期以降の転機の概要 | |

カテゴリー	サブ・カテゴリー	概念	定義
強い意志と成長欲求による転機		高い自律性ゆえの組織との葛藤	自らの仕事の信念や目標が明確であるがゆえに，組織の方針や組織からの要求がそれと適合しない場合に発生する強い葛藤
		達成感の後の喪失感，変化の渇望	ある程度の成果を残せた，業績をあげたと思った後の，目標の喪失感や変化への飢餓感
		貪欲な成功の追求による失敗	事業の成功を追求する姿勢が強いことによる，過大な仕事やリスクへの挑戦と失敗
		やりたい仕事の発見	現在の仕事以外の仕事をやりたいという強い願望
		過去の成功への物足らなさ	それまでの働き方では，これ以上成長できず，成果もあげられないという不安
		早い成功の後の自信の喪失	若くして経営層クラスに昇進した人や起業した人が感じる，自分の力量や経験への疑問，あるいは将来に対する焦燥感
専門性や知識の不足による転機	専門的な仕事ややりがいの喪失	専門領域の喪失	長年続けてきた専門領域の仕事の喪失
		仕事の価値や重要性，やりがいの低下	仕事の重要度や裁量権の低下，発言権の減少
	知識や学習意欲の不足	知識やスキルの基盤の弱さ	専門知識を体系的に学んでいないことによる，キャリアの基盤となるべき知識やスキルの不足
		主体性と学習意欲の低下	自らの意志で何かに取り組む，学習する意欲の低下
環境要因他による転機	環境変化の激しさによる転機	事業の縮小，消滅による仕事の喪失	環境の変化で取り組んでいた事業が縮小，あるいは消滅することによる，好きな仕事や蓄積したスキルの喪失感
		予期せぬ昇進や抜擢に関連する戸惑いや困惑	（急な組織改革や引き抜き等）不測の事態による突然の昇進等に伴う戸惑いや，その役割を果たすうえでの苦悩
	年齢	加齢や病気による自信，気力の喪失	加齢に伴う健康状態の悪化や体力の低下と，それに起因する仕事への意欲，自信の低下
		ハードな働き方への疑問	多くの仕事，困難な仕事を早いスピードでし続けるような働き方をずっと続けていくべきかという疑問
	組織の問題	所属部門や上司等への不満	所属部門で自分の能力が発揮できないこと，あるいは上司からの評価が低いことへの不満
		組織内での制約の多さ	日本企業に見られるプロセス重視の働き方や，規則・手続きの重視による制約の多さ

出所）三輪（2018a）を元に作成

言葉がよく当てはまるように，本人が「人生の一大事」を強く意識しながら，悪戦苦闘をするような場合も見られたし，反対に実際の転機の渦中には本人がそれほど転機を意識しておらず，後で振り返って「あれが転機だったんだ」と気付くような場合も見られた。もちろん積極的な感情を伴うような転機もあれば，危機感を強く持つような転機もあった。さらにいえば，自身の年齢等からある程度予測できるような転機もあれば，まったく予測できないような思いもかけない転機もあった。

　また先に少し触れたが，ミドルの転機には苦境に端を発したものもあれば，キャリアが順調であるがゆえに起こるものもあった。そこにはかなりの多様性があり，特に知識労働者の場合，元々自律的で意欲の高い人が多いので，成功した結果，あるいは色々な仕事に挑戦した結果として転機を迎えたという人も多いようであった。

　では，その内容を順に見ていきたい。知識労働者の転機は大きく分けて，①彼（彼女）らの強い意志や成長欲求に起因するもの，②専門性や知識の不足に起因するもの，そして③それ以外の環境要因他によるものがある。

　①は順調であるがゆえに起こる転機だと言えるだろう。強い意志や成長欲求を持つ人が，現在の状況に満足できなくなることによる転機である。しかし時には，意志や成長欲求の強さが仕事や事業の躓きにつながることもある。これは順調なキャリアを歩んだ人が，貪欲に働いたがために陥った苦境であると言えるかもしれない。簡単にいえば，無理に大きな成功を求めすぎて失敗してしまうことにより，自分のキャリアを見直すことになるのである。また，かなり早い段階で大きな成功を収めた人が，ミドルになってふと自信を喪失することがある。これも成長欲求の強い知識労働者ならではの転機ということができるだろう。反対に②は，苦境に陥ることが原因の転機だと言える。知識労働者にとって最も重要な能力が足りないことによる転機であり，後のキャリアの成否を分ける転機の一つの形だと考えられる。若いときに専門領域の基礎的な学習や体系的な学習をしておらず，

6）　この調査の分析は，修正版グラウンデッド・セオリー・アプローチ（modified grounded theory approach：M-GTA）によって行った。M-GTAは，継続的比較分析法による質的研究であり，データに密着した分析から独自の概念をつくって，それらによって統合的に構成された説明図を提示するものである。図表1－1と図表1－2は，インタビューのデータにある具体例から生成された概念を，カテゴリー，あるいはサブ・カテゴリーごとにまとめたものである。M-GTAの詳細については，提唱者である木下（2007a）や木下（2007b）を参照されたい。

それが知識やスキルの基盤の弱さにつながっているような場合が，その典型的なものだと言えるだろう。そして③はそれ以外の，加齢や家庭環境の変化などによる転機である。Levinson（1978）が指摘した繊細な問題を多く含んだ転機だと言えるかもしれない。加齢や健康状態の変化によって，ハードな働き方に疑問を持ち始め，それが転機となるような場合である。

　次章以降では，これらの転機を迎えた人の事例を見ていくわけであるが，①の転機を迎えた人はミドル期以降も主体的に働き，柔軟に変化することができる場合が多い。先行研究で議論されていたキャリアの長期化，多様化に対応できる人たちだと言える。一方，②の転機を迎えた人はその後のキャリアが停滞してしまうことも珍しくない。そこから立ち直るためには，今までよりも高いレベルの知識やスキルの再学習が必要になる。もちろん，それに関わる労力は非常に大きなものであり，誰もが簡単にできることではない。そして③の転機を迎えた人は，新しい環境に適応するために，それまでの働き方を大きく見直していくことになる。そしてたとえ新しい働き方がそれ以前よりも成果の多いものでなくても，そこに積極的な意味が見出せれば，充実したキャリアを継続することができるのである。

第3節　なぜキャリアの変化が重視されるのか

1．長期化するキャリアの研究

　次に，キャリアの変化に関する先行研究を見ていく。本章の冒頭で述べたように，近年はキャリアの変化に注目した研究が増えてきているのであるが，本書が取り上げる研究は，①高齢化社会のキャリアや長期化するキャリアの研究，②知識社会や知識労働者のキャリアに関する研究に大別することができるだろう。ここではそれらを順に見ていきたい。

　まず，高齢化社会のキャリアや長期化するキャリアの研究であるが，その特徴の一つは，ミドルやシニアといった年齢になっても変化できることを重視しているということであり，もう一つはミドル期以降に変化するために必要なことを，個人が持つ知識やスキル，心理的特性等から検討しており，それらを変化のための資源（リソース）や資産，あるいは資本として位置付けていることだと言える。いくつかの研究を見ていきたい。

　ミドル期以降のキャリアの諸問題を包括的に論じたWang, Olson and Shultz（2013）は，自らの考え方をResource Based Dynamic Perspectiveと表現している。その考え方は，動態的であること，すなわち変化することと，そのために個人が多くのリソースを保有していることを重視したものだと言えるだろう。

　Wang,Olson and Shultz（2013）では，これからの社会ではキャリアにおける変化が多くなることが強く意識されている。1980年代までは，組織が主導するキャリアが一般的であったが，知識社会化が進み始めた1990年代以降は，個人が主導するキャリアが増加してきたと言える。それに伴い，転職や独立を含む変化の多いキャリアが増加してきたのであるが，従来ならば若年期に多く見られたキャリアの変化が，徐々にミドル期やシニア期においても増えてきたことが指摘されている。それは働く個人にとっては働き方の自由が増えたことになり，実際の年齢にはとらわれないキャリアの選択も可能になったと言えるのだが，同時に長期にわたって変化し続けられる能力を保つ必要性も高まったということになる。

　Wang, Olson and Shultz（2013）によると，知識社会化が進む現代では，働く人は認知的能力や対人能力をより強く持つことが求められることになった。そしてそれを豊富に持つか否かが，ミドル期以降のキャリアにおける選択肢の多さなどに影響するようになったのである。Wang, Olson and Shultz（2013）は，ミドル期以降のキャリア発達の可能性は，様々な経験や学習を通じて形成された認知的リソースや，情緒・モチベーションに関わるリソース，社会的リソース（有益な他者とのつながり）の豊富さに依存すると主張している[7]。企業や市場にとって有益な知識や人的ネットワーク，さらには積極的で意欲的な心理的特性を持っていなければ，ミドル期以降に活躍することは難しいということであろう。これはミドル期以降のキャリアにおける変化の可能性を，個人が多くのリソースを保有しているかどうかによって説明するものだと言えるだろう。

　こうした考え方は，100年にも及ぶ人生におけるキャリアを論じたGratton and Scott（2017）とも共通している。そこでは，これからの社会のミドルやシニアには，単に雇用されて働く人だけでなく，独立して仕事をする人（インディペンデント・プロデューサー）や，複数の仕事に同時に就く人（ポートフォリオ・ワーカー）などが増加することが述べられている[8]。当然，キャリアにおける変化は増加し，多様化が進むことになるのだが，そのような時代のキャリアで活躍

7）　Wang, Olson and Shultz（2013）では，キャリア発達に役立つリソースとして，その他に肉体的リソース，経済的リソースがあげられている。

を続けるためには，多くの人が変身する能力を高める必要があるとされており，そのために変身資産が必要になると主張されている。

Gratton and Scott（2017）が変身資産と呼んだものは，①自分に対する知識，②多様性に富んだネットワーク，③新しい経験に対して開かれた姿勢としてまとめられている。

自分に対する知識は，自己認識や個人のアイデンティティの知覚に関わるものであるが，それがキャリアの過程で変化を遂げるための道筋を示す役割を果たすのに加えて，人が変化を経験しながらも自分らしさを保てるようにする役割を持っているとされている。自分が持つ能力や欲求をよく知っている人の方が，新しいことに挑戦することに積極的で，かつ変化に翻弄されないということであろう。

次に多様性に富んだネットワークであるが，これは新しい知識や考え方を学ぶための人脈として捉えることができる。多様性に富んだ幅広い人々と交流することが，働く人の考え方や視点が変わるきっかけになるとされている。それがキャリアの変化を促すのであろう。それゆえ，会社の同僚のような強い絆を持った同質的な人たちとのつながりではなく，組織外の弱い絆，そして異質な人たちとのつながりが重視されているのである。

最後に，新しい経験に対して開かれた姿勢を持つことであるが，具体的には，過去に例のない大胆な解決策を受け入れる姿勢，古い常識ややり方に疑問を投げかけることをいとわない姿勢，画一的な生き方に異を唱え，人生の様々な要素を統合できる新しい生き方を実験する姿勢などがあげられている。これらは変化に挑むうえで必要な心理的特性として理解しやすいものであるが，こうした姿勢の根底には，積極的な挑戦意欲や困難に負けない精神的な強さがあることが推察できる。

このように近年のキャリア研究では，多様なキャリア発達の可能性をリソースや資産の豊富さから説明しようとしているのだが，そうした背景には，2000年前後から盛んになってきた心理学の研究の影響があるものと思われる。心理的資本（psychological capital）という概念を用いて，人の成長や発達を論じる研究がみ

8）Gratton and Scott（2017）では，新しい働き方として，周囲の世界を探査し，自分がやりたいことを発見していく「エクスプローラー」，旧来の企業家とは性格の異なる新しいタイプの企業家である「インディペンデント・プロデューサー」，様々な活動に同時並行で取り組む「ポートフォリオ・ワーカー」があげられている。

られるようになってきたのである。先にみたリソースや資産と同様に，人が持つ知識やその他の特性を，仕事における有能さや成長の源泉（資本）として捉える研究だと言えるのだが，こうした考え方が，近年のミドル期以降のキャリア研究に影響を与えたと推察できる。そこでは，人的資本（human capital），社会的資本（social capital）と並んで，個人が持つ心理的特性が，心理的資本として特に注目されている。

　それによると，心理的資本は知識やスキルに代表される人的資本や，人的ネットワーク等の社会的資本と同等以上に重要なものである。Luthans, Youssef-Morgan and Avolio（2015）では心理的資本が，①自信を持ち，挑戦的な課題で成功するための努力ができる，②現在と未来の成功を楽観視できる，③目標に向かって努力し，時にはゴールへのパスをつなぎ直すことができる，④不運や困難に負けない，といった特徴を持つ個人の心理的状態だと説明されている[9]。そして人的資本や社会的資本は時代に応じて価値が変動してしまう可能性があることから，心理的資本はそれらの資本以上に重要になりえることが述べられている。

　このように，心理的資本とは自信や精神的な強さ，主体性に関わるものであるが，特に近年では困難に負けない精神的強さが重視されるようになっており，レジリエンス（resilience）という概念が広く知られるようになってきている。Luthans（2002）によれば，レジリエンスは「逆境や葛藤，失敗などはもちろんのこと，責任の増加のような前向きな変化にも耐えられる能力，それらを跳ね返して回復できる能力」と定義されるのであるが，変化の激しい時代において継続的に成長できる人の要件として，こうした精神的な強さ，あるいは回復力が注目されているのである。

　以上のように，近年の研究ではリソースや資産，資本といった概念を使って個人のキャリア発達の可能性を説明しようという傾向がみられる。そこでは，知識やスキルといった人的資本あるいは認知的リソースと呼ばれるもの，人的ネットワークや社会的資本と呼ばれるもの，そして主体性や精神的な強さ，あるいはアイデンティティや自己認識に代表される心理的な特性などがあげられていることがわかった。これからの社会では，これらを豊富に持つ者がミドル期以降も活躍するのであり，それを若年期から体得しておくことが重要になることが論じられているのである。

9）　それらは，Hope（意志と経路），Efficacy（効力感と自信），Resilience（立ち直り乗り越える力），Optimism（現実的で柔軟な楽観主義）の頭文字を取ってHEROと表されている。

2. 知識社会，あるいは知識労働者のキャリアの研究

　次に，知識社会のキャリア，あるいは知識労働者のキャリアを論じた研究をみ
ていきたい。こちらでも変化の重要性が主張されているのと同時に，そのために
何が必要になるかが議論されている。

　Arthur and Rousseau (1996) が提示したバウンダリーレス・キャリア
(boundaryless career) は，シリコンバレーで活躍するIT技術者のキャリアの分
析から生まれた概念であり，組織や産業の境界を越えて形成されるキャリアであ
る。シリコンバレーはIT産業に代表されるような新しいビジネスの地であり，
そこでは変化や柔軟性が求められ，個人も企業も不確実性に対処することが必要
になる。バウンダリーレス・キャリアはそうした環境の変化から生じてきたもの
であり，人々が組織や産業，あるいは仕事の種類といった様々な境界を越えて動
くこと，そして市場性のある能力を持つようになることが重視される。高度な専
門性を持つ技術者や，変化に対応できるマネジャーは特定の組織に拘らずに働く
ことができるし，そのような能力を持つ人が望まれる時代になってきたとされて
いるのである。

　このようにバウンダリーレス・キャリアは，変化や自律性に富んだものだと考
えられるわけであるが，その根底にあるのが個人の意志と能動的な学習であると
されている。バウンダリーレス・キャリアでは組織にキャリアを預けるのでなく，
自分のキャリアに責任を持つ必要があり，人的ネットワークを作って積極的に学
習することが望まれるのである。

　DeFfillippi and Arthur (1996) はバウンダリレーレス・キャリアを支えるも
のとして，三つのキャリア・コンピテンシー (career competency) を提示して
いる。そしてそれらは，knowing-why（個人の動機や価値），knowing-how（知
識やスキル），knowing-whom（人的なネットワーク）と呼ばれるものである。

　knowing-whyとは，個人のアイデンティティに関わるもので，変化の激しい
キャリアにおいて意味を見出すセンス・メイキング能力につながるものである。
そしてそれは個人が組織の制約を逃れる力を持つことにもつながるとされている。
次にKnowing-Howは仕事上の知識やスキルの獲得に関わるもので，それを主体
的に，かつ柔軟に学ぶことが重要だとされている。最後にKnowing-Whomは人
的なネットワークのことであり，特にバウンダリーレス・キャリアにおいては，
それが組織の壁を越えて非階層的に，そして時には即興的に形成されることが大

事だとされているのである。

次に，Hall（2002）は近年の新しい社会における変化の激しいキャリア，をプロティアン・キャリア（protean career），すなわち変幻自在のキャリアと表現している[10]。プロティアン・キャリアではキャリア発達の主体が個人とされており，組織の要求に応えようとすることよりも個人の意志を自覚することの方が重視されている。さらに，プロティアン・キャリアは組織間移動の程度が高く，地位や給料よりも心理的な成功や満足感を重視するものだとされている。それらはかなりの部分でバウンダリーレス・キャリアとも共通する特徴であるといえよう。

プロティアン・キャリアのもう一つの特徴は，適応という概念を用いて環境に合わせて変化していくキャリアを説明したことである。これからの社会で働く人は環境変化に迅速に対応する必要がある。常に最新の技術や知識を必要とされる知識労働者であればなおさらであろう。Hall（2002）によれば，個人の環境適応力を示す適応コンピテンスを高めるためには，三つの要件が重要になる。

その一つがアイデンティティ探索である。変化の激しい時代であるからこそ，個人は常に自分のアイデンティティを確認する努力が求められる。アイデンティティが不明確なままで環境に反応しようとするキャリアは，単なる迷走や漂流になりかねない。たとえ環境への適応力が高くとも，自己への気付きが低い場合には，後ろ向きの変化にしかならないのである。次に，二つ目の要件としてあげられるのが反応学習である。環境に適応していくためには，個人は環境を分析し，それに応じて自分の行動を変えたり，自ら環境に働きかけていく必要がある。そうした努力なしには，個人は自分の市場価値を失ってしまいかねないし，技術や知識の陳腐化が避けられなくなるのである。そして三つ目の要件は統合力である。統合力とは環境変化に適応するための行動と自分のアイデンティティとの一致を保ち続ける力を意味する。いいかえれば，環境から学びながら自己を変革し，新しいアイデンティティを確立していく力である。つまり，プロティアン・キャリアの根幹には，環境から継続的に学びながら，より豊かな自己を形成していく能動的な努力があると思われるのである。

なお図表1－2は，プロティアン・キャリアにおける適応の4分類をまとめたものであるが，それをみても，自己への気付きと環境への適応力の両方が大事で

10）　プロティアン・キャリアという名前は，ギリシャ神話に登場する変身する能力を持つ海神，プロテウスに由来している。

図表1-2 プロティアン・キャリアにおける適応の4分類

行動上の対処		適応力	
		高い	低い
自己への気付き (セルフ・アウェアネス)	高い	プロティアン (変幻自在) 前向きでスマートな行動	パラリシス 逃避停滞で ブロックされている
	低い	カメレオン 後ろ向きな行動	偏屈頑迷屋 硬直的で指図に従った行動

出典)リクルートワークス編 (2003),26頁

あることがわかる。一方だけが優れていたとしても,それは停滞(パラリシス)や迷走(カメレオン)になりかねないのである。

このように,バウンダリーレス・キャリアとプロティアン・キャリアの研究には共通するところが多い。どちらもこれからの社会において,変化や柔軟性が重要になることを主張しているのはもちろんのこと,それを可能にする個人の能力や特性についても,よく似たものを取りあげている。例えばアイデンティティや個人の意志,動機に関わるものはその代表例である。それは自分が何がしたくて,何を目指しているのかを示すものであるが,個人がそれを自覚することによって変化に前向きになり,かつ変化に翻弄されなくなると考えられているようである。また,新しい知識やスキルを学び続けることを重視しているのも共通しているし,そのために外部の環境に働きかけることを重視していることも似ていると言える。特に,バウンダリーレス・キャリアでは,組織外に広がる人的ネットワークの重要性が強調されている。これらは知識社会や知識労働者に関するキャリア研究の大きな特徴だと言えるだろう。

なお三輪(2011)では,これらの研究を参考にしながら,日本の知識労働者(IT技術者や各種のコンサルタント)のキャリアの分析が行われた。インタビュー調査とサーベイリサーチを通じて,成果の高い知識労働者の特徴や,彼(彼女)らのキャリアのプロセスが分析されたのであるが[11],その結果を簡潔に要約すると次のようになる。

① 成果の高い知識労働者は常に仕事を変革しながら,主体的に学習する。工業化時代の労働者は専ら組織内での経験を通じて得られる現場の知識や,企

---

11) 調査は2006年から2010年にかけて行われ,インタビューは51名に対して,サーベイリサーチは459名に対して行われている。

業内特殊知識を学ぶことが多かったが，知識労働者の場合は先進的な専門知識や汎用性の高い知識の学習も積極的に行う。そしてそれらの学習は，外部の専門家との交流や大学院での研究，学会への参加等を通じて行われることもある。

② それと同時に，彼（彼女）らは様々な人々と交流し，他者から積極的に学習する。そのことによって専門分野以外の知識も迅速に学習することが可能になる。そうした他者との交流は所属している組織内に限定されることなく，社外の同業者や経営者，研究者などに広がっている。それらの広範な人的ネットワークの構築が彼（彼女）らの成長に関わっている。

③ 知識労働者の活発な学習を促しているのは，彼（彼女）らの働くうえでの意志，目的意識である。それらはキャリア志向（自己概念に基づいて認識されたキャリアの方向性，長期的に取り組みたい事柄と仕事の領域，働くうえでの主要な目的意識）と呼ばれるものであるが，成果の高い知識労働者は自らのキャリア志向を強く持っている。彼（彼女）らのキャリア志向には，主に高度な専門性を追求する専門職志向，経営や組織への貢献を目指す管理職志向，社会に役立ちたいと願う社会貢献志向，自由な働き方を重視する自律志向などがあることがわかっている。

④ 多くの知識労働者は専門職志向が強いのであるが，特に成果の高い知識労働者は，管理職志向や社会貢献志向も強いことがわかっている。彼（彼女）らはキャリアの途上で自己変革を行い，専門職志向とそれらのキャリア志向を組み合わせることによって成長していくのである。

これにより，バウンダリーレス・キャリアやプロティアン・キャリアの意義が確認され，日本の知識労働者のキャリアの実態を把握することができたと言えるだろう。また三輪（2011）では，キャリア志向が知識労働者の学習や成長を促していることがわかったのだが，それはバウンダリーレス・キャリアやプロティアン・キャリアで注目されていたアイデンティティや自己認識に深く関わるものである。変化の多いキャリアで成長を続けるには，自分を知ること，あるいは新しい自分を発見することが重要になることが確認されたものと思われる。

3．客観的な側面の変化と主観的な側面の変化

さてこれまで取り上げた研究では，キャリアの変化が客観的な変化（転職や独立等）と，主観的な変化（意志や行動の変化）の両面から論じられているという

ことができる。そして特に後者については，自分を知ることや自己変革を行うことなどの重要性が議論されていたと言えるだろう。自己認識や自己変革はキャリア発達の核となるものだと言えるのであるが，これまでの先行研究を振り返ると，それらは転機を潜り抜けた後の変化そのものとして論じられる場合（例えばアイデンティティの再体制）と，キャリアの変化を可能にする要因の一つとして論じられる場合（例えばknowing-why）があることがわかる。もちろんその両方の議論に意義があり，重要な示唆を持っているのであるが，それゆえキャリアの変化における自己認識や自己変革の位置付けについては様々な議論がなされている。

　キャリアの客観的な変化と主観的な変化は，相互に関連しながら影響を与え合うものであろうが，どちらかといえば「自分のやりたいことが見つかったから転職する」というように，主観的な変化が客観的変化につながると考えられる傾向が強いように思われる。つまり，自分を知り，自分を変えたからこそ（あるいはそれに伴って，より豊富で価値の高い知識やスキルを得たからこそ），転職や独立が可能なのであり，別の組織や仕事に移れるのだという考え方である。誰かが転職や起業に成功したと聞くと，多くの人がそのようなプロセスを思い浮かべるのではないだろうか。

　しかしながら，それとは少し異なる考え方を持つ研究もある。キャリアの客観的な側面を変えることによって，主観的な側面が変わっていくと主張する研究である。

　Ibarra（2003）は，転職や独立等を含むキャリアの変化をキャリア・チェンジ（career change）と呼んだうえで，そのプロセスに関する独自の考え方を提示している。Ibarra（2003）によると，キャリア・チェンジは自分が次に何をしたいかを熟考した末に行うと思われがちだが，実際にはそれとは逆のプロセスが多いという。すなわちそれは，まず行動してみて（試して），それから考えるというものである。そして何人かの実例をあげながら，何がしたいかよくわかっていなかった人が，思い切って違う仕事や専門分野に挑戦してみて，その結果として新しい「自分に合った仕事」を発見していくプロセスが示されている。この考え方は，キャリアの客観的変化は自己認識や自己変革の結果というわけではなく，それらに連なる試行という側面を持っているということを示すものである。

　そしてIbarra（2003）は，キャリア・チェンジは結果的に自分を変えることに等しく，新しいことに挑戦し，人間関係を変えることなどによって，新しい自分を発見できると述べている。つまり，まず行動することによって新しい自分を見

出せる，言い換えれば仕事上のアイデンティティ（working identity）が変わるということなのである。こうした試行錯誤の末に自己を発見するというプロセスは，先のバウンダリーレス・キャリアの研究においても論じられることはあったが[12]，Ibarra（2003）はそれを，さらに積極的に捉えたものだと言えるだろう。

　Ibarra（2003）によれば，仕事上のアイデンティティは，職業人の役割を果たす自分をどう見るか，働く自分を人にどう伝えるか，最終的には職業人生をどう生きるかに関するものである。そして，人は数多くの自己像を持つのであり，自己像を思い描いては試すものと想定している。新しい職場で働くことを通じて，あるいは色々なことを試すことによって，新しい自己像の可能性に気付くこともあるのである。仕事上のアイデンティティには多くの可能性があるのであり，キャリア・チェンジはそれを見つける契機となる。そのプロセスの中で，人は時間をかけて古いアイデンティティから新しいアイデンティティへと移行していくのである。

　Ibarra（2003）のこのような主張には，バウンダリーレス・キャリアやプロティアン・キャリアの研究と共通する点が少なからずあると考えられる。それはキャリアにおける客観的変化を積極的に捉え，それを成長の契機と理解している点だと言えるだろう。ただその中でIbarra（2003）に特徴的な点をあげるとしたら，バウンダリーレス・キャリアやプロティアン・キャリアの研究よりもさらに，思い切って試行錯誤をするようなキャリアを肯定的に捉えている点だと言えるだろう。Ibarra（2003）のキャリア観を推し量るとするならば，キャリアは必ずしも計画的に形成されるものではなく，多分に試行錯誤や偶発的な出来事の中で発達していくものだと考えられているということができるだろう。

　そしておそらく，Ibarra（2003）のそうした考え方の背景には，Mitchell, Levin and Krumboltz（1999）やKrumboltz and Levin（2004）のプランド・ハプンスタンス（planned happenstance）論等の影響があるものと思われる。試行錯誤のメリットを重視することや，熟慮よりも行動を優先させる考え方は，ブランド・ハプスタンス論の特徴だと言える。

　プランド・ハプンスタンス論では，個人が能動的に行動することによって様々な偶然に遭遇し，その機会を活かすことによって新しい自己を発見していくようなキャリア発達が議論されている。自ら積極的に色々なことを試してみることが

---

12)　例えば，Arthur,Inkson and Pringle（1999）は，何人かの事例研究を行い，こうした試行錯誤による自己認識，自己変革を取り上げている。

良い偶然に結びつき（単なる幸運ではなく自分が引き寄せた計画された偶然），それが成長につながるという理論であり，近年では多くのキャリア研究に多大な影響を与えている。そこでは，①好奇心を持つこと，②あきらめずにやり抜くこと，③楽観的で前向きになること，④リスクをとること，⑤柔軟性を持つこと，の5つの行動が偶然を活かすためのポイントになるとされている[13]。変化の激しい社会においては，慎重に何をすべきかを吟味するよりも，思い切って何かを試す方が得られるものが多い場合もあるだろう。むしろ慎重になりすぎることによって成長の機会を逃すこともある。近年プランド・ハプンスタンス論が注目されている背景には，そうした社会環境の変化もあると考えられる。

　現在の社会，あるいはこれからの社会におけるキャリアを想定すると，Mitchell, Levin and Krumboltz (1999) の主張は納得性が高く，示唆に富むものだと言える。キャリアは計画通りに進むものではなく，偶然に影響されるということは，誰もが理解しやすいことである。ただし，その一方であまりに無計画なキャリアや，試行錯誤だけを重視するようなキャリアに問題があることも事実であろう。

　バウンダリーレス・キャリアやプロティアン・キャリアの研究は，転職や独立を肯定的に捉え，変化の多いキャリアの意義を論じているわけであるが，変化の多いキャリアのすべてが有益なものだとは捉えていないことも事実である。転職を繰り返す人の中には，難しい仕事を嫌がったり，厳しい上司や顧客から逃げ出すために短期間で仕事を変える人もいる。おそらくそうした人たちは，自らの意志や働く目的意識を持っておらず，流されるように転職を繰り返しているのだと思われる。プロティアン・キャリアの研究ではそうした人のキャリアがカメレオンと呼ばれているが，それは後ろ向きのキャリアとされており，発展的なものとは見なされていない。キャリアの変化が単なる「落ち着きのなさ」や「逃避」にならないためには，働く人にしっかりとした意志や目的意識が必要になるものと思われる。バウンダリーレス・キャリアやプロティアン・キャリアの研究において，アイデンティティを持つことが積極的な変化を遂げるために，また変化に翻弄されてしまわないために重要だとされていたのは，そのためであろう。その意味では，やみくもに試行錯誤をするのではなく，自分の意志を確認したうえで行動することが大切になる場合もあると考えられる。

---

13)　これを見ると，プランド・ハプンスタンス論の主張は，偶然を待つのではなく，偶然をつくりだすことにあることが理解できる。

　現実的に考えれば，考えすぎずに思い切って行動してみた方が良い場合と，しっかりと意志を持って行動した方が良い場合がそれぞれあるのだろう。それはどんな場合に客観的変化が主観的な変化を導くのか，あるいは主観的な変化が客観的な変化につながるのかといった問いにつながるのであるが，それがミドル期以降の知識労働者にどのように現れるのか，あるいはそれぞれの意義はどのようなものなのか，そうしたことも本書の議論の対象になるものと思われる。

4．知識労働者のキャリアの変化

　ではここで，実際の知識労働者がミドル期以降にどのような変化を遂げているのか，筆者の調査した結果（三輪，2018a）をみていきたい（**図表1－3**）。調査の時期や対象者は，先に見たキャリアの転機に関する調査と同じである。
　知識労働者のミドル期以降の変化には，大きく分けて①さらなる成長や分離（独立や自分らしさ）の追求にあたる変化と，②働く目的や目標の見直し，安定志向へのシフトにあたる変化がある。
　①の変化はミドル期以降も積極的に働こうとする変化であり，さらに成長する

図表1－3　知識労働者のミドル期以降の変化の概要

カテゴリー	概念	定義
さらなる成長や分離の追求	自らの働く目標や目的を達成するための組織間移動	自分のやりたいことを実現するための転職や，会社の設立，あるいはフリーランスとしての独立
	活動領域の拡大	これまでとは異なる活動や，人的ネットワークへの参加
	学び直し	自分に足りない知識やスキル，あるいは今後のキャリアのために必要な知識やスキルの学習
	仕事の領域，内容，プロセスの変革	今後のキャリア発達のための，仕事の領域，内容，プロセス等の変革
働く目的や目標の見直し，安定志向へのシフト	激務の緩和	仕事と私生活のバランスを取るための，仕事の量やスピードの抑制
	他者を支援する役割へのシフト	（自分の成功や満足より）仲間や後進を支援する仕事の重視
	現実的目標の選択	自分の能力や年齢，持ち味，欠点等の再検討と，今後の状況に適合した働くうえでの現実的な目標や目的の設定

出所）三輪（2018a）を元に作成

ために，また自分の目標を達成するために何かを変えるというものである。非常に前向きな意図を持つ変化であり，こうした変化ができる人は，ミドル期以降も生き生きと働いていると理解することができる。典型的な例は，自らの働く目標や目的を達成するために，転職や独立といった組織間移動を行うことであろう。高い意欲や自律性を持つために，組織との葛藤を感じ，それが転機となった知識労働者が，自らの理想とする働き方をするために，転職や独立を行うといったパターンである。まさにバウンダリーレス・キャリアやGratton and Scott（2017）で述べられていた変化だと言える。また成長を続けるために学び直しを行うことなども，この例に当たるだろう。学び直しはキャリアの立て直しや再始動を目的に行われることも多く，その意味では苦境に端を発したキャリアの転機がそのきっかけとなることも多い。様々な経験から未熟な自分を知ることによって，そこから抜け出すために行動を変えるのである。

　一方，②の変化は前者のように野心的ではないし，むしろ仕事を減らすような変化だと言える。また客観的な変化よりも，主観的な変化の方が大きいと言えるだろう。激務を緩和して仕事と生活のバランスを見直す場合，あるいは自分の能力や年齢を吟味して，仕事の目標を再設定（多くの場合は下方修正）する場合などがこれに当たる。ただし，それらの変化も単純に消極的な変化だと断定できるわけではない。働く目標を見直して，以前よりも野心的ではない目標を立てたとしても，それが自分の長所をよく分析して立案した現実的なものであれば，本人にとっても周囲の人たちにとっても有意義なものになるだろう。次章以降では，こうした変化を遂げた知識労働者の実例について詳しく見ていきたい。

第4節　事例の分析視点

　本章の最後に，これまで見てきた様々な研究を参考にしながら，次章以降で取り上げる事例を分析するための視点を明らかにしておきたい。本書の研究課題は，①知識労働者のミドル期以降の多様なキャリア発達のプロセスを，転機と変化を中心に据えて分析し，明らかにする，②知識労働者のミドル期以降の変化を可能にする要因を明らかにする，の二つであった。そのための分析視点を，先行研究に基づいて設定していく。

　まず①についてであるが，知識労働者は専門性や創造的な能力を使って働くために，一つの組織に縛られない働き方が可能になる。転職や独立・起業を含め，

様々な可能性を持っていると言えるのであるが，個人が知識労働者として引き続き活躍できるかどうかは，個人が持つ専門性や創造的な能力の高さ，あるいはその市場価値等に依存することになる。したがって，知識労働者が転機を経て変化する多様なプロセスを明らかにするとともに，彼（彼女）らがミドル期以降も第一線で活躍できるだけの専門性や創造性を，どのように身につけたのかを分析することが必要になる。

　本書では，キャリアの転機と変化に特に注目するわけであるが，多様なキャリアにおいて，どのような転機があり，それがどのように変化につながるのかを明らかにすることが最も必要なことであろう。前節までにおいて，キャリアの転機とキャリアの変化に関する代表的な研究を見たうえで，日本の知識労働者についてのそれらに関する調査結果も概観してきた。そこには様々な転機や変化が見られたわけであるが，それらがどのように関連しているのか，それを一連のプロセスとして把握することが求められよう。そのことによって，知識労働者のミドル期以降の多様なキャリア発達を，現実的に理解できるようになるだろう。

　またその際，事例となった人がミドル期以降も第一線で活躍できるだけの専門性や創造性を，どのように身につけたかについて見ることも必要であろう。転機を迎えたときにどんな努力や学習をしたかはもちろんであるが，若年期における学習の内容や，その方法等も見る必要がある。それが明らかになれば，知識労働における年齢による限界を克服するためのヒントが得られるものと思われる。

　次に②についてであるが，先行研究においてミドル期以降も変化し，活躍できるために何が必要になるかが議論されていた。それらはリソースと呼ばれたり，あるいは資産や資本，コンピテンシーと呼ばれたりしていたが，それらに共通していたことに着目しながらまとめるならば，一つには個人が持つ知識やスキル（human capitalやknowing-how）に関するもの，二つには他者とのつながりや人的ネットワーク（social capitalやknowing-whom）に関するもの，そして三つには心理的な特性，特にアイデンティティや自己認識（knowing-why）に関するもの，さらには柔軟性や回復力，新しい経験への開かれた姿勢（psychological capital）に関するものだということができる。これらが実際の知識労働者のキャリアにおいて，どれだけ重要な役割を果たしていたかを見ることが，まず必要であろう。そのことによって，ミドル期以降に活躍を続けるための基本的要件を理解できるものと思われる。

　もちろん，先述の通り知識労働者のキャリアは多様であり，キャリアの転機や

変化も多様なものがある。したがって、それを可能にする要因も場合によって異なると考えられる。先行研究であげられた三つの要因についても、人的ネットワークが重要になるようなキャリアもあれば、知識が重要になる場合、あるいは自己認識が決定的に大事になるような場合もあるだろう。キャリアのプロセスによって、どのような要因が重要になるのか、それを比較しながら見ていくことが必要になるだろう。そのことによって、多くの人が各自のキャリアを振り返ったときに、自分には何が必要なのか、何が足りないのかを考えるヒントが得られるものと思われる。

またその中で、個人の心理的特性の中のアイデンティティや自己認識については、さらなる検討が必要である。先行研究でも議論されていたように、自己認識や自己変革といった主観的なキャリアの変化が客観的な側面の変化につながる場合と、試行錯誤による客観的なキャリアの変化が主観的な側面の変化につながる場合が考えられるのである。前者の考え方に則れば、「自分を知る」ことが、転職や独立を含むキャリアの変化の起点となり、指針になるものとして捉えられる。一方、後者の考え方に則るならば、様々な試行錯誤の中から、自分にとって受け入れやすく、満足感の高い何かが選ばれ、それに応じた自己が形成される（あるいは自己を発見する）ことになる。

もちろん、現実には両方の因果関係が存在するだろうし、一つのキャリアをどちらかの因果関係で明確に区別することも難しいだろう。そのため、事例を見るうえでは両方の関係を想定しながら見る必要があるのだが、実際の知識労働者、そしてミドル期以降の知識労働者にはそれらがどのように現れるのか、あるいはその因果関係は転機の内容とどのように関連しているのかを見ていく必要があるだろう。その詳細が分かれば、キャリアの途上で悩む人たちが、自分はここで熟考すべきなのか、あるいはとにかく試してみるべきかを判断することが可能になるかもしれない。

以上のことから、本書の事例研究の分析視点をまとめると次のようになる。

① キャリアの転機と、その後の変化はどのような関連性を持つのか。また長く第一線で活躍するための専門性や創造性はどのように身につけられるのか。
② 知識労働者のミドル期以降のキャリア発達に、個人が持つ知識やスキル、人的ネットワーク、自己認識や柔軟性、回復力等の心理的特性がどの程度影響しているか。またキャリアの転機や変化が異なれば、その影響の大きさも異

なるのか。

③　個人の自己認識や自己変革がキャリアの客観的側面の変化を促進するのか。あるいは客観的側面を変えようと試行錯誤することが自己変革を促すのか。

　次章以降では，これらの分析視点によって事例を検討していくことにしたい。

　なお，本章では先行研究を振り返る際に，それらの研究の元々の記述に則って，アイデンティティという言葉をしばしば使ってきた。しかしながら，アイデンティティという言葉を使うことについては，注意すべき点が多いように思われる。

　アイデンティティという概念を提唱した研究としては，Erikson,E.H.の一連の研究が有名であり，現在では多くの分野で使われる言葉になっている。アイデンティティを平易な言葉で説明するならば，自分は何者で，どんな生き方をしたいかなどを示す自己同一性ということができるのであるが，Erikson（1956）やErikson（1968）での議論を見ると，その内容は一般的に考えられているものよりもはるかに複雑である。

　そこでは，成長しつつある子供が，社会的なリアリティの中で自尊感情を得て，それがアイデンティティとして発達していく複雑な過程が論じられている。また自己斉一性や連続性[14]などの概念を用いてアイデンティティの本質についても議論されている。そのうえで，アイデンティの獲得は，青年期の主たる発達課題として取り上げられているのである。

　本章で取り上げた先行研究においても，たびたびアイデンティティという言葉が使われていたのであるが，それがErikson,E.H.と同じ意味を持つものとして使われていたかについては疑わしい点も多い。むしろ仕事や職業における自分の意志や目的意識を表す言葉としてアイデンティティが使われていることが多かったように思われる。その意味では，Super（1957）が示したキャリア自己概念[15]や，Schein（1978）が示したキャリア・アンカー（career anchor），すなわち仕事に

---

14)　自分に対して一貫性を持った連続的な確信がある状態を示す概念である。アイデンティティを持っているという意識的な感覚は，自分自身の斉一性と連続性を直接的に知覚すること，それと同時に自分の斉一性と連続性を他者が認めてくれているという事実を知覚することに基づいているとされている。

15)　個人が自分をどう考えるか，どんな価値，興味，能力を持つかについて「個人が主観的に形成してきた自己についての概念」（主観的自己）と，「他者からの客観的なフィードバックに基づき自己によって形成された自己についての概念」（客観的自己）を統合して構築されるものである。

おける能力・動機・価値[16]に近いものであったと思われる。そして本書が分析するキャリアにおいて注目している心理的特性も，本来のアイデンティティというより，職業上の自分の能力や意志，動機の認識に近いものだと考えられる。

それゆえ本書では，次章以降の事例を見ていくうえではアイデンティティという言葉を使わずに，より平易な言葉で個人の職業上の自己の捉え方を表現することにしたい。その方が議論の混乱を招くことがないと考えられるからである。

次章以降では，先行研究を参照や引用する場合を除き，自分のやりたいこと，働くうえでの意志や目的意識，自分の能力に対する理解を示す言葉として「自己認識」を，そしてキャリアの途上でそれらについての新たな一面を知ることを示す言葉として「自己発見」を，また自己発見を通じて自己認識を大きく改めることを示す言葉として「自己変革」を使用することにしたい。そしてそれらが，ミドル期以降のキャリア発達にどう寄与しているかを考察していきたい。

---

16) Schein (1978), Schein (1990) では，キャリア・アンカーの種類として，技術的ないし職業的能力，管理的，自律的，雇用保障と安定性，（起業家的）創造性，奉仕・社会貢献，純粋な挑戦，生活様式が示されている。

ミドル期以降に転職する

第1節　増えつつあるミドル期以降の転職

　本章から第7章においてキャリアの事例を見ていくわけであるが，それに関する調査は2016年から2018年にかけて実施した。基本的には調査対象者の勤務先に訪問して，1～2時間のインタビューを行う形式であった。インタビューは本人の了承を得て録音し，内容を確認してもらったうえで事例としてまとめている。

　最初に取り上げるのは，ミドル期以降に勤務先を変えるキャリア，いわゆる転職を行うキャリアについてである。従来，日本では欧米諸国に比べ転職が少ないと言われてきた。大企業を中心に長期雇用の慣行が普及していたことにより，一つの企業で長く勤めることが一般的になっていたと言える。特にミドル期以降の転職は少なく，転職年齢は35歳が上限であるという通説もよく聞かれたぐらいである。それがどの程度実態に即したものであったかはともかく，多くの日本企業で働く人は，専らその企業の中で知識やスキルを体得し，その企業独自の企業内特殊技能を習得して働く傾向が強いことから（Aoki, 1988：小池，1993a），他の企業でも通用する知識やスキルをあまり持っておらず，必然的にミドルを超えた人の転職は難しくなると考えられていた。

　しかしながら，近年になってミドル期以降の転職が増加傾向にあるといわれている[1]。今後，ミドル期以降のキャリアが長くなっていけば，こうした傾向はさらに強くなることが考えられよう。

　本章では，**図表2－1**に示した3名の事例を見ていく。ミドル期以降に実際に転職をしたのは2名であり，主にその事例について見ていくわけであるが，比較材料として，転職の機会がありながら転職しなかった1名の事例についても参照する。

1）　例えば2019年8月21日の日本経済新聞の記事では，全世代にわたって転職者が増加し，その多くが転職によって労働条件が向上したことが伝えられている。

図表2－1　転職するキャリアの事例の概略

事例	キャリアの特徴
佐藤氏	●都市銀行に勤務して東京営業本部，人事部などの主要部門を経験する。途中，アメリカに留学して大学院で法学を学ぶ。 ●アメリカに駐在して日本とのビジネスの違いを実感し，銀行の将来性に疑問を持つ。 ●日米で転職を重ね，様々なプロジェクトの立ち上げや制度改革などを経験する。 ●シニア期に転職し，現在の勤務先である人材サービス企業の研究部門等のトップを任される。
鈴木氏	●心理学に関心があったことから，人材サービス企業に就職する。人材派遣の営業担当，営業マネジャー，営業企画を経験する。 ●キャリアに関わる仕事がしたくて人材育成や採用業務を手掛けるコンサルティング・ファームに就職する。 ●なかなか希望する仕事ができない中，社外活動等を通じてキャリアについて学ぶ。 ●41歳の時に，希望する仕事を得る最後の機会だと思って現在のコンサルティング・ファームに転職する。 ●これまでの経験を活かしつつ，キャリア開発支援などのコンサルティングに従事する。
高橋氏（参考）	●大手電機メーカーで要員管理や人事評価，給与管理等を担当し，大企業らしい緻密な仕事を学ぶ。 ●アメリカに留学してMBA（master of business administration）を取得する。 ●シンクタンクに転職し，人事管理に関わる様々なテーマにオールラウンドに対応できるコンサルタントとして活躍する。 ●仕事のマンネリ感とともに，周囲のメンバーとの葛藤の中で働く意欲が減退する。 ●優良企業への転職の機会を得たが，自分は転職してまでやりたいことがないことに気付き，転職を思いとどまる。周囲の環境が改善されたこともあり，マネジャーとして仕事を続けている。

出所）筆者作成

　また先行研究ではキャリアの変化を可能にする要因として，知識やスキル，人的ネットワーク，さらには自己認識や柔軟性等の心理的特性があげられていたが，事例の3名はそれらについてどのような特徴を持っていたのか，また転職した人と転職しなかった人では，それらがどう異なっていたのかについても考察していく。

　なお本章以降で紹介する事例では，人名と企業名はすべて仮名で表記している。また本章以降における調査対象者のコメントにある括弧書きは，筆者による補足である。

第2節　佐藤氏の事例
──大手銀行でのキャリアを捨てて転職する

1．アメリカでの気付き

　まず，若い頃のアメリカでの駐在経験や，大学院留学経験を活かして，ミドル期以降に複数回の転職を成功させた佐藤氏の事例を取り上げる[2]。

　佐藤氏は現在，人材サービス企業において，機関誌の発行や，研究部門のマネジメント（副社長兼本部長）をしている。インタビュー実施時点での年齢は58歳であった。

　佐藤氏は17年間，かつて都市銀行[3]と呼ばれていた大手の銀行に勤務した後，ミドル期において外資系，日系の企業を4社渡り歩き，シニア期に近い年齢になってから，現在の人材サービス企業に転職している。

　佐藤氏の銀行時代の特徴として，非常に多様な業務に従事し，海外経験もしていることがあげられる。まず都内のある支店に勤務し，その後3か月間の研修を挟んで国際金融部に配属になる。そこからアメリカの大学院（法学）に留学し，日本に戻ってきて東京営業本部に入る。東京営業本部はいわゆる大手企業を相手にする花形部署であり，その都市銀行を中心として形成された大企業グループの企業が主な顧客であった。そしてその後，人事部に配属になる。

　このように，佐藤氏は都市銀行の重要な部署を次々に経験し，そこで銀行の中核的な仕事に従事してきたと言えるのである。またそれだけでなく，アメリカの大学院に留学して法律に関する理論的な知識も学んでいる。まさに実務，理論の両面において，高度な学習を重ねてきたと言えるだろう。

　その中でも，佐藤氏が強い印象を覚えた経験は，東京営業本部や人事部の後で経験したアメリカ，カリフォルニアでの勤務である。そこでは，日米の銀行経営の違いであるとか，時代の変化といったことを肌で感じ，将来を考えさせられたという。

　「アメリカの銀行と日本の銀行の経営環境を見ると，色々な理由があるのですけど，アメリカの銀行は基本的に利ザヤがきちんと確保されているところで経営されてい

2）　佐藤氏の事例の一部は三輪（2018b）においても紹介している。
3）　かつて都市部に本店を置く大手の普通銀行がこのように呼ばれており，現在の「メガバンク」に再編される前は10を超える銀行がそれに該当していた。

ましたが，日本はあの頃オーバーバンキング[4]で，皆で貸し出し競争をやっていま
した。日本の金融機関は預貸金利差などほとんどなく，利ザヤが本当に薄い世界で
取引をしていました。アメリカ型の健全な利ザヤの商売が，今思うと日本では広が
る時代ではなかったというのがありますよね。ですから，アメリカから見ていて日
本の銀行ってこれでいいのだろうかと強く思っていたというのがあったのだと思い
ますね。」

　佐藤氏はアメリカと日本の銀行経営の違いを感じるのと同時に，自分が描いて
いた仕事のイメージが変わりつつあることも感じていた。仕事とは，大きな組織
で長く安定的に続けていくものだというイメージが日本では当たり前であったが，
アメリカではすでにそうではなかった。それを感じながらも，周囲の日本人はそ
の変化に気づいていないことを問題視するようになっていた。

　「（競争の激化によって）会社が統合されたり分割されたりすることで，一生モノだ
と思っていた仕事が無くなったり，新しくできたりすることが当たり前になってき
た。そのような環境の中で自分の能力が会社の中で通用するのか，あるいは外でも
通用するのか，みたいな議論もようやく少し進んだ感覚を持っている人がするよう
になりました。でも，当時はまだまだそのようなことを言っている人は（少なかっ
た）。」

　これらのコメントから見て取れるように，このときのアメリカでの経験は佐藤
氏が自らのキャリアを問い直すきっかけになったと言える。そして当時，アメリ
カをはじめとする先進諸国において働き方が変わりつつあったことが，佐藤氏の
キャリアの転機につながっていった。実際に，佐藤氏は銀行を離れることになる
のだが，それは当時の日本において，都市銀行で中核的な仕事を続けている人と
しては珍しい意思決定であった。もちろん佐藤氏も，若い頃から転職に肯定的な
考え方を持っていたわけではなかったのだという。

　「もちろん17年一つの会社で働いてきたので。（しかも）人事をやっていたので転
職について肯定的ではありませんでした。当時，人事の仕事をやっていた人間が転
職していく社員に何を言っていたかというと，辞めるな，甘えるなということでし
た。転職したって，そんなもの2年3年で転職するようになり，転々とするように

4）　ここでいうオーバーバンキングは，概ね銀行の数が多すぎることを意味している。

なって結局根無し草になるぞ，みたいなことを言っていたわけですよ。転職に関して何も知らずに。だから自分自身がその立場になることを決断するときはやはりすごくハードルが高かったのは事実ですね。」

　おそらくこういう考え方は，日本の大企業で働いている人，特に順調に活躍している人の多くが持っていたものだと言えるだろう。佐藤氏はアメリカでの経験を通して考え方を改め，勤続17年目というタイミングで転職を決意したのだが，そこには大きく分けて3つの理由があったようだ。
　一つ目の理由は，佐藤氏が勤務していた銀行の未来に希望を感じなくなったことである。

　　「銀行を辞めるに至った理由ですが，私がちょうどロスアンゼルスにいたときは日本のメガバンクが出来上がる時期だったのですね。私もある都市銀行在籍で，そこの人間としてカリフォルニアの現地法人に赴任していたのですけども，その銀行本体が合併をするという話がありました。他の銀行と再編され，より大きな銀行になるということでした。」
　　「あの頃の金融機関はみな不良債権に喘いでいましたので，別の銀行二つと統合するという話を聞いたときに，合併後の銀行は今の銀行以上の強い銀行にはならないだろうなと思ったわけです。」

　二つ目の理由は，様々な経験を経て佐藤氏が自律的なキャリアを求めるようになったことである。

　　「銀行の仕事は堅い仕事だし，社会的にもそういう目で見られる仕事だと思います。そのうえ日本型雇用の世界ですから，キャリアは全部会社が握っているわけです。優秀だと思われれば良いところに異動させられるし，優秀じゃないって思われれば花形でない部署・仕事への異動をずっと繰り返すみたいな。」
　　「自分には一切自分のキャリアのコントロール権が無い。まあ，仕事でがんばるという努力はあるかもしれないけど，結局異動先は他者の評価で決まるわけですから。それらに対して，これってなんかおかしいんじゃないかなって思っていたときに，海外，特にアメリカで，みなが自分でキャリアを選んでいるのを見て，とても新鮮でしたし，その方がいいのではないか，正しいのではないかって思ってたというのもありますね。」

「これからそんな統合後の銀行で（企業合併につきものの）ポリティカルな戦い[5]や争いに巻き込まれてああだこうだやっていくよりは，自分で自分のキャリアをコントロールできるようになりたいと思いました。それで，実際転職してみて嫌だったら辞めてまた自分に合う仕事を探せばいいと考えたのですね。そりゃリスクはありますけど。でも努力すれば，あるいはチャレンジすればジョブは上がっていく可能性はあり，自分で全部コントロールが効くと思いました。」

　当時の佐藤氏は，このままだと誰かに自分のキャリアを決められてしまい，結局は寂しい老後を迎えるのではないかという不安を覚えていたようである。それと同時に，自分次第で好きなキャリアを選べる世界があるのだから，それに飛び込んでもいいのではないかという新しい希望を持ち始めたと言えるだろう。
　そして佐藤氏が転職を決意した三つ目の理由は，海外勤務を経て自社以外で働く自信を身につけたことである。

「あともう一つは，自分は日本から派遣された銀行員でアメリカの現地法人の経営チームの一員としてアメリカに行っていました。アメリカの銀行でもカリフォルニア全体に109店舗くらいある中堅から大きい方に入るそれなりの規模のコミュニティバンクだったのですけど，その銀行で働いているスタッフたちの能力を見たときに，この程度なんだと思ったのですね。自分にも結構マーケットバリューがあるのかもしれないなと。そういうのを自分の目で見られたっていうのも大きいのかもしれないですね。（中略）今思うと，日本の中にいたら比較はできなかったと思うのですけど，外の人材レベルを見て，なんか戦っていけるかもしれないなってなんとなく思ったのでしょう。」

2．ミドル期に銀行から離れる

　こうして佐藤氏は銀行を離れ，以降は外資系の大手電機関連メーカー，外資系の大手ネットワーク機器開発企業，外資系の大手銀行，日本の外食チェーン企業などで勤務する。最初の大手電機関連メーカーは自分で応募して入社したものだが，その他はヘッド・ハンティングされての転職である。佐藤氏は労働市場で魅力的な人材であったということであろう。

5）　合併後にどちらの企業，あるいはその出身の社員が主導権を取るか，そのことによって経営が強化されるのか否かといった問題は，必ず議論されるものである。

　これまでの大企業出身の日本人のキャリアから見れば，佐藤氏のキャリアには転職が多すぎるようにも見える。佐藤氏も他人からはそう見えるだろうと自覚しているのだが，結果的に転職が増えたのは，自身の自律性への欲求が強いことと，変化を志向する性格に原因があるのだと思っている。

　　「どちらかというと安定するとなんかそろそろ違うことやりたいとか思っちゃうタイプなのですね。性格的に。」
　　「安定した中でやっていても，この給料に見合ったアウトプット出せているのかなとか，いいのかなこんなんでとか思い出すんです。すると，ちょっと違うことやった方がいいかなとか，ここまで仕組みを作ったから，後はもうちょっと自分より給料の安い人がオペレーションを回していけばいいので，もう僕を必要としていた時期はこの組織では終わったな，とか思う。そうすると，次に行こうというふうに思う。」

　もちろん，数回の転職がすべて成功であったわけではない。アメリカでのネットワーク機器の会社への転職では，ちょっとした挫折感も味わっている。

　　「その会社は自分がロスアンゼルスにいた当時，時価総額の成長がすごいとか，アメリカですごい注目された企業で，だから非常に成長著しいスタートアップハイテク企業で，（創業から）12，3年くらいしかまだ経っていなかった時期だと思います。（自分が入社したのは）。」
　　「すごく面白そうだ，ということで入ったのですけども，IT企業のスピード感で仕事をするというのは非常に大変だったので，いろいろ成し遂げましたが2年ちょっとですけどヘロヘロになってですね。」

　銀行でも中核の仕事を次々と経験してきた佐藤氏が，ハードな仕事に疲弊して2年余りで退職したわけであるから，苦い思い出だと言えなくもない。ただそれが佐藤氏のキャリアに傷をつけることにはならなかった。むしろ，先進的な企業での就業経験は労働市場で高く評価されるらしく，佐藤氏はその後，数々の企業からオファーを受けている。

　　「（IT企業で働いている最中に）イギリスの銀行さんからお声がかかって，日本でリテールバンク作るので来てほしいといわれて。その後に勤めた外食チェーンも再上場を目指していて，そのために人事制度を大幅に改定して人事のプラクティスにつ

いて刷新したいので来てくださいということで，全部外からのお声掛けで移りました。」

3．シニア期に新たな挑戦を始める

こうして数々の企業で新しいことや企業改革に挑戦した後，佐藤氏は現在の人材サービス企業に転職することになる。

> 「しばらくのんびりしたいなと思ったところもあって無職の時期がありました。で，休んでいたときに（以前からの知り合いであった）弊社の社長が，遊んでいるならウチに来てくださいよって声をかけてくれて，こちらに来たっていうことなんですよ。」

そして，現在も佐藤氏は多様な仕事に携わり，取締役副社長と研究部門の本部長，タレントマネジメント事業の本部長を兼務している。

これまでのキャリアをみてわかるように，佐藤氏は時代の変化に対応しながら，様々な仕事や環境に適応してきている。先行研究でいえば，プロティアン・キャリアの特徴を具現化しているかのようである。佐藤氏は，組織間移動を可能にする要因や労働市場で価値の高い人材について，次のように見解を述べている。

> 「意外に価値が下がったのは銀行でいうといわゆる官庁出向者ですよね。当時でいう大蔵省[6]とかですね。そういうところに出向していた連中が，本当に経営の中枢に上がっていくような候補生なんだって周りから見られていた時代があったのに，急激な国際化が進む中で，突然そのキャリアがなんの役にも立たなくなってしまいました。（中略）自組織内ではある程度能力は発揮するのですけども，それは汎用性のあるスキルじゃないっていうのが露見してしまって外部人材マーケットでは一切評価されないのです。」
> 「彼ら（銀行内では優秀とされていた人）は転職をしたかったのかどうかはわかりませんけども，（転職）できずに結局銀行，あるいは出向された先で終わるというのが大半ですよね。私の同期などを見ていると。」
> 「少しでもいい出向先を手に入れることが彼らにとっての最後のイグジットの勝ちパターンであって，それ以外の選択肢は持ってないから考えない。歳がいけばどん

6）　現在の財務省である。当時の都市銀行には大蔵省に出向したり，大蔵省との折衝窓口になっていたMOF担（Ministry of Finance担）と呼ばれる人がおり，それらの人が将来の幹部候補という考え方もあった。

どんチャレンジすることが怖くなりますし，私は留学もさせてもらったこともあっ
たし，海外赴任もしていたし，そのおかげで英語もできたのでそういう幅広い経験
を評価もされたし，おそらく私の実力以上に評価をされて外資系企業を渡り歩くこ
とができたのかなと思っていますので。」

　佐藤氏の見解に従うならば，環境の変化に適応できず，従来の考え方や，特定
の文脈に固執するような働き方（あるいはそこでの学習）は，組織間を移動でき
る力を弱めることにつながるのであろう。そうした環境や文脈の違いを超えるた
めに変化を求めたことが，佐藤氏の強みになったと言えるのかもしれない。

第3節　鈴木氏の事例
──キャリアに関わる仕事を目指して転職する

1．人材派遣の営業職からコンサルタントへ

　次に鈴木氏の事例を取り上げる。鈴木氏（インタビュー時点で44歳）は，キャ
リア開発支援や人的資源管理を得意とするコンサルティング・ファームA社にお
いて，事業企画部長兼チーフコンサルタントとして活躍している。大学時代から
心理学に興味があり，専攻ではないものの，いわゆる部活のような形で心理学研
究の団体に所属していた。特に人材育成やキャリア開発に関心が強く，卒業後に
人材派遣を中心に事業展開する大手企業B社に入社することから鈴木氏のキャリ
アは始まっている。

　「B社に新卒入社をして，35歳までいまして。前半はいわゆる営業職として地域担
　当とか業界担当とか営業をやって，続いて営業のマネージャーをやって，その後，
　後半は営業企画の仕事に就いて営業施策の立案だとか，あとは，B社は当時グルー
　プ会社がたくさんありましたので，グループのサービスを一括して，ちゃんと総合
　提案できるようなコンサルタントを養成するっていうのがありまして。」
　「そのとき，私，コンサルタントの養成メンバーになりまして，それから営業企画
　に移ってから，いわゆるコンサルタントというとおこがましいんですけども，そう
　いう職種に就いて，総合提案だとか，全国の結構大型の案件があったりすると，そ
　の取りまとめをするプロジェクト・マネジメントみたいなのだったりとか，そうい

う仕事を後半やってきました。」

　人材派遣業界は当時，急速に発展しているところだったので，鈴木氏は多忙な
毎日を送っていたという。またＢ社は，敏腕な経営者のもとで急成長を遂げてお
り，次々に新しい事業やサービスが生まれていた。鈴木氏にとっては刺激的な毎
日であり，そこから多くのことを学び，精神的にも鍛えられたようである。

　　「そうですね。Ｂ社のときには，今ではあんまりないと思うんですけど，やっぱり
　　イケイケの営業スタイルだったので，あまりうまくいかないことがあっても，そこ
　　でめげないで気持ち切り替えてやるってことだとか，私は派遣の営業だったので，
　　派遣先と派遣スタッフとの間のトラブルがあった場合には，そこの仲介に入ってト
　　ラブル解決するっていうことも営業がやるので，そういう意味では，人間関係のド
　　ロドロみたいなのに突っ込んでいって，うまく仲介していくっていうことは仕事と
　　してやってきたので，それは柔軟性だとか機転利かせてちょっとやってとか，そう
　　いうのは，仕事の経験を通じて自然と身に付いていったってのはあると思います。」

　こうして鈴木氏はＢ社で忙しく働いていたのであるが，35歳のときに最初の
キャリアの転機を迎える。採用や人材育成を支援するコンサルティング・ファー
ムＣ社に転職することにしたのである。
　鈴木氏が転職を決めたのには，大きく二つの理由があった。一つにはＢ社では
営業職としての能力は身につくし，成長することはできるが，元々自分がやりた
かったキャリア開発に関する仕事はできそうにないということがあった。鈴木氏
は自分のやりたいことに深い関りを持つ企業で働きたくなったのである。そして
もう一つには，Ｂ社には独立精神や起業家精神の強い社員が多く，早く自分の道
を見つけて次のステップに進むことが理想的だと見なされていたことがあった。
鈴木氏は若い頃から長期雇用や組織への忠誠心が重視される環境にはいなかった
と言えるだろう。そのことはおそらく，後の鈴木氏のキャリアにおける主体的な
意思決定にも影響を与えているものと思われる。

　　「Ｂ社の場合は，今はわからないんですけども，私たちが入社した当時のメンバー
　　というのは，結構，比較的早く会社を卒業するという志向が高い人たちがいて，い
　　わゆる専門性を意識してっていう方だけというよりかは，ちょっと起業家マインド
　　がまだあった時代だったので，自分の事業やりたいっていうことでスピンアウトし

た人もいれば，あと，お父さんが中小企業の社長で後継者として勉強のためにＢ社に入って，引き継ぐために辞める方もいらっしゃったりだとかしたんですけど，私，辞めるときには35歳でしたけど，遅いほうです。」

2．コンサルタントとしての試行錯誤と挫折経験

　鈴木氏はＣ社でコンサルタントとして再出発することになったのだが，そこでの毎日は鈴木氏が期待した通りのものではなかったようである。希望するキャリア開発の仕事にはなかなかつけず，それを何とかしようとする中で試行錯誤する日々だったという。

　　「もともと，私，人のキャリアっていうテーマにすごく関心があって，そのキャリアっていうテーマで仕事をしたいって，ずっと思ってたんですね。それでＢ社にも入ったんですけれども，あまりその専門性を深められるっていう仕事ではなかったので，それでＣ社に転職をしてみたのですが，やっぱりやりたいって思いはあるものの，専門性と経験が伴ってないので，なかなかそういう仕事に携わることはできなかったんですね。」

　しかし鈴木氏は自分のやりたい仕事ができない中で，却ってそのことに対する向学心が強くなり，独学，あるいは社外での学習を意欲的に行うようになっていった。

　　「Ｂ社を辞めた後になって，そのキャリアってテーマ性をすごい感じて，それに対して勉強しようって思ったのはその後になってからですね。それまでは，全然そういう勉強したわけではなくて。」
　　「で，私がやったのは，社外のNPO（non-profit organization）とかそういったところで，キャリアをテーマとして活動しているところに参画をさせていただいて，そこでそういった領域で活動されてる方々との人脈をつくったりだとか，その方々からいろいろ教えていただいたりとか，そういったところで，仕事じゃないところでキャリア領域の経験を積んでいったりだとか[7]。あと，Ｃ社の中では，研修とかコンサルティングの事業もやってるので，要は，結構資料がたくさんあるんですよね。お客さんのコンサルティング案件の資料とかも結構あったりするので，それを業務

7）　働きながらNPOや社外の組織に参加して学ぶといったキャリアはパラレルキャリア（parallel career）として近年議論されている。Drucker（1999）が提唱し，日本では石山（2015）などに詳しい。

時間外に読みあさって，それでちょっと自分なりに勉強して身に付けたんですね。」
「それほど，すごく高度な専門書をたくさん読んだってことはないんですが，こういう（専門的な）書籍を，やっぱキャリア系とか人材育成だとかそういったものは，半分趣味で読んでる感じなので，表現がいいかわからないんですけども，読書は好きなんですけども，読書でもこういう本ばっかしか読まないんですよ。小説とかそういうものは読まない，そういう感覚で読んでるみたいな，そういう感じですね。」

　こうした日々を送る中，二度目のキャリアの転機に連なる出来事が起こる。鈴木氏はC社が別に設立したD社に転籍することになり，そこで新規事業（主に新しい研修サービス）を立ち上げることになったのである。そしてそこでの経験は，鈴木氏にとってはじめての挫折経験となり，またその中から多くのことを学んだ経験にもなったという。

　「転籍した会社のときに，結構修羅場というか，今でこそ，そういう研修のコンサルタントとしてお客さまにご提案したりとかお話を伺ったりとかして，ちゃんと課題解決のお仕事させていただいてるんですが，それまで，B社からずっと人材業界にはいたんですが，いわゆる研修の営業とかこういう研修の提案っていうのは，あまり経験がなかったんですね。その転籍した会社が，実は研修の仕事ではなくて，新卒採用の事業をやってる会社で，その新会社で研修の事業を立ち上げようということになって，新規事業として。私は，そこのリーダーとして任命されてやったんですけども，すごい大失敗をしてしまって，結局その事業は解散になってしまったりだとか，その当時，研修事業を立ち上げたものの，自分自身，研修の営業としての経験があまりなかったので，実際，お客さまとのやりとりがうまくできないということもあった中で，外部のアドバイザーの方がその新規事業に入ってきて，その人にすごい鍛えられたんですね。」
　「そのときは，今でこそ鍛えられた，よかったって思うんですけど，その当時は，毎日駄目出しをされて，かなり痛烈な言葉をいただいたりとか，なんですかね，ものすごい，いろいろプレッシャーをかけられたんですね。自分のアウトプットに対してもすべて駄目出しを出されて，それを出し直しをするとかっていうのをやって，毎日，だから夜中ぐらいまで仕事してやってたんで，スパルタ的にやってたんで。（中略）そのときは結構つらい気持ちばっかりで，結局，成果も出せずに事業を畳むことになっちゃったんですけれども。でも，今思うと，そのとき鍛えられたこと

が，今お客さんと（仕事を）やれてることにつながっているし，大変な経験だったけれども，今はありがたいことだなって思ってます。」

3．自分が望む仕事に挑む

　鈴木氏はC社とD社において，それぞれ3年程度勤務したわけであるが，好きな仕事ができたわけでもなく，満足するような成果を上げられたわけでもなかった。ただし，その中で多くのことを学んだことは間違いないと言えるだろう。そうした経験をしたうえで，鈴木氏は現在の勤務先であるA社に転職することになった。彼がそれを決意した理由は，一つにはD社において自分が活躍できる居場所のようなものがないと感じたこと，そしてもう一つには，残りのキャリアの時間を考えると，今行動しないと一生好きな仕事ができないと思ったことであった。

　「（新規事業を畳んだ後）既存事業の方の，ある事業部に配属になって，そこはそこでやってたんですけども，仕事をしてても，やっぱり自分のインプットしてることと役割としてやってることが合わないので，仕事をしていても自分を表現できていないなというか。（中略）価値提供もできてないなと思ったんですね。」
　「率直に言うと，その当時いた会社の中で，自分の中で居場所がないなっていう感覚がすごい出てきたのと，あと，自分の，キャリアをテーマとした仕事をしたいっていうところから，どんどん掛け離れていってしまったので，なんかこのままいることが，なんですかね，大げさに言うと，自分の人生の中において，いけないんじゃないかと思っちゃった。自分のやりたいことがあってずっとやってきたし，でもこの会社で居場所がなくなりつつあるし，この会社がやってる事業も自分のやりたい方向とは全く擦り合わなくなってきてるし，ここに自分の身を置いとくこと自体が，自分自身に対していけないんじゃないかというか，そういう気持ちの感覚をすごい持つようになって。」
　「その時，40代になったばっかりだったので，もういい加減，早く近づきたいと。そんな時に（転職）エージェントの方から，1社，ちょっとお薦めしたい会社があってって，会社案内見たときに，これが自分がやりたかった会社なんだっていうのはすぐ思って，すぐお願いして，そのまま，お互いなんかうまくかみ合ったというか。」

　こうして鈴木氏はA社の入社試験を受けたわけであるが，その際は社長をはじ

め，ほとんどすべての幹部と面談をしたうえで，双方納得して入社することができたという。現在鈴木氏は，事業企画部長兼チーフコンサルタントとして働いている。

> 「私たちのテーマは，キャリア自律というテーマと，あとはダイバーシティ・マネジメント，この領域のコンサルティングがメインですね。」

中でもＡ社は，本書のテーマでもあるミドルやシニアのキャリア開発，キャリア支援に熱心に取り組んでおり，多くの大手企業をクライアントにしている。

> 「ミドル・シニアの40代後半ぐらいの方，ボリュームゾーンになってて，65歳まで雇用が延びたので，働く期間が延びたということと，50代半ばになると，ほとんどの会社が，管理職の方は役職定年で役を離れて役割が変わるので，キャリア・アイデンティティーが揺らぐんですね。揺らぐし，報酬も下がるしということで，モチベーションがダウンしちゃうと。（中略）あと，周りもすごく扱いに困るとか，上司は年下になりますのでお互いやりづらいみたいな。そういう停滞感があるので，そこを停滞しないままにしておくっていうことを，われわれはキャリア研修やカウンセリングを通じてお手伝いしていたりだとか。」

このようなＡ社の仕事に鈴木氏は熱心に取り組み，やりがいを感じているという。

> 「自分に関していうと，ようやく自分がやりたいことができるようになったっていう感覚が持てるようになったのと，あとは，今の会社に入る前までの経験の中で身に付けてきたことだとか，培ってきたことがうまく統合されて，やっと自分の仕事ができるようになったっていう感覚はあります。」

> 「（自分の強みは）きれいな言葉でいうと，コンセプチュアルスキルっていうのは，多分強みなのかなと思っていて。具体的にいうと，お客様なり，社内では経営のパートナーとして戦略の話だとか，お客様の課題だとかそういうお話を聞くわけですよね。それを，具体的な文書だとかコンセプトとかそういったもので表現するっていうのが。」

> 「それはＢ社のときにも訓練されたんですが，Ｃ社でも，パンフレットとか，ツールだとかウェブだとか（作りました）。なので，そういうことの提案をするときには，やっぱりパワーポイントでコンセプトを考えたりとか，そういうデザイン的な

ものを，デザイナーさんも一緒に仕事するので，そういった中でコンセプトワークとかデザインワークとかっていうのを，少し触れたりだとか。それと3社目（D社）のつらかった経験のときのコンサルタントの人から，例えば，企画書まとめるにしても要件の整理から書くんですけど，私，最初聞いたことをそのまま文書に書いて要約してるだけだったんですよ。これじゃ全然駄目だと。これ図解にしたらどうなるんだってことを，ずっとひたすらやらされてて。それで，図解スキルを学んだというか。」

　このように，鈴木氏は挫折経験も含めてこれまでの経験を活かしながら，働くことができているようだ。そして今後の目標を次のように話している。

　「二つありまして，一つは，今，私がコンサルタントという立場の仕事と，会社の運営っていう部分，並行になってるので，運営の部分で言うと，会社の経営の一員としてビジネスモデルを作っていったりとか，事業を経営していくっていう立場で仕事していけたらっていうところはあります。これは，私，B社のときにマネジメントですごい失敗してまして。自分が受け持ったチームの業績があんまり芳しくなかったりとか，結構チームメンバーからすごく怖がられまして，マネージャーとしての失敗経験があって，ずっとしこりに残ってたんですね。だから，やっぱりビジネスパーソンとして，マネジメントっていうのは，できることが自分の中で一つの通過点というか，そこをなんとか挽回したいなって思っています。」
　「コンサルタントとしては，やっぱりミドル・シニアの置かれた状況，すごく最近変わってきていますから，今までのキャリアの理論だとか，キャリア研修の手法とかも，昔のものが通用しなくなってきてるんですね。なので，（中略）新しい，今の，今日的なテーマに合ったキャリアの理論だったりとか，キャリアを自律させる施策だったりとかっていうのを，自分の中で開発していきたいと思っていて，それをお客様とかに提案できるようなことは完成させたいと思っています。」

第4節　なぜ転職ができたのか，なぜ転職を選ぶのか

1．分析視点からの考察

　さてここからは，本章の事例を第1章で設定した三つの分析視点から考察した

い。

①　キャリアの転機と，その後の変化はどのような関連性を持つのか。また長く
　　第一線で活躍するための専門性や創造性はどのように身につけられるのか。
　まずキャリアの転機について言えば，転職した佐藤氏と鈴木氏はいずれも30歳
代と，40歳代以降において，大きな転機を経験している。
　最初の転機は二人にとって，ともに自分の新しい生き方や働き方を追求し始め
る転機であったと言ってよい。佐藤氏の場合，アメリカでの経験を通じて，組織
に決められるキャリアではなく，自分で切り開くキャリアを歩みたくなった。そ
れが大手銀行の中核部門で働く仕事を捨てて，新たな道を選ぶことの理由となっ
たのである。また鈴木氏の場合は，最初に就職したB社では営業の仕事に従事し
ていたので，営業の能力は高められても，自分が好きなキャリア開発に関わる専
門性は高められないと思うようになった。そしてその機会を得るために，人材育
成等を専門にしているコンサルティング・ファームに転職することになったので
ある。佐藤氏は自律性が高いゆえに所属する組織に不満を持ったことが転機とな
り，鈴木氏は働く中で自分のやりたいことを確認し，それへの思いが強くなった
ことが転機となったと言えるだろう。またそれは，競争環境や事業内容が大きく
変わりつつあった金融業界，人材サービス業界の状況に，二人が鋭敏に反応した
結果だったとも言えるだろう。
　そしてその後，二人はいくつかの企業で働くことになる。個々の企業での経験
はそれほど長くはなく，数年ずつの勤務を重ねるような形であった。そこにおい
て各自が挑戦的な仕事をすることを通じて知識や専門性を高めたのと同時に，本
当に自分がやりたいことや，自分の得意とすることに対する理解を深めていった
ように思える。言い換えるなら，二人にとって30歳代の転機の後の期間は，いく
つかの試行錯誤を伴う自己発見の時期であったと考えられる。
　そしてその後に二度目の転機を迎えるわけであるが，鈴木氏の例を見ると，そ
れはミドル期特有のやや複雑な転機であったと言える。その転機は挫折経験を乗
り越えた末での転機であり，また人生の残り時間を意識したからこそ訪れた転機
だったと言えるだろう。鈴木氏はD社で新しい研修サービスの企画や営業を経験
したが，十分な結果を残すことができず，その事業は失敗してしまった。鈴木氏
はそのときの経験で自分は鍛え直されたし，成長できたと振り返っているのだが，
こうした挫折による成長の経験も踏まえて次のキャリアを考え，踏み出したわけ

である。また鈴木氏は同時に，自分の希望する仕事に近づこうとしているのになかなか辿り着けないことに焦りを感じていた。そして人生の残り時間を考えて，今行動しないと間に合わないと思い，意を決して転職に踏み切ったのである。それらのことを考えれば，二度目の転機から転職へと至るプロセスは，自分を深く見直したうえで，キャリアの本当の目的を達成するために意思決定されたものだと思われる。

　さてこれまでのキャリアにおいて，事例の2名は知識労働者として長く活躍するための専門性や創造性をどのように高めてきたと言えるだろうか。佐藤氏は現在，人事コンサルティング関連の研究部門や，機関誌の発行において活躍しており，鈴木氏の場合はキャリア開発や人材育成，あるいは人的資源管理に関するコンサルティングを専門にしている。そして彼らがそのように成長でき，現在も活躍できている理由を，彼らの共通点に着目して考えるならば，次のようなことが言えるだろう。

　一つには，彼らが勤務したいずれの会社においても，かなり難易度の高い仕事や不確実性の高い仕事に従事し，そこで常に何かを学んでいることがあげられる。佐藤氏は，いくつもの企業の組織変革活動に従事し，そこで新しいことを始める仕事に従事している。また鈴木氏もかなり若い頃からマネジャーを経験して多くの部下を指導しているし，その後も新規事業の立ち上げなどに取り組んでいる。このように，今までになかった仕事に取り組んだり，高度な仕事に取り組む中で，試行錯誤して考え続ける習慣，あるいは学び続ける習慣を得たことが，彼らの専門性や創造性の維持，向上につながっているものと思われる。

　またもう一つには，彼らが社外で学ぶ経験をしており，そこで自社以外でも通用する知識の学習や，理論的あるいは専門的な学習をしていることがあげられる。佐藤氏の場合は銀行以外でも通用する人材になることを強く意識していたし，アメリカの大学院への留学も経験している。また鈴木氏の場合はNPOでの学習や，キャリアに関する継続的な独学がそれにあたるだろう。こうした学習は，職場での経験だけに頼らず，社会的に有用な知識やスキルを学ぶことを可能にするものであるし，実務経験から学んだ暗黙知のようなもの，すなわち仕事のコツや勘所をうまく形式知にすることに役立つものである[8]。それによって経験から学んだ知識がより確かなものに進化し，社外でも通用する専門性となっていく。ここで見た2名はいずれも，実務と理論の両方から学んで，それを仕事に活かしていると考えられる。また鈴木氏の場合などは特にそうであるが，自分の意志に基づく

社外での学習は，実務経験を補い，仕事では学べないことを知ることにもつながるものである。鈴木氏は実務では自分の希望する仕事の，いわば隣接分野に従事していたのだが，キャリア開発の仕事自体に関わったことがなかった。そしてそれらの経験できなかった重要な領域の知識を，鈴木氏は自律的に社外で学んだのである。こうしたことが，彼らの専門性の基礎になっただけでなく，自分が求めるキャリアを獲得するのに役立ったものと思われる。

② 知識労働者のミドル期以降のキャリア発達に，個人が持つ知識やスキル，人的ネットワーク，自己認識や柔軟性，回復力等の心理的特性がどの程度影響しているか。またキャリアの転機や変化が異なれば，その影響の大きさも異なるのか。

　ここでは，図表2−1であげた高橋氏の事例も参照しながら考察したい。図表からもわかる通り，高橋氏は転職しなかったのであるが，決して転職できなかったのではなく，その機会がありながら思い止まったのである。彼と他の2名の違いは何であったのだろうか。

　まず仕事に関わる知識やスキルについては，3名ともに優れたものを持っていたと考えられる。いずれもがキャリアの最初から一流といわれるような大手企業に勤務し，そこの重要な部門で働いている。それぞれの仕事内容を見ても，高度な内容であることが十分に理解できる。

　また3名ともに社外で理論的な知識を積極的に学んでいるし，2名はアメリカの大学院で勉強して修士相当の学位を取っていることも共通している。このことから，彼らがキャリアを通じて多くの知識やスキルを蓄積していることがわかる。

　さらに重要なことは，それらの知識やスキルが特定の企業や組織に依拠しないものであることであろう。若い頃の転職や留学を通じて，組織を超えて通用するものを習得していたからこそ，ミドル期以降に転職できた（あるいはその機会があった）のだと思われる。

　次に人的ネットワークについてであるが，3名の事例ではそれほど多くの言及

8） 野中（1990）やNonaka and Takeuchi（1995）において，暗黙知の形式知への転換が議論されている。創造的な企業では，メンバーが言語化しにくい暗黙知（ノウハウやコツ，勘所）を持ちより，それらを共有することによって形式知（理論や法則）に転換し，それらを連結して，さらには内面化していくプロセスがある。Nonaka and Takeuchi（1995）ではそのプロセスがSECI（socialization, externalization, combination, internalization）モデルとして表されている。

はなかったのであるが，佐藤氏の最後の転職は，人的ネットワークがきっかけになっていることがわかっている。彼は現在の勤務先の社長から声をかけられることによって転職を決意したのである。このように，若い頃から作り上げた人的ネットワークが，転職するうえで役立つという可能性は否定できないようである。

　さて転職できるかどうかだけでなく，転職するかしないかの意思決定に最も大きな影響を与えると考えられるのが，個人の心理的特性，特に自己認識であると考えられる。バウンダリーレス・キャリアにおけるknowing-why，すなわち自分の動機や欲求の認識についてであるが，佐藤氏も鈴木氏も自分のやりたいことや好きな働き方をよく理解している。佐藤氏はアメリカでの経験や周囲にいた当時の銀行員の姿をみることを通じて，自分で決められるキャリアを目指す姿勢が確立されていった。そしてその後のいくつかの企業での経験を通じて，自分の専門分野が明らかになっていった。また鈴木氏は，元々持っていたキャリア開発への関心を，仕事の経験を積むにしたがって強く認識するようになったと言えるだろう。いずれの場合も，その自己認識は若い頃の多分に曖昧なものではなく，成功や失敗を積み重ねたうえでの深い自己認識だと言える。それを持つに至ったからこそ，彼らはミドル後期においても転職できたのだろう。

　それに対して，転職しなかった高橋氏は自分のやりたいことや目的意識のようなものが明確ではなかったようである。高橋氏は一度転職を考えたのだが，それは何かをやり遂げるためではなく，閉塞感を感じていた当時の職場から逃れるためであったようだ。結果的に高橋氏は転職を思い止まるのであるが，彼はそのときのことを次のように話している。

　「結局その転職しなかったのも，若干そのなんていうんですかね，例えばそのすごく良い会社に行かなかったんですけど，やっぱりそれもこう，（そこでの仕事が）本当にしたいことなのかなってどっかにこうあって，それでやっぱり今は閉塞感感じて（出口を）探してはいるけど，じゃ，あなた本当にその会社でやりたいかっていわれたら，なんかこうちょっと違うような気もするし。（中略）そのときもう一つあった組織がゴタゴタしていたというところから，若干逃げたかったっていうのも半分あって，逃げてやってもどっかダメかなあっていうのは思ってたんですよね。（中略）逃げではダメだっていうことが一つと，結局，今の居心地の良さというか，今の都合の良さと，やっぱり変わっていく（新しい組織や環境に適応して自分を変えていく）って大変じゃないですか。全く知らない環境で一から信頼を得ようって

なったら，自分が今やってる努力を二，三倍，当初は多分やらなきゃいけないって
　　いうのはわかるんで。」

　高橋氏の言葉に従うならば，大変な思いをしてまで転職するだけの理由，すな
わち自分がどうしてもやりたいと思うことや，目的のようなものがなかったとい
うことであろう。そうした志のようなものがないと，ミドル期以降に転職をする
という決断は難しいのかもしれない。転職をして新しい環境で働くということに
なると，それに適応するために多大な労力を要することになる。自分のやりたい
ことがあればそれを引き受けることができるだろうが，そうでなければそんなリ
スクは避けたくなるはずである。そのことが，佐藤氏や鈴木氏との最も大きな違
いだったと言えるだろう。

③　個人の自己認識や自己変革がキャリアの客観的側面の変化を促進するのか。
　　あるいは客観的側面を変えようと試行錯誤することが自己変革を促すのか。
　少なくとも佐藤氏と鈴木氏を見る限り，若年期とミドル期以降に異なる傾向が
あるように思われる。二人とも30歳代にいくつかの企業で勤務しているのである
が，その一つ一つの企業における勤続年数は短い。特に佐藤氏を見ると，彼がそ
の時々に思ったこと，あるいは関心を持ったことに（もしかしたら刹那的に）反
応して，次の仕事を決めていたように思われる。
　しかし，佐藤氏と鈴木氏はそうした何度かの転職を通じて，徐々に自分に対す
る理解を深めていったものと考えられる。何度かの転職の過程で二人は挫折のよ
うな経験もしており，まさに試行錯誤の時期を過ごしている。そしてそうした過
程を経ることによって，徐々に自分が本当にやりたいことや，自分が得意とする
仕事を理解するに至っている。彼（彼女）らの30歳代は，Ibarra（2003）が論じ
ていた，まず実行してみることによって自己を知るようなキャリアに近いもの
だったのかもしれない。
　ただし，最後に見たミドル期やシニア期の転職は，そうやって見つけた自分の
特性や持ち味を十分に吟味して行われたように思われる。すでに40歳代に差し掛
かった頃においては，「とりあえずやってみる」というキャリアの選択はなかな
か難しいであろう。反対に，しっかりと自分を理解していたからこそ，適切な転
職先を選ぶことができたのであり，そこで活躍ができているのだと思われる。
　そのように見ると，この段階では個人の自己認識が転職というキャリアの客観

的な側面の変化を促しており，またそうした変化の指針にもなっているように思われる。行動が先か自己認識が先かという問題に一義的な答えはなく，どちらも存在し得ることは想像に難くない。彼らのキャリアに両方の傾向が見えたとしてもおかしくはない。ただ，キャリアの時期によって，どちらの傾向が強くなるかが変わるということも十分に考えられるだろう。本章の事例からは，そのことがうかがいしれたと思われる。もちろん，ここで結論めいたことをいうのは早計であり，次章以降の事例においても引き続き検討していく必要がある。

2．企業は転職とどう向き合うのか

　ミドル期以降のキャリアが長くなるに伴い，一つの企業の中だけでキャリアが完結するとは限らなくなってくる。これからは，ミドル期以降の転職を想定してキャリアを考える必要がある。本書はそういう基本的な問題意識を持って事例を検討している。

　もちろん，とにかく転職する方が良いということではなく，働く人一人一人が自分の強みを活かせるような形で，主体的にキャリアを選択すれば良いのは間違いない。しかしながら，環境の変化が激しい社会で長く働いていくことを考えると，転職を選ぶかどうかは別にして，「転職できる力」を一人一人が持つようになることが大事になるであろう。1990年代から注目されているエンプロイヤビリティ（employability），雇用されるための能力の研究はそれに論及したものであるが[9]，その重要性はますます高くなってくるものと思われる。

　ただそうした議論があるにも関わらず，社員の転職できる能力の開発を支援したり，自社を途中で退職する人を肯定的に捉える企業は少ないように思われる。せっかく育てた社員が30歳代や40歳代で退職するのは人材の流出であり，退職する人はモラールの低い人だと捉えられがちなのである。

　またそれと同様に，社外で何らかの活動に参加したり，担当する仕事とは異なる領域のことを学ぶ社員を肯定的に捉える企業も，まだまだ少数のようである。

　しかしその考え方が，シニアになってどこにも行けない社員を増やす原因になっているとも考えられる。本章の3名に見られたような有意義な経験や学習をする機会が少なく，自分のキャリアを見直すことがなかった人は，シニアになっ

9）　エンプロイヤビリティについて，山本（2014）などが詳しい。他社に転職できる能力としてのエンプロイヤビリティと，自社で働き続けられるエンプロイヤビリティの両方が議論されている。

てから社内でも社外でも活躍のフィールドを失ってしまうかもしれない。

　鈴木氏のインタビューの中にも，それに関するコメントがあった。組織に依存する人，受動的に働いて目の前の仕事をこなすことしか考えない人は，転職できないだけでなく，組織内のキャリアも停滞してしまうのだという。

　　「停滞しちゃう方は，良くも悪くも真面目な方なのかもしれないんですけど，自分は会社に言われたとおりに，真面目にひたすらコツコツやってきたんだと，多分そういう感覚だけ持ってる方は停滞すると思います。だから，若いときはいいんですけども，その感覚のままズルズルといってしまって，自分で何を主体的に学び取ったのかとか，自分は何をしたいのかとかっていうことが，そういう自覚がないまま，言われたことをひたすら真面目にコツコツやってきたんですっていう方が，やっぱ停滞しちゃうというか。昔だったら，そういう方はよかったと思うんですけど，コツコツやってても報われないことのほうが多いので，真面目に，ただそれだけやってるだけだと，やっぱりどんどん停滞してしまうので，なんか自分でテーマ性なり，自分はこうしたいんだとか，そういう感覚を持ててないと，ある一定の年齢過ぎてしまうと手遅れになっちゃうって感じはあると思います。」

　このコメントを見ても，自律的に働き，自分の意志に基づいて学ぶことの重要性がうかがい知れる。そのうえで佐藤氏や鈴木氏のように社外でも学ぶことができれば，個人のエンプロイヤビリティは高まるだろう。これからの企業にはそうした人材を育成することが求められる。自社の社員に挑戦と内省の機会を与え，外に出ることを肯定できる企業こそ，ミドル期以降も活躍できる社員を育成できる企業であり，社外の人から見ても魅力のある企業，すなわち転職したくなる企業であると考えられる。

第**3**章

自分の会社や事業を創り出す

第1節　雇われないキャリアを選ぶ

　本章では，ミドル期以降に独立・起業するキャリアの事例を見ていく。こうしたキャリアも，前章で取り扱った転職するキャリアと同様に，働く組織が変わるキャリアであり，そのため，組織を超えて通用する能力が必要になるものである。したがって本章の事例においても，転職するキャリアとよく似た特徴が見られることが予測される。

　しかしながら独立や起業には，転職とは異なる側面もあると考えられる。言うまでもなく，独立や起業をするということは，ゼロから事業を始め，それを成立させ，存続させないといけないということである。そして自分のビジネス全体に関与し，リーダーとして，あるいは一人でその成否に責任を負うことになるのである。こうした点が，前章のキャリアには見られなかった特徴を生み出すことになってくる。

　結論を先取りするならば，まず独立・起業する人には，転職する人に比べてさらに強い主体性が求められるのと同時に，自分の事業を生み出す構想力や，顧客や市場への対応力等が強く求められる。そして彼（彼女）らはそれを学ぶために，転職する人よりもさらに変化の激しいキャリアを経験しており，その多くは若い頃から新規事業や新会社の立ち上げに関わっているのである。

　次に，独立・起業するキャリアにおいては，個人が持つ人的ネットワークが重要な役割を果たす。幅広く，様々な職種や立場の人から成る人的ネットワークを持つことが，独立や起業をする人の特徴なのであるが，そのネットワークが学習の場となり，また相互支援の場にもなるのである[1]。

　最後に，独立や起業を行う人には自己認識，特に働くうえでの動機や目的意識において顕著な特徴がある。彼（彼女）らの多くが，働くうえでの強い目的意識

図表3-1　独立・起業するキャリアの概略

事例	キャリアの特徴
池田氏	● 大手旅行代理店で営業職となり，自社が苦戦している地域において他社の顧客を切り崩していく。 ● 著名な経営者の下で，人事部門のトップをネットワーク化する新規事業に従事し，採算の取れるものに育てる。 ● 人的資源管理に関心を持ち，MBA等に学ぶ。 ● 人材サービス企業で，人的資源管理に関わる研究，コンサルティング・ノウハウの開発，情報発信等を行う新会社を立ち上げる。 ● 事業展開をめぐって勤務先との葛藤を覚えたことから独立。企業内でのマイノリティを支援する会社を起業する。
渡辺氏	● 新卒で大手電機メーカーにIT技術者として入社。最も仕事が難しく，最も厳しい部門において先輩たちに鍛えられる。 ● 外資系コンサルティング・ファームに転職する。多様な業界の多様なテーマに取り組み，何にでも対応できるコンサルタントとして活躍する。 ● ベンチャー企業やソフトハウスでナンバー2として活躍する。新規事業開発の責任者や取締役を歴任する。 ● 過去に築いた人的ネットワークを活かして独立，コンサルティングをするようになる。「問題解決の専門家」として40種類の名刺を持って働く。
伊藤氏	● 元々は安定志向が強く，地元の銀行に就職する。しかし，自分で考えて仕事ができる範囲が小さいことに気付き，不満を持つ。 ● 社団法人に転職して教育を中心としたコンサルタントになる。自律的に働く先輩コンサルタントに刺激を受け，働き方が変わる。 ● 社内ビジネススクールという新規事業開発に参加し，法人の中で表彰されるまでの存在になる。その後MBAにも学んでいる。 ● 研究活動の中で多くの経営者と触れ合い，世の中の変化を感じるようになる。 ● 独立して友人とともにコンサルタントとして活動する。「ドキュメント化」を得意分野として，一般企業や他のコンサルティング・ファームを支援している。

出所）筆者作成

を持っており，それは転職する人と比べても強固で具体的なものである。

　本章では3名の事例（**図表3-1**参照）を取り上げるのであるが，それぞれの事例において，上で述べたような特徴が顕著に見られる。それが本章のポイントだと言えるだろう。

1）　こうした経営者同士のネットワークについては，三輪（2011）においても分析がなされている。そこでは，経営者同士が有意義な情報を交換したり，お互いの志を支援するような交流が明らかにされている。

第2節　池田氏の事例
──働くマイノリティのために起業する

1．腕利きの営業マンから人事コンサルタントへ

　まずは，若い頃から新規事業開発の経験を重ねて，その後自らの事業を立ち上げた池田氏（インタビュー時で47歳）の事例[2]からみていきたい。池田氏の仕事内容は，人的資源管理や人材育成に関わるコンサルティングにはじまり，それらに関するセミナー等の開催，各種のメディアを通じた情報発信など，多岐にわたるものである。

　池田氏は大学卒業後，大手旅行代理店の営業職としてキャリアをスタートさせている。当時は修学旅行の受注など，大口の案件を扱うことが主な業務だったという。

　後に自らの事業を立ち上げる際に，池田氏が持つ広範囲の人的ネットワークが役に立つわけであるが，そうしたネットワークの構築方法は，この時期に池田氏が行っていた懸命な営業活動の中から学ばれたものかもしれない。

　「私は修学旅行を担当していたのですが，ずっと担当している地域は5割のシェア[3]にいったことがなくて。それで歴代，私から見るといい加減な仕事しかできないダメな人たちが担当していたところなのですけど，そのダメな人たちのおかげで，その地区は自社の評判が悪くて。どの学校に営業に行っても，顔を合わせる度に色々な先生から前担当者の悪いところを言ってくるわけですよ。」

　「なんでこんなダメなのとか。そこで嫌がらずに色々話を聞いて，必ず謝罪し真摯に対応し続けました。そのおかげで（先生と）仲良くなれました。そういうことが続いていくと校長先生に興味を持ってもらえ，色々話をうかがう機会をもらえるようになり，小さい仕事ももらえるようになりました。そこで真摯に対応していくことで信頼が重なり，さらに仲良くなれました。」

　池田氏の立場からみると，当時は自分以外の人のせいでビジネスに不利な状況，つまり顧客からの信頼が得られていない状況になっていたわけである。普通なら

2）　池田氏の事例の一部は，三輪（2018b）においても紹介されている。
3）　シェア5割というのはかなり大きなものであるが，池田氏の勤務先は業界トップの大手であったので，こうしたシェアが目指すべき目標になっていた。

そこで，前任者たちを非難することに終始してしまいそうなものなのだが，池田氏は顧客に対し，前任者たちの不十分なところを自分が謝罪することによって状況を好転させたのである。困難な状況においても顧客や関係者と信頼関係を結べるというのは，起業家にとって非常に重要な能力ではあるが，池田氏は若い頃に，それを体得する機会があったのだと言えるであろう。結果として，池田氏はそれらの地域で5割のシェアを実現し，その地域が他社の岩盤地区と呼ばれていたにも関わらず，自社の得意先を増やしていった。

　このように池田氏は旅行代理店の営業職として活躍していたわけであるが，30歳のときに最初の転職をすることになる。

　「3年かかりましたがライバル企業の岩盤を崩し，転職する30歳までそのシェアを死守しました。創意工夫して岩盤を切り崩しているときは楽しかったです。しかし，一度うまくいくようになって，（個人間の）信頼関係で仕事が獲れるようになってしまうと，つまらなさを感じるようになりました。」
　「そのときが30歳。そこ（つまらなさ）から抜けるために何か勉強しようと思って，29歳くらいにたまたま人事系講座が新聞に掲載されているのを見つけました。心理学とか人事制度とか面白そうだなと思って申し込んだんです。」
　「もう一つの受講のきっかけは，そのときそもそも自分自身が毎年，その会社で土日も働いて，ゴールデン・ウィークも働いて，年に休みなんてものも10日くらい。連休消化なんて1日くらいしかできなかった時代に，やってない人とやっている人の同期の差でもボーナスが9000円しか違わないということでおかしいなと。」
　「そうして参加した勉強会をきっかけに後で転職し，E社という人材サービス会社に巡り合うわけですが，そこでたくさんの新しい経験させていただきました。それだけでなく大学院に行きたいと思うようになり，それで入学して，通いながら仕事して……。」

　これらのコメントからわかるように，池田氏の最初の転職は，それまでの営業の仕事に飽き足らなくなり，創意工夫が必要な，挑戦的な仕事を求めて行われたのである。それと同時に，努力が報われる環境を欲していたとも言えるだろう。また，その後に大学院をはじめ様々な学習機会を活用していることから推察すると，池田氏は非常に成長欲求が強く，それを満たすために主体的に学ぶべきことを決め，仕事を選んでいたのだと言える。

2．新規事業開発の経験

　そのような経緯で池田氏はE社に入社した。E社では数多くの経験や学習をすることができたのだが，そこで最も貴重だった経験が，新規事業の立ち上げである。

　「E社での経験として，入社した後の2003年の1月ですね。日本企業の人事部のトップが集まる協会を立ち上げることになって。立ち上げのメンバーの中心として，実際に研究したものとか，いろんな人事部の方々を呼んで人事の人たちの学びの場を創出したいと。」
　「E社で新規事業として立ち上げました。最初は（E社の）CSR的な位置付け[4]）だったのが，リーマンショックや法改正などで経営環境が変化すると，ある時からちゃんとプロフィットを出せという方針に変わりました。そこから研究機関ってなかなかお金にならないので，周りからバッシングされました。なんであんなことに金掛けているのか，無駄だから潰せなどと。でも最後の方ではきちんと利益の出るものにできました。」

　このように，池田氏は新規事業の中心的なメンバーとして働き，利益の出にくいテーマを，事業として成立するものに育てることができた。この時に創意工夫や試行錯誤しながら，自分の考えで困難を乗り越えた経験が，池田氏にとって自分を大きく成長させるものになったのだという。

　「立ち上げてからしばらく経つと（事業が）落ち込みます。そこから再び成長することなんかを実感して，実は次の会社でもまた立ち上げをやるんですが。立ち上げるときの怖さというものはありますが，怖いというより成長したなという方が大きくて。自分自身の成長のために新たなものにチャレンジするリスクを取る方がいいんじゃないかと思って，今に至る感じです。」
　「イントラプレナー（社内起業家）ではあったのですが，物事を立ち上げて新しくゼロから作っていくのは非常に楽しかったですね。」

　また，E社でのこうした活動を通じて形成された人的ネットワークも，池田氏のその後のキャリアに大きな影響を与えたのだという。

4）　Corporate Social Responsibility（企業の社会的責任）を果たすためで営利稼働ではなかった。

「やっぱり自分の強みってなんだろうって思ったときに，これは旅行代理店のとき
からも感じていたし，過去を振り返ってなるほどって思ったことは，自分はわりと
年配の方々に好かれるところがありまして，目上の方とかに対してわりと好かれる
ケースがよくあって。そういう人と仲良くなったりとかそういう人の話を聞いたり
するとすごく勉強になるので，そういう話を聞いて発想とか新しいものを作るにあ
たって周りから支援いただいているなって。」

「その道を究めた大先輩の方々のお話をきちんと拝聴して学ぶ姿勢を示す一方で，
自分の考えを物怖じせずに主張しています。（中略）そこが面白がられたので，可
愛がられ，お話を伺う機会が多かったと思います。結果，自分自身も問題発見力や
課題設定力が高まり，社会に役立てたいものとつなぎ合わせて発信できるように
なったところは，あまり人にはないところかなと思いました。」

　池田氏によると，そうした年長者に好かれるといった特性や物怖じしない性格
は，両親が事業を営んでいて大人に囲まれて育った生い立ちによるところもある
のだという。もちろん，旅行代理店のときもそうであったように，自分の懸命な
努力で他者からの支持を得ていることも事実であろう。

　池田氏はその後，別の人材サービス業であるF社に転職するのだが，やはりそ
こでも新会社である研究所の立ち上げを行っている。

「新しいことを立ち上げてから色々な紆余曲折があります。非常に不安になります
し，いくら考えてもうまくいかないことも多くて，眠れないことも多々あります。
しかし引き受けるわけです。立ち上げときの様々な不安や怖さはもちろんあります。
しかし危機や困難を乗り越えたときの，成長できたという実感が味わいたくて。」

「ゼロから作ることは困難さを痛感することだし，自分自身追い込まれます。追い
込まれるので色々ひねって考えて，（世の中に）無いものを早く感知できます。皆
が気づかないうちにそういった感覚が磨けることは良いことだなってわかりまし
た。」

3．自分の働く目的を事業化する

　そして池田氏は，40歳代後半に至って自分の会社を起業することになる。それ
が池田氏にとっての最大の転機になるわけであるが，その経緯を池田氏は次のよ
うに説明している。

「そこをさらに実感したのはF社に入って，最初は立ち上げ時は面白かったのですけど，マンネリ感が出てきて，新しい事を提案はしたのですけど（なかなか受け入れてもらえない）。」

「F社は今までやっていたことをさらに広げて，他社のモノマネもやって，あまり独自性はないけど力で物事を速く回すことに関しては長けていますけど，新しいものを作っていくことに関してはそこは違う能力が必要ですね。それはなぜわかったかというと，その前の会社，E社のトップが非常に有名な起業家で，実際有能なんです。その人が例の協会の会長で私は事務局長だったので，（すぐそばで）常に新しいことをやれっていう刺激ばっかり受けていたので。そういうところから見ると，F社は二番手戦略に近いと思えてしまったわけです。」

「私の場合でいうとやっぱり今までにないアイディアを出すという（仕事の）質を常に求めていました。それがキャッチアップやスピードを上げて成長していくフェーズ（規模的な拡大）の組織の方針に合わなかった。でも最も大きい要因は，子供が生まれて70歳まで働くことが必要となって，このまま定年まで同じようなことばかりしていていいのだろうか，定年になってから新しいこと始める，起業するのは無いな（無理だ）と思って。」

　会社の方針と自分の価値観とのずれが大きくなり，池田氏の働く動機である「新しいものを生み出す」ということがやりにくくなってきたこと，それが自分で事業をやりたいという気持ちを高めたようである。

　またそれと同時に，池田氏は子供ができて後20年は働かないといけないと自覚したときに，20年働くならば我慢して働くのではなく，自分のやりたいことをやろうと考えた。それがF社を離れるという意思決定につながったようである。

「それまでは，人生，目の前のことを追いかけていきながら，自分の存在価値みたいなものを上げることに苦心してきましたけど，これからの20年で人の格差もどんどん生まれてくる世の中になるだろうと思っています。（自分の使命としては）格差を生まないためにはどうしたらいいかということを考え続ける。そういう姿（働き方）を子供に見せることによって，子供自身も考えてくれればいいな，と。」

　こうした思考を経て，池田氏はライフワークともいうべき働くテーマを形成するようになっていった。池田氏はそれを自分の会社の事業内容やビジョンに投影している。

「常に新しいことをやるっていうのは，新しいことでも軸が無くてはならない。その軸っていうのはやっぱり社会の問題を解決するっていう軸です。では私の場合，社会の問題を解決するとは何なのかってことを考えたときに，（職場で）増え続ける精神障害者や塩漬けされる中高年層，年齢を理由に追い出し部屋に行かされる人などが非常に問題だなと思っていて。じゃあこれはなんで起こったのかっていうと日本的雇用慣行システムの存続問題が大きい……。」

　そして池田氏は，そういった雇用システムからこぼれる，排除されるマイノリティの人々がいかにしたら活躍できるか，そのための支援を自らの事業の対象としたのである。

「自分の中では組織システムから外される，排除される人ほど人の痛みや社会課題を理解しているのではないかという仮説があります。そういったイノベーションのポテンシャルを持っている人を，組織が上手く活用していけないかと思っています。」
「具体的には，中高年シニアという大きな層と，時短などで企業から距離を置かれている子育て女性世代が（対象に）入ってきます。また意識高い系の若手人材も入ってきます。また，大量採用された営業職やSE職の使い捨てされた社員も[5]。新卒で育って一定の条件のトーナメント形式で落としていくじゃないですか。でも残っている人って長時間働けって無理難題いわれても不平不満いわずに会社に一生懸命尽くした人ですよね。この文化を変えないと日本は良くならないです。」
「中高年とかの部分でも，50いくつになると役職定年で一生懸命やっても年齢で役職を降ろされるというパターンが増えていて。理不尽ですよね。ただこれ人事から見るとごく当たり前でしょみたいに見られていて，その決めつけがおかしいと思います。本当にこれから人材不足とかくるわけですから。確かに問題解決能力とかスピードに関しては若い人たちの方が勝る。そしてミドルシニアになるとそこが落ちるからダメだという傾向がありますけど，実はやっぱり年齢が上がると知識がさらに加わってものすごい味のあるところが多くなるじゃないですか。そこを活性化したり掘り起こしたりすることによって社会システムが良くなるんじゃないかというイメージを持っています。」

5）　池田氏は，バブル経済の時代（1980年代後半から1990年代前半）に新卒で大量採用された年齢層が，中高年になって戦力視されていないということを問題視しているという。

　これらのコメントにあるように，日本の組織で埋もれがちな人材に焦点を当て，彼（彼女）らの活性化や積極的活用を行うためのコンサルティングを行うために起業したのである。

　もちろん，起業するにはリスクも伴うし，周囲の人たちが心配することもある。ただし，池田氏の場合は自分の働くテーマがはっきりしていたので，起業に躊躇することはなかったのだという。

> 「それで独立を選んだと，様々な有識者の方々とお話（相談）させていただいたときに，（相手の反応をみて）そんなに筋が悪くないなとわかったので，それを選んだのだと思いますね。みんなも，それダメだといってもやるんでしょ，と思ったから言わなかったっていうこともあり得ますけどね。（中略）妻も，いいんじゃない，と言ってくれましたし。」

　池田氏は若い頃からの新規事業開発の経験から，「新しいものを生み出す」働き方を選好するようになっていった。またそれだけでなく，多くの年長者や有識者と交流し，日本の雇用制度や人事制度について学ぶ中で，自分が働くうえでのテーマのようなものを形成するに至った。池田氏は創造的な働き方を追求する中で，社会に役立つテーマを見つけられたわけであるが，そのことがミドル期における重要な意思決定につながったのだと言える。

第3節　渡辺氏の事例
──問題解決の専門家として自立する

1．IT技術者として厳しい職場を経験する

　渡辺氏（インタビュー時で42歳）は，独立した経営コンサルタントとして数多くのクライアントを抱えながら，同時にIT企業の経営者としても活躍している。渡辺氏がコンサルティングを行う際，そのクライアントの顧問になるような形で関わるため，渡辺氏は40種類もの異なる社名が書かれた名刺を持っているのだという。

> 「コンサルタントの仕事のうち，ほぼ9割は多分，世間一般でいう顧問とか相談役っていう位置付けに近いイメージと思ってください。ですから，行った先の非常

勤の役員みたいな位置付けでお立場をいただいている。ただ，そこに別に雇用契約
とかがあるわけではなくて，名前を置いてるに近いイメージですかね。」

　非常に精力的で，かつユニークな働き方をしているわけであるが，そんな渡辺
氏のキャリアは，主に情報機器や通信機器を製造する電機メーカーに就職したこ
とから始まる。大学時代に工学部電子工学科に学んだ渡辺氏は，そこでシステム
エンジニア（SE）として働くことになった。主な仕事は公共機関やそれに準ず
る機関向けの大型のシステム開発なのだが，その頃オープン系のシステム[6]が飛
躍的に増加していたため，渡辺氏もそれに携わることが多かったという。
　渡辺氏によると，その会社は「やんちゃ」なイメージがある会社とのことで，
人の育て方も丁寧に教えるといったものではなく，難しい課題を与えて鍛えると
いうスタイルだったそうだ。

　「私，一番最初に入ったメーカーも運がよかったと思うんですけど，今にして思う
　と，研修2か月しかなくて，（中略）私は入社試験の評価はよかったようなのです
　が，研修中に若気の至りですよね，だいぶ楯突いたんですね。そのやり方おかしい，
　みたいなことをやって，おそらく新入社員研修はほぼ，ビリだと思うんですよ，評
　価としては。そんな人がたまたま配属が，教育をしている課の方々が驚くぐらいス
　ペシャルな部門に配属してもらえたんですよ。もう，よその部門が（問題に）対応
　できなかったら最後の砦で回ってくるっていうぐらい優秀なメンバーが集まってる
　ところに配属していただいて。笑い話なんですけど，配属初日の新人歓迎会のとき
　にも，部長にも課長にも『何でお前みたいなやつがうちに来たんだろうね』ってバ
　カにされるぐらい。」

　非常にレベルの高い部門に配属されたわけだが，仕事の指導もかなり厳しいも
のだったようだ。

　「新入社員に対して必ず配属先でトレーナーが付くんですよ。ほとんどのケースは
　1年上，2年上っていう（年齢が）近い人間がトレーナーになるんですね。私のト
　レーナーになった方は10年以上も上で，部門のネットワークの管理責任者だった

6）　1990年代の半ばから，ホスト・コンピュータや汎用コンピュータを中心としたシステム
　　開発から，技術的な仕様が公開されているOSやサーバー，周辺機器，ソフトウェアを組み
　　合わせたオープン系システムへの移行が進められた。

んです。あまりの違いに課長に聞きに行ったんですよ。間違ってませんかって。」

「そしたら『渡辺君はできないやつに教えてほしいの？』って言われたんですよ。『よその部門がどうか知らない。君はできない人に教わりたいのか』みたいな話をされて，この部門やばいぞと思いながら，そういうしごかれ方だったんですよね。本当に石を投げれば資格に当たるってぐらい，1人で10個とか資格持ってる先輩がいっぱいいるような状態で，そういう中で資格試験取りました，とかがあっても（その後が）また本当に異常で，そのチェックをするんですよ。例えば朝とかに誰か先輩が早めに出社して，私の目の前のパソコンとか解体されてて，『資格取れてるんだったら，学んだことだから直せるよね』とか。わりとそういう恐ろしい，今これやったら会社として多分，問題になるぞっていうぐらい。だから自分で勉強する，何かトラブルは起こる，急にむちゃぶりされるっていうのは，この4年間，徹底的にやられました。」

　渡辺氏の言葉に「しごかれる」というのがあるが，そう表現したくなるような厳しい指導があり，優秀な人たちに囲まれ，常に試されているような日々だったようだ。ただ渡辺氏はそれを「運が良かった」と述懐している。それは渡辺氏が元々働くことに野心的であったこともあるのだが，そういう若手時代を通じて高いレベルの仕事を知り，学習する習慣や精神的な強さを身につけられたからであろう。

2．コンサルタントを皮切りに様々な経験を積む

　その電機メーカーに4年間勤務した後，渡辺氏は外資系のコンサルティング・ファームに転職している。ただし，それは渡辺氏にとって大きな決断というより，むしろ予定通りの行動だったのだという。

　「元々，大学のときから，どっかでコンサル的な業務はしたかったんですよ。大学時代に仲良かった何人かの教授に『渡辺君はスペシャリストっていうよりはスーパーバイザータイプだな』みたいなことをよくいわれていて，それが大学3年，4年ずっと頭に残っていて，コンサルって選択肢はありなんだろうなって思ってはいたんですよ。（中略）まずは自分の大学までのキャリアの延長線上のことをやってみて，どう感じるかを見たうえでどっかで，その次コンサルに行ったのは，大学時代のイメージからするとある種，既定路線といえば既定路線だったんですよ。」

「普通コンサルティング・ファームに行くと担当する業界が一つに絞られるか，扱う業務（専門分野）が一つに絞られるかが多いんですけど，私，変わり種で，多分，世の中にある事業のすべてに携わったと思うんですよ。金融機関も保険会社もやったし，いろんな製造業にも首を突っ込みました。日本に古くからあるような産業にも関わっていると。その流れの中で経営戦略も担当させてもらったり，サプライチェーンもさせてもらったり，ヒューマンリソースとかCRM（customer relationship management）とか。多分，そのコンサルティング・ファームでやっているすべての領域を異動してやらせてもらえるっていう，ちょっと変わった経歴だと思います。」

　渡辺氏はこのコンサルティング・ファームに5年勤務したのだが，ここで様々な業界やテーマを担当したことが後のキャリアの基盤になったようだ。そして渡辺氏はその後，小規模のベンチャー企業に転職する。そこでは短期間で仕事の成果をあげるだけでなく，新規事業の立ち上げ等の経験を積み，後に独立するうえでの能力と自信を培ったのだという。

「ここまでは大きいところで働いていたので，少しベンチャーというか，ちっちゃいとこに行ってみようという思いがあって，組み込みのソフトウェア[7]の，その当初20人ぐらいのベンチャー企業に移りました。これは創業して数年たったところの会社で，社長のオーダー，狙いとしては『中間管理職はいらない，まずCTO（chief technology officer）が欲しい』というので，CTO候補として入社した感じでした。一緒に入った人の中では最年少でしたが，最初は課長待遇で入って，3か月で結果出して部長代理になって，そこから3か月で結果出して執行役員まで上りました。なので，入社半年でほぼ経営層に近いとこまで行かせていただいて。その会社が中国に子会社をつくったのでそこの取締役も兼務して，一番，動いてるときには中国の大連に2週間行って，本社が横浜なので，横浜に2週間いてってこの繰り返しをずっとやりながら全般を見ると。」
「新規事業もさせてもらっていて，まだこの当初，世の中でカーシェアリングっていう言葉がほぼ出てなかった時期なんですね。（中略）自分たちがソフトも作り，携帯のアプリも作り，車に乗せる機械も作り，集客の方法，それからレンタカーの

7）　特定の機械や電気製品の機能を実現したり（例えば自動で何かを行う），動きを制御する（例えば速度や温度の調整）ためのソフトウェア。

法規に則るので運輸支局とか警察との交渉だったりを，全部トータルパッケージで用意する事業の責任者になって，これやるって決めて，その当初，一番いい時期で，私が，カーシェアリング事業を始めたいと考えている事業者向け（外販向け）として日本の約80%のシェアを取ってます。」

　渡辺氏はこの時期，まさに大きな飛躍を遂げたといってよいだろう。そうして大きな成功体験を積んだ後，渡辺氏は友人の会社に転職する。

　「飲み友達だった人がその当初，多分もう6年か7年ソフトハウスをやられていて，『ちょっと外部の血が欲しい』というところで『手伝ってください』っていう話で，およそ2年ほど。そのソフトハウスの位置付け的には，経営企画室長兼社長室長。ここが2年ぐらい，そういう形で社内改革をしたり，業界団体活動に行ったり，社内整備でいうと，例えばISMS（Information Security Management System）みたいなセキュリティーの統制やったり[8]，新規事業で子会社作ったときの，その子会社の取締役との調整ごとをやったり，みたいな，社長が関わる雑多なこと全部をさせてもらっていたというのが実情ですかね。」

　簡単にいえば，操業して数年経ち，組織としてのしっかりした体制を整備しなければならなくなった友人の会社を手伝い，その目途をつけた2年間だということになる。

3．独立して様々な仕事を兼務

　その後，渡辺氏は独立することになり，現在のような働き方をするようになるのであるが，その意思決定が渡辺氏にとってのミドルの転機になったようである。その転機は，一通りのことをやり遂げた後，同じ会社に居続けるよりも新しいことに挑戦した方が良いと考えるようになり，それまでの環境を捨てるような形だったという。

　「何となく社内整理付いたねってところで，（社長と）二人でよく会話したり飲む時期ができたんですよ。（これから）どうするのかと。これこのまんま私が残って何かするのがいいのか，いったん外れてみることで何か見えるのがいいのか。二人が

8）　組織における情報のセキュリティを管理する枠組みであり，品質管理のためのISO（International Organization for Standardization）のように，審査によって認証を受けることになる。

出した結論は，『一回，飲み友達に戻ってみようか』だったんですよ。なので，何にも先のこと決めないで切るっていう流れを二人でしちゃったんですよね。（中略）正直決まってなくて。なので，まったく独立がどうとかも考えてませんでした。ほぼ即日に近い形で卒業しました。そしたらこの前後，1個前の会社もそうですし，この会社の中で個人的にいろいろ仲良くなった他の中小零細の経営者の方々とか担当者の方々が，『渡辺さん，時間空いてるんだったら何か手伝ってくれませんか』みたいなオーダーが出始めたんですよ。ちょっとした指導をしてほしいとか，一部，営業代行になってほしいとか，ちょっと事業つくるアドバイスしてほしいとか，アライアンス組むときの手伝いをしてほしいとか。で，冒頭の話に戻る，いわゆる名刺をもらって活動費プラスいくらみたいな，インセンティブがあるみたいな形でのオーダーが多くて，それをいくつかもらったときに，これは一定量あったら，どっか就職しないでもいいなって思って，せっかくそういうご相談いただいたので，それをいったん，集めてってみようというところが，結果，独立のきっかけですね。」

　これまで勤めてきた会社で数多くの実績を残してきた渡辺氏であるが，その活動を通じて多くの人的なネットワークが形成されていたようである。そこからの依頼を受けることが，渡辺氏が経営コンサルタントとして独立することにつながったのである。
　また渡辺氏によると，色々なテーマや業界を担当してきたことも自身の強みになったようである。ともすればそれはコンサルタントとして特筆すべき強みを持たないことにつながるのであるが，渡辺氏の場合は柔軟な対応力を継続的な受注につなげられたようである。

　　「専門分野がないと，売り込みにくいときもあるんですよね，確かに。ただそうはいっても，いざ，じゃあ契約が取れました，それで経営者の悩み聞いていくと必ずしもピンポイント1点ではないんですよね。『営業が弱い』って案件が始まったとしても，よく聞いてるとファイナンスの話だったり，他に深刻な問題があったりとか，もう営業（の話は）どこ行きました，っていうこと起こりうるんです。そう考えると，自分が柔軟にシフトをできる，その点ではプラスだったのかなと。」

　渡辺氏はこのように自分のキャリアを振り返っているのだが，もう一つ重要なこととして，若い頃から高いポジションにつき，責任ある仕事をしたことで，独立心や強い責任感を培ったことをあげている。

「（独立したときは）やれなくはないかと。やってみよう，みたいな。お役に立てるんだったら，かつ，知ってる方がそういうオーダーをしてくるんであれば。で，多分これが一つとか二つだったら成立しなかったと思いますよ。ただ，順にいくつか出てきて，そうか，これ束ねれば，変な言い方だけど，どっかに所属するってことをしないでもやっていけるなと。もう一方，脳裏をよぎってたのは，もしそれがうまくいかなかったとしても，一応，最低限の実績はつくってるつもりなんですよ。もうこの外資のファームに行ったときって28歳とかそんなもんなんですけど，そこで私，マネジャーになってるんですね。なので，変な言い方すると平よりも管理職以上の経験が圧倒的に長いんですよ。で，事業もやっている，海外の役員経験もあるって考えると，どっか行く先はあるだろうと。何となくの確信めいたところがあったので進めたんだろうなとは思いますよね。」

　そのうえで渡辺氏は自分の働き方や将来についての考えを次のように話している。

「最近，実は教育（企業研修の講師）をやってるときとかも，他の同じような講師業だったりコンサル業の方としゃべるときにも明言しているのが，言葉に表すとチープなんですけど，明らかに違うのは（自分は）問題解決の専門家だと思っています。というのは，経営者がどう悩みをいっても，基本的にノーはないんですよ。営業だろうが社員教育だろうが新規事業だろうが数値の話だろうが，本来，多分，専門性を1個持ってるが故に，どっか1個に絞られると思うんですけど，私は強いていってるのは『問題解決の専門家です』と。だから何をいってもらっても，なんか手段考えますし，自分で例えば100パーセント黒字化できなかったとしても，おかげさまでいろんな外のアライアンスがあるので，野球でいうと3回，4回まで投げて，後ろに専門家で交代して，でも引くんじゃなくてベンチで見守ってます，みたいな。そういうスタンスができるので，圧倒的に違うのは多分，この問題解決の専門家ってところが，日本語にするとちょっと伝わりにくいかもしれないんですけど，強みではないかなと思ってるんですよね。」
「今後っていう意味でいうと，まだ具体的なものまでは見えてないんですけど，（別にやっている）ITの会社は，今，構成してるメンバーは私以外全員IT企業を1社持ってる社長の集まりなんですよね。自分の会社じゃできないことを集合体でバリューを出しましょうみたいな，そういうコンセプトでやってるんですけど。

ちょっと人と違うアプローチの組織をつくってみたり，あんまり日本でははやってないプチ産業。でかいとこはどうせ大手が出てくるので，市場規模的には，例えば当初数十億とか大手が出てきてもあんま意味ないような。私はよく無人島上陸ってふざけ半分でいうんですけど，無人島上陸的なサービスなのか事業なのかをもう一本ぐらい手掛けたいなと思っていますね。」

第4節　伊藤氏の事例
──組織に依存しないという選択

1．地方の銀行員からコンサルタントへ

　独立・起業したキャリアの最後の事例として，伊藤氏（インタビュー時44歳）を取りあげる。伊藤氏は地方銀行と，コンサルティングや調査・研究を実施する社団法人に勤務した後，経営コンサルタントとして独立している。現在はかつて勤務した社団法人時代からの同僚と，二人で働いている。伊藤氏は現在の仕事を次のように説明している。

　「一般的な言葉でいうと，いわゆるコンサルタント，コンサルティングなんですけども，テーマも，やってることも色々幅広くなっていて，ウェブとかホームページみたいなものの差配というか，実際のエンジニアではないんですけど，そこに振る手前の設計みたいなこともやっています。全然，門外漢なんですけど，そんなことをやってる案件もあれば，まさに人事制度って案件もあれば，顧問的に経営者に月1回訪問してみたいな形でアドバイザー的なみたいなものもあれば，ちょっと人材育成っぽいものもあります。自社に営業機能を持ってるわけじゃないので（新規顧客を自前でドンドン取れないので），別のコンサルティングファームとかコンサルタントの下請けみたいな感じの位置付けのことも多くて。社団法人から離れてから，やたら名刺が増えてます。別のコンサルタントを手伝っているうちに，一緒に行ってくれないみたいな話になり，そこの名刺を持つみたいな形が増えていくっていう，そういうのが結果として，（名刺が）多くなってきたかなと思いますね。」

　先に見た渡辺氏ほどではないにしても，伊藤氏も10種類ほどの名刺を使っているのだという。そして伊藤氏は自分たちがクライアントや別のコンサルタントに

貢献できることを説明するキーワードとして，「ドキュメント化」をあげている。

> 「色々やっている仕事においても，ドキュメント化が共通して言えることだなと最
> 近，思い始めてます。ドキュメント屋さんみたいな言い方を。今の会社は，昔の部
> 下ですけど，彼と二人で立ち上げたんですけどね。それで何やってるんだろうねわ
> れわれはと，あらためて考えると，ドキュメント化で括れるなっていうことで話し
> 合いました。より経営に近いところだとMVV（mission vision valve）や経営戦略
> みたいなものを描きます。たとえば，あるオーナー会社のお客さんなんですが，う
> ちの理念，ビジョンとかバリューみたいなものって大事な言葉として散在している
> けど関係性が明示されていなくて，そのドキュメント化が必要だと。そろそろ息子
> に事業承継するんだけど，クレド（企業の信条や志）みたいなやつを作ってくれな
> いかって話ですね。じゃあ，2時間ぐらい（社長の思いを）言い散らかしてくださ
> い，それを整理しますとかいって，それをドキュメント化するとか，もう少し具体
> 性を帯びてくると事業計画とか，人事制度もそのうちの一つだと思うんですよね。」

　つまり伊藤氏の仕事は，クライアントである経営者などが持つ経営方針とか事
業構想，あるいは主観的，情緒的なものを含めた経営の考え方，さらには長年の
経験に基づく実践知などを言語としてまとめ，他者に伝達しやすいもの，体系的
なものに変換することだと言える。クライアントの持つ暗黙知を形式知にするコ
ンサルティングだとも言えるだろう。そして実はそういう仕事を他の経営コンサ
ルタンティング・ファームに頼まれることも多いのだという。

> 「コンサルにしても，コンサルも物作ってるわけじゃないので，コンサルファーム
> もホームページとかでは活動事例とかは出せるんですけど，こんなことやりますっ
> て，なかなかうまく表現できないことが多いので，そういうときに，構造化してう
> まく図で説明したりとかですね。つまり，それってこういう領域とこういう領域み
> たいなものをやってるっていう見せ方をしたらいいんじゃないでしょうかとか提案
> するわけです。それもドキュメント化の仕事の一つかなと。」

　コンサルティング・ファームといえば，本来は自ら何かを言語や図表で表現す
るのを得意としているように思えるのだが，現場での指導や細かい相談対応には
強くても，コンセプトやドキュメントを作るのは苦手だというファームも多いら
しい。そういうドキュメントの仕事から入って，実際の実務的なコンサルティン
グを手伝うことにもつながるようである。

「結局，（われわれの仕事は）こういうドキュメント化というか言葉や構造化に集約されるんだなと。その結果，プロジェクト・マネジメントやっちゃいますみたいな話にもなりますし，他の提案をすることもあります。」

　現在はこのような働き方をしている伊藤氏であるが，そのキャリアは大学卒業後に新卒で地方銀行に入行することからはじまる。先に見た田中氏や渡辺氏は，最初から野心的に働くタイプであったが，伊藤氏はまったく違っていた。むしろ安定志向であり，だから地元の銀行に入行したのである。

　まず，実家に近い支店の出納テラー（支店内の出入金管理と窓口業務）を経験し，その後個人融資窓口と，いわゆる渉外，外回りを一通り経験した。こうして銀行で4年間勤務した伊藤氏であったが，働いてみて自分には合わないのではないかという気持ちが芽生えたようであった。もちろん迷いもあったのだが，結局は銀行を離れることになったという。

「一通り，銀行員だったら現場の人は経験しとこうよみたいな仕事を一回転（経験）して，その頃から，これ，ちょっと無理だなって思い始めたんですけど，（周りの人からは）今，ここの支店は特殊だから，他の支店とは違うよって言われるので，じゃあ，1回，転勤までは我慢するかと思って，転勤した後，やっぱり変わらないなと思って辞めたみたいなところですね。」

　伊藤氏はなぜ銀行の仕事を続けようと思わなかったかについて，次のように話している。

「別に（当時は）クリエイティビティを出したいとは思わなかったですけど，結局，お金を貸すとか審査をするみたいな質的な機能はゼロなんですね，支店に。担当者が融資をしましょうっていう形でお客さんと会っても，結局，銀行の中にある何とかローンっていうメニューの何に当てはまるかっていうところだけちょっと考えるだけで，あとはひたすら書類をそろえて本店の融資部に書類を送るっていう話になるんですよ。そこで，イエス，ノーの決済が出るという話なので，担当者が企画をしたり，腕の見せどころみたいなのが何も感じられなくて。本当は，もうちょっとあるんでしょうけど。それ以外のクライアントのソリューションみたいなものが，その当時は，それが感じられなくて。書類そろえ屋さんっていうだけで，頭脳は本店にしかないみたいな話になってきて。自分がやる仕事かなみたいに思い始めてで

すね。」

　当時の伊藤氏にとって，支店の仕事は裁量権や創意工夫の余地がなく，ただ手
続きを進めるだけのものだと感じられたのだろう。結果として伊藤氏は転職する
わけであるが，その際は地域にこだわらず，仕事内容が変わることもいとわな
かった。そして，東京でコンサルティングなどを行う社団法人に入ることになる。

　「そこから社団法人なんですけど，（中略）多分，新聞広告だったと思うんですけど，
　たまたま募集をしていて，こういうのもあるんだなっていうところで入ったってい
　う話なんですね。」
　「（コンサルタントへの希望は）そんなに強くは持ってなくて。ただ本当に，ぼんや
　りとコンサルタントみたいなものへの憧れやイメージが多分ちょっとあったんだと
　思います。就職活動をしている前後に，中小企業診断士ってどんなんだろうなって
　ぺらぺらめくった記憶があるので，その中で（銀行に入行したときに），入りたい
　部署あるかみたいな希望の欄みたいなところに，そういう経営支援相談室みたいな
　機能があって，実際入ってみたら，電話相談している程度の小さな部屋だったんで
　すけど，そういうところに入りたいって書いてたので，ぼんやりそういう気持ちは
　あったと思います。ただ，銀行はどうしても金融の側面からの支援中心なので，そ
　れがぼんやりある中でいうと，人の側面っていうのもあるんだなっていうのは，今
　思うと，（社団法人に入った）決め手の一歩になったとは思います。」

２．社内ビジネススクールの立ち上げ

　社団法人に転職した時点においても，伊藤氏はコンサルタントに対する強い意
識を持っていたわけではなかったようである。ただ面白そうな仕事だ，銀行時代
よりも色々なことができそうだ，と思っていた程度だと言ってよい。そうした形
でコンサルタントとしてのキャリアが始まるのであるが，後述するキャリアの転
機などもあり，伊藤氏の働き方は大きく変わっていくことになる。

　「最初の仕事は，いわゆる研修の，企画と営業の仕事ですね。どういうテーマでど
　んな研修をするかっていう企画をするわけです。かっこよくいうと，テレビ番組を
　つくる人みたいな話です。実際に登壇して講師をやる方にアサインして，研修プロ
　グラムをプロデュースするみたいなのが仕事で，それは3，4年やったと思います。

人事向けの研修とか，マーケティング向けの研修とか，生産向けの研修とかってい
う，そういう職種別の研修と，階層別に新入社員，管理職，などの研修ですね。そ
の頃，選抜の経営者育成とかいうのが流行ってきた頃で，そこに打って出るという
ことで新設された部隊ができて，そこを結構ごりごりやったっていう印象がありま
す。ですから，その流れからインハウス（社内）でビジネススクール[9]をつくりま
しょうって話が持ち上がってきました。」

「社内ビジネススクールです。だから，（社団法人は）講師を派遣する側になるんで
すけど，社内の中ではそれをやる人（企画や運営をする人）が，経験がないってい
うかあんまりなかったので，それまで。」

「そのときに結構，それでごりごりやったというのが転機になったというか，私の
中では，（それまでは）大学も含めて銀行も含めてきちんと勉強したっていう記憶
がほとんどないんですけど，初めてちゃんと勉強しましたみたいなのがその頃でし
た。そうすると，プログラムの中身的には（きちんとした）MBA的なものになる
んですよね，インハウスにしても公開にしても。」

　この社内ビジネススクールの仕事は伊藤氏にとって，仕事を心から楽しみ，没
頭する契機になったのと同時に，自律的な学習習慣を身につける貴重な機会と
なったようだ。伊藤氏は社団法人に移ってから7年目に大阪勤務になるのである
が，そこでは社内ビジネススクールを企画する立場として，自分も勉強をしてお
こうと思い，外部のビジネススクールに通ってMBAを取得している。

3．特定の組織に頼るのを止める

　その時期くらいから，伊藤氏の仕事の業績は飛躍的に高まり，働き方も年々積
極的なものに変化していく。そしてそれらの変化の中から，独立・起業に向かう
流れが生まれていくことになる。

　「2010年に東京に戻ってきました。仕事の中身でいうと，大阪も，実は自分が手
を挙げて行ったんですけど，その頃のインハウスの研修の，いわゆる業績でいうと，
一本一本が大きいので，社内ビジネススクールとかになると，売り上げでいうと，
結構大きくなるんですよね。おかげで個人で会長賞とかもらっちゃうみたいな話に

9） 次世代の経営者育成のための高度な教育プログラムを指している。大学におけるMBA
　 プログラムに近いものを企業や教育機関が展開したり，それとジョブ・ローテーション，
　 キャリア開発プログラムを組み合わせるなどして実施される。

なるんですけど。でも１件受注を取っちゃうと，１年とか実施期間があるんで，何本もやると自分の負荷が高くなってきて。それでいったん他の人に引き継いで，自分の業務いったんゼロにして，新しい案件や新規事業にシフトしようと思ったんですね。」

そして伊藤氏は法人の中の研究部門に異動になる。

「社団法人の中に研究所みたいなのがあって，いわばシンクタンク的な機能の部門に入りました。前任者が研究所に伊藤君がいいんじゃないかって薦めてくれたらしいです。」
「研究所は，例えば日本企業の経営課題ってなんですかっていう大上段のテーマを調べたりするんですが，省庁が出している白書のようなものの，もうちょっとこぢんまりしたバージョンという感じのものを公益的な事業の一つとして出していて。主要な日本企業何百社に，ばさっとアンケートDMまいて調査したりですね。」
「それが，次の転機につながってくるんですけど，もちろん，典型的な調査と分析みたいな仕事もあるんですけど，もう少し，今働いてる人たちって本当にどんなことを考えているのかとか，そういう，もうちょっと現場のリアルな調査とか，新規事業の現場のヒアリングみたいなものも少しずつこつこつやっていて，そういうものをやっていると，自分の気持ちがだんだん変わってきたんです（自分の将来を考えていくと）。一つの会社に全体重，全精神を乗せておく（専念する）ほうがリスク高いんじゃないかなっていう気持ちになってきて。それで，大きな組織で，年齢的におじさんになってきて，役職も上がってきちゃったりすると，社内政治やマネジメントの負荷のほうがだんだん大きくなってきたりする。それでもうここの社内スキル（自社だけで通用するスキル）を高めていくしかないみたいな感じになっちゃうと，組織に所属してるっていうことのリスクがひしひしと感じられてきて，それでちょっと離れるほうに傾き始めましたね。」

　研究所の仕事で色々な調査をした結果，世の中の変化を実感し，自分に危機感を持ったということであろう。伊藤氏は思案の結果，一つの組織に属しているよりも，自由に活動できるようになることが，自分のキャリアにとってよいという結論に至った。その後伊藤氏は一旦は法人の契約職員となる。そしてその１年後に正式に独立している。

「（契約職員になると）見た目はそんなには変わらないですけど，仕事の契約になってくるので人事異動とかそういうのはなくなりますとか，都度契約なので，条件を含めて会社側も個人側も，来年契約しません，と言える状態です。まあ部下を持って組織のマネジメントにはもういかないっていう，そこは社内的には随分，意思表明みたいな形にはなったと思うんですけど。その頃にはもう，自分も周囲も独立していくんだろうなみたいな感覚があったので。」

「（独立することで）いろんな組織にちょっとずつ関わるような働き方ができるのであれば，一つに属してないほうがいいんじゃないかって感じで，独立を選んだんです。何かで成功したいっていう野心というよりも，一つの組織に全部預けることを避けたっていうほうが強いですね。」

　伊藤氏は自律的な働き方を求めて，また組織を超えて通用する能力を求めて独立したのだと言える。そしてその背景には，急速に変わりつつある現在の企業社会を調査した経験があるのだろう。元々「地元で安定的に」働こうとしていたことを思い起こせば，かなりの変化である。

　さて伊藤氏がこのような変化を遂げるうえでは2度の大きな転機があった。1度目は30歳手前の頃であり，一人の優秀な先輩コンサルタントと知り合うことで，主体的な働き方や自律的な学習に目覚めることになる。それがビジネススクールの立ち上げなどにもつながっていくのである。

「社団法人に入ったときに最初に付いた先輩ですよね。その人は珍しくプロパーの人だったんですけど，年齢的にはあんまり変わらないんですよね。その人の仕事の自律性というか，（自分は仕事を）学校の課題のように与えられるものみたいに捉えていたのに，（その人を見ていると）仕事ってこんなに自律的にやらなきゃいけないんだとか，ちゃんと勉強しないと仕事ってできないなと，それを思い知らされたのは，インパクト的には一番でかいと思いますね。あほみたいに勉強したとか仕事したっていうのはそこからですね。入ってから数年が，一番したと思うんで。」

「大学時代もそうだし銀行もそうなんですけど，自分は決してハイパフォーマーでは全然なかったんです。銀行も，財務とか法務の資格とか取れって言われるものは，滑り込みでいいから取っとこうぐらいで。大学時代も，留年しないように単位を取っとこうみたいな話で，成果や成績のランキングでいったら，多分，中の下ぐらいだったと思います。そんなもんだっていう感覚で生きてきたんですけど。中身を

真剣に勉強しちゃうと，実際に成果上がっちゃうんで，自信もついたのはその頃だと思います。」

　伊藤氏によると，この頃から急速に仕事が楽しくなったのだという。そしてその後に配属になった研究所において，ミドル期の転機を迎えることになる。

　「それまで事業部にいたので，なんだかんだといってサービスを提供した対価として顧客にお金を求める活動なんですよね。それが研究所って名刺持つと，良い意味で商売っ気がないように見えるんですね。大げさに言えば，誰であっても取材させてくださいとか，お話聞かせてくださいとか，会いに行けちゃうんですよね。そうすると，さっきみたいなお金の話は別にして，今，実態としてどんなことが起きてんだっていう調査がすごくしやすくなったときに，優秀な外部の色々な人と接していくにつれ，1社に依存する働き方は危険じゃないかって本当に思い始めたっていうのがきっかけですかね。」
　「（社会の変化を）感じました。ただ，それ以上に社会の変化そのものよりも，そこに感度が鈍かった自分に気付きましたね。組織の中で成果を出すっていうことをちゃんとやってればいいやって考えてしまいがちなんですが，もっと社会に対する感度を持っている，独立してる人とか，コンサルタントの人とか，大学の先生とか，経営者の中でも素晴らしい人とか，外で会ってその感度の鋭さに触れて，自分を大いに反省したんです。それに気付いてしまうと，ますます職場に帰ったときの焦燥感が大きなものになってくるんですね。」

　この気付きによって伊藤氏は独立することになる。独立や起業という言葉には野心的なイメージや精力的なイメージがつきものだが，伊藤氏の独立の理由はそうしたものではない。むしろ危機感を持つことによって，働き方，生き方のリスクをコントロールしようとしたのだと考えられる。

　「独立とか野心とか，もっと俺はできるんだとかっていう大それた感じではないですね。あるいは人生一回きりなんだから，もっと思い切りやろうぜっていうところに火が付いたとか，そういう話ではないですね。本当に今のほうが（雇われているほうが）危ないんじゃないかっていう，むしろ不安感みたいな，そっちのほうが大きくて。」

　そして伊藤氏は現在，冒頭で述べたような業務を中心に活動している。伊藤氏

は自分の強みやこれからの展望について，次のように話している。

　「（強みは）まさに，ドキュメント化するという言い方もできるんですけど，自分た
　ちがこれでやっていけるんだっていうことは，ニアリーイコール，こういう価値っ
　て意外と社外価値，市場価値があるんだとも思います。企業の中でも経営者の思い
　はある，戦略めいたものも考えている（ただ文字や図にはなっていない），言われ
　たらやれる手足とか作業する人たちもいるけど，いっちゃえば（その間を埋める）
　プロジェクト・マネジャーですけど，ここって極端にないんですよね。（中略）ド
　キュメント化するっていったのが，ちょっと抽象化あるいは一般化して，大げさに
　いうと，原理原則っぽいものにきっちり表現するっていうことですね，ひとまずは。
　そこが，求められてることというか，コンサルティング・ファームとかでも電話会
　議とかってあるんですけど，担当のコンサルタントも経営者の人も，どっちも言い
　散らかすみたいな話で。実際に，コンサルティングも進んでたり提供してるサービ
　スもあるんですけど，それを他に説明するのに，事例の紹介だけじゃなくて，こう
　いうことをやったんだよというのを10枚でまとめましょうっていうと，まとめら
　れる人（コンサルタント）は誰もいない。それがやれるとしたら，それはわれわれ
　の強みだし市場価値になるのかなと。」

第5節　なぜ雇用されるのではなく独立・起業するのか

1．分析視点からの考察

　独立・起業した3名の事例について，三つの分析視点から考察したい。

① キャリアの転機と，その後の変化はどのような関連性を持つのか。また長く
　　第一線で活躍するための専門性や創造性はどのように身につけられるのか。
　まずキャリアの転機についていえば，3名とも何度かの転機と言えるような経
験をしていることがあげられる。3名とも独立・起業の前に転職を経験しており，
最初の転職は30歳前後という若い時期に行われている。そして田中氏と渡辺氏に
ついては，その後にも転職を経験している。
　本章で取り上げた3名は，転職の回数という客観的側面だけを捉えても，変化
の激しい，まさにバウンダリーレス・キャリアやプロティアン・キャリアと呼べ

86

るキャリアなのであるが，仕事内容や働き方に踏み込んでみた場合，さらにそれは変化に満ちたものだということができるだろう。

　その中で特に大きな転機をあげるとしたら，3名ともに比較的若い頃に一度，自分のその後の働き方を決定づけ，多くのことを学んだ時期があったと言える。池田氏にとっては，2社目に勤務したE社において，著名な経営者の下で新規事業開発を経験したのがそれに該当する。池田氏は新しい事業を生み出して，それによって社会に貢献していくことをキャリアのテーマにしているのだが，そこに至ったのはE社での新規事業開発経験から様々なことを学べたからであった。池田氏は同時に，基本的には利益が出ないと思われていた事業の採算性を確保するという成功体験も積んでいる。そのことの意味は大きいだろう。また渡辺氏にとっては，3社目に勤務したソフトウェアの企業において，短期間で業績をあげ，海外事業の責任者にもなった経験がそれに該当する。さらに伊藤氏にとっては，自律的に働く優秀な先輩コンサルタントに出会えたこと，そして社内ビジネススクールの仕事に関与したことがそれに該当する。この時期に伊藤氏は自分の働き方が大きく変わり，それなりにコツコツやるタイプの人から，社団法人の会長から表彰されるような人材に変化を遂げたのである。

　そして3名ともに，その後でもう一度大きなミドルの転機を経験していると言える。転機の内容はそれぞれ違っているのであるが，その転機が独立・起業につながっていることは共通している。池田氏のミドルの転機は，彼が強い自律性と成長欲求を持っているがゆえに，それが勤務する企業の方針と衝突したことによるものである。池田氏は，常に質的に新しいことをやろうとする欲求が非常に強い。それが事業の量的拡大を求める企業の方針と合わなくなったのである。それに加えて，池田氏は同じ時期に子供が生まれたこともあり，残りのキャリアで自分の事業を創り出すことに決めたのである。

　一方渡辺氏の転機は，彼が社長のパートナーとして働いていた企業で，一定の成果をあげて企業としての体制を整えることができた後，新たなことに挑戦したくなったことによるものである。創造的で起業家的な人は，ゼロから何かを生み出すことや，混沌とした状態から一つの形を作り上げることが好きで，できあがった組織やシステムを維持していくのはあまり好きでないことも少なくない。渡辺氏の場合もそれに該当したのかもしれないが，彼はその仕事で一定の達成感を得た後に，新しい領域でやりがいを求めて，変化を求めたのだと思われる。

　最後の伊藤氏の転機は，前の二人と少し違って，それまでの一つの企業や組織

に雇用されている働き方に危機感を持ったことによるものである。その根底には伊藤氏が組織を超えて通用する人材になりたいという自分なりの目標を持っていたことがあるので，その点では池田氏と似ているのであるが，伊藤氏の場合は勤めていた法人との間に，強い葛藤のようなものがあったわけではなかった。伊藤氏は自分が目指すキャリアを歩むためには，このまま雇われ続けない方がいいと判断したのである。

　このように，3名のミドルの転機はそれぞれに違った事情もあるのであるが，そうした転機を迎えたことの背景に，3名ともに「挑戦したい」，「成長したい」，「能力を発揮したい」という強い欲求が存在していたのは確かであろう。そして，その欲求を追求するには誰かに雇用されるのではなく，自立した方がよいのではないかと考え始めたときにキャリアの転機がはじまり，独立・起業に至るのだと考えられる。

　さて，以上のようなキャリアのプロセスの中で，彼（彼女）らは専門性や創造性をどのように高めてきたと言えるだろうか。前章で見た転職した人と同様，独立・起業した3名も，現在でも各自の専門領域で活躍しているのだが，彼（彼女）らがそのように成長でき，現在もその能力を維持できている理由を，彼らの共通点に着目して考えるならば，次のようなことが言えるだろう。

　前章の3名とも共通するのだが，本章で取り上げた3名のうち2名が，ミドル期の手前か前半において，MBAに学んでいる。そこでの学習が彼らの専門性の維持や向上につながっていると思われる。前章で述べた通り，MBAや大学院での学習には，実務経験を補完する知識が得られたり，自分が持つ暗黙知を形式知に転換できるといったメリットがあるのだが，池田氏や伊藤氏の話からは，その他にも大きなメリットがあることがわかっている。その一つは，彼らの活動領域が広がったことである。彼らはMBA修了後も学会に所属して活動しており，特に池田氏は学会発表の経験もあるし，大学での非常勤講師の経験もある。そうした活動が彼らの貴重な学びの機会になり，同時に自分のアイディアを検証する機会にもなっているのだという。そしてもう一つは，MBAの同窓生や大学の研究者とのネットワークが築けたことである。彼らは仕事において，適宜そのネットワークを役立てているのだという。そうしたネットワークからの学びも，彼らの専門性や創造的な提案力を高めることにつながっているだろう。

　また，池田氏は人事部のマネジャーをネットワーク化する事業の開発，渡辺氏は海外現地法人の経営やカーシェアリング事業の立ち上げ，そして伊藤氏は社内

ビジネススクールの立ち上げというように，ともに新規事業開発や新会社の設立に従事している。そうした今までになかった仕事や，不確実性の高い仕事において，多くのことを学び，また学習する習慣をつけたことも，彼らの専門性や創造性，あるいは事業構想力や顧客への対応力を高めることにつながったと言えるだろう。

　さらに，もう一つ独立・起業した人が特に強調していたことをあげるとするならば，彼らが自分が関与した特に優秀な人から影響を受け，その人たちによって学習を触発されていることがあげられるだろう。池田氏でいえば新規事業開発に取り組んだ際の著名な経営者がそれにあたるし，渡辺氏でいえば新卒で入社した企業の先輩社員や，その後に協働した経営者がそれにあたる。伊藤氏でいえば，自律的な働き方を教えてくれた社団法人の先輩がそうであろう。それらの「気付き」や「驚き」を与えてくれる個人との接触が，彼らの学習を促進し，同時に独立心や新しいものを生み出す意欲を強化したものと思われる。

② 　知識労働者のミドル期以降のキャリア発達に，個人が持つ知識やスキル，人的ネットワーク，自己認識や柔軟性，回復力等の心理的特性がどの程度影響しているか。またキャリアの転機や変化が異なれば，その影響の大きさも異なるのか。

　これについては，非常に顕著な特徴が見られた。前章で取り上げた転職するキャリアとの違いにも留意して見ていきたい。

　最も強い特徴が見られたのは，個人の心理的特性，特に自己認識についてである。本書でいうところの自己認識とは，特に働くうえでの目標や目的意識に関わるものであるが，事例で見てきた通り，3名ともに明確に自らの目的意識や目標を設定している。そうした自己認識がかなり早い段階で行われ，ミドル期にはビジョンやメタファーに表せるほど明確になっていることが，独立・起業する人の特徴だと言えるだろう。

　池田氏は日本的雇用慣行の中で埋もれがちなマイノリティが活躍できるようにすることを，自身の事業のテーマにしている。そしてその背景には，新しいものを生み出して社会に貢献したいという池田氏の基本的な欲求がある。また，渡辺氏は自身を「問題解決の専門家」と表現している。それは渡辺氏がどのように働きたいか，そしてどのように社会に貢献したいかを簡潔に表したものであろう。最後に伊藤氏は，自分の仕事の特徴と意義を「ドキュメント化」という言葉で表

現しているのであるが，これも，自分がどのような形で活躍できるか，人の役に立てるかを表したものだと言えるだろう。

　こうした自己認識や働く目的意識の形成は，第2章の「転職するキャリア」でもみられたわけであり，それがバウンダリーレス・キャリア等の変化するキャリアに不可欠なものであることがみてとれている。そうした中で，転職するキャリアと独立・起業するキャリアの違いを述べるならば，後者の方が自己認識や目的意識等が明確であり，かつそれが社会や市場からの視点でなされているという点であると考えられる。

　転職した人たちも自分が得意なことや，やりたいことを認識し，自律的に働くことを望んでいたが，独立・起業した人のように，自らを端的に表すビジョンやメタファーのようなものを持っているわけではなかった。独立・起業した人の自己表現は，非常に深い内省と自己のキャリアの振り返りによってなされるものだと考えられる。また，彼らの自己表現は，彼らの強み（できること）や彼らの動機（やりたいこと）が，社会や市場でどのような意義があるか，どのように貢献できるかを吟味したうえでなされていると考えられる。3名ともに「自分はこうだ」と主張するだけでなく，顧客にとって，社会にとって，こんな存在だという視点から自己表現がされている。おそらくそうした視点や考え方が，自らの事業を起こして働いていく人が持つべきものだと言えるのだろう。

　次に，知識やスキルに目を転じると，そこにもいくつかの特徴が見られる。彼らは自らの事業を生み出し，その経営者として，あるいは独立事業主として働くわけであるから，新しい事業を生み出す構想力はもちろん，スタートした事業を成立，存続させるための，顧客や市場への対応力を求められることになる。事例の3名もキャリアの中でそれを養うための経験を積み，学んできたと言えるだろう。

　まず，事業を生み出すための構想力については，彼らがともに，若い頃に新規事業開発の仕事に従事していることが，重要な学びの機会になったものと思われる。池田氏でいえば人事部トップのネットワークづくり，渡辺氏でいえばカーシェアリング事業，伊藤氏でいえば社内ビジネススクールがその学びの場であるが，彼らはそこにおいて，新しい事業の構想を具体的に実現していく手順を経験しながら学んだのである。また同時に，そこにおいて経営者に必要な様々な知識やスキルを学んだことは想像に難くない。それに加えて，新規事業開発は不確実な状況において試行錯誤をしながら，自分が所属する組織だけでなく外部の人たちも含めて動かしていくものであるため，問題解決や対外折衝をはじめとする実

践的な経営のスキルを学ぶ貴重な機会になったと考えられる。

　次に，顧客や市場への対応力については，彼らが若い頃に営業の仕事に従事したことが，重要な学びの経験になったと思われる。ここでいう営業とは顧客，あるいはクライアントを獲得するための活動であるが，それが自らの事業を成立させるために必要不可欠なものであることはいうまでもない。独立・起業を目指す人は，それに関わるスキルを身につけることが求められるわけであるが，事例の3名もともに，キャリアの早い段階でそうした経験を積んでいた。特に池田氏は他社のシェアを奪って，担当する地域での自社の劣勢を挽回した経験を持っている。このような経験は，自らの事業や会社を経営していくうえで非常に重要なものだと言えるだろう。

　最後に，人的ネットワークであるが，独立・起業した人たちにとってこの人的ネットワークは極めて重要なものであり，彼らはそれを最大限に利用していたと言えるだろう。

　本章でとりあげた3名ともに，このネットワークを使って多くのことを学んでいた。人的ネットワークが学習の源泉として彼らの成長を促したのである。池田氏は30歳頃から多くの人事部長や経営幹部と交流する機会を持っていた。彼はそうした年長者や有力者に「可愛がられた」と感じており，彼らと接触する機会にたくさんのことを教わったと話していた。同様に渡辺氏も多くの経営幹部や管理職と触れ合う仕事をしてきているし，伊藤氏は研究所配属後に多くの経営幹部や研究者と触れ合うことを通じて，社会の変化を認識するようになっていった。こうした人的ネットワークから得られる「高いレベルの情報」や「一段上の考え方」は，普段の人付き合いからは得られない貴重なものだったと考えられる。

　さらに重要なのは，こうした人的ネットワークが独立・起業のトリガーになっていることである。池田氏の場合は，自分の起業のアイディアをネットワークの経営幹部に聞いてもらい，賛同を得て起業している。もし賛同が得られなくても起業はしていたかもしれないが，尊敬する人たちのお墨付きを得ることは，池田氏を強く勇気づけることになっただろう。また渡辺氏の場合，それまでにつくってきたネットワークの人たちからの要請によって，自分の事業を始めている。つまり，人的ネットワークの中からクライアントが出現したのであり，まさに渡辺氏の最大の強みはネットワークだったとも考えられる。そして伊藤氏は，多くの人との交流を通じて，自分のキャリアに危機感を持つようになった。池田氏や渡辺氏の場合のように直接的に独立を後押ししてくれたわけではないが，一つの企

業に依存してはダメだということを教えてもらったことになる。このようにみると，独立や起業を行う人にとって，企業の外部に形成された人的ネットワークは重要である。それは自分が所属する企業にはない知識や考え方を学ぶ機会を提供してくれるし，自分の働き方を市場や社会から見る機会も与えてくれる。さらには，外部の活動領域への扉を開いてくれるものでもある。それをうまく使うことができる人が，独立・起業するキャリアを選べるのだろう。

③　個人の自己認識や自己変革がキャリアの客観的側面の変化を促進するのか。
　　あるいは客観的側面を変えようと試行錯誤することが自己変革を促すのか。

　前章で見た転職するキャリアにおいては，若い頃には試行錯誤を通じて自己を発見し（すなわち客観的変化が主観的変化を促す），ミドル期になってからは自己をよく理解しているからこそ，新しい仕事に挑戦し，そこで活躍できる（すなわち自己認識が客観的変化を促す）という傾向が見て取れた。独立・起業する人についても似たような傾向が見られるのであるが，中には池田氏や渡辺氏のように，かなり若い段階から自分らしい働き方を追求し始める場合もあり，早期における自己認識が進んでいるように思われた。

　また実際に独立・起業する際には，その自己認識がかなり明確で，客観的な視点から行われているようにも思われる。独立・起業する人は，自らの働き方や存在意義を簡潔に指し示す言葉を持っていた。それは自らの強い意志や意欲を表すものであり，自分はどのように働きたいのかを明確に主張するものであったと言える。

　またそれだけでなく，彼らの自己認識は顧客や市場から見ればどう見えるかといった，客観的な視点からも考えられたものであった。自分はどのような価値を顧客に提供できるのか，自分はどのように社会の役に立てるのかといったことを十分に意識して，自分自身を評価していると考えられる。その意味で，独立・起業するキャリアには，厳しい自己評価を経て形成される強い自己が必要なのであろう。もし自己認識が誤ったものやあやふやなものであった場合，その持ち主は経営者としての厳しいキャリアには耐えられないと考えられる。

　既述の通り，行動が先か自己認識が先かという問題に一義的な答えはなく，どちらも存在し得るものと思われる。ただ独立や起業を果たそうとするならば，他の人よりも早く，あるいは明確に自己を確立できるようなキャリアを歩むことになりやすいのであろう。早熟と呼ばれるようなキャリア，あるいはビジョンを

持ったキャリアが必要なのかもしれない。

2．独立・起業する人を育てるマネジメント

　独立や起業をする人は，言うまでもなくそれまで勤務していた企業を離れることになる。それは長期雇用を基本とした人的資源管理をしてきた日本企業にとっては，好ましくないことなのかもしれない。日本企業では自分のやりたいことのために企業を離れる人を，よく思わないような風潮もみられた。

　しかしながら，一部の先進的な企業では別の考え方に基づくマネジメントも始まっているようである。それは事業のイノベーションを活性化させるために，積極的に社内起業家のような人を育て，もしそれらの人が独立・起業したいと言い出した場合は，積極的に応援して，独立した後も彼（彼女）らとパートナー関係を築くというものである。

　大企業へと成長した組織からは，なかなかイノベーションは生まれにくくなってしまうと言われている。そこで新しいものを生み出す人は，大企業の中では異質な人や変わり者になりやすい。そういう人は，大企業の複雑なマネジメントの下で働くのは苦手であり，もっと自由に色々なことが試せる環境を望むことになる。先進的な企業では，そうした人を支援し，イノベーションを起こすために，大企業の仕組みから切り離した環境で働ける社内ベンチャー等の仕組みを整備している。

　今回取り上げた池田氏がかつて勤務した企業においても，そのような取り組みが活発であり，変わり者がイノベーションを起こすことを期待している。もちろん，他にも大手人材サービス企業が，社内で起業したい人を募り，彼（彼女）らを経営者にしてベンチャーチームや子会社を立ち上げる試みを長く続けている。そうした企業では，社内のそれらの仕組みを使って腕を磨き，将来は自分の事業や会社を立ち上げて出ていくというのが，理想のキャリア・コースとして捉えられている[10]。

　従来の日本企業の考え方であれば，そうした優秀な人材が社外に流出することは好ましくないということになるのだろうが，ここで述べている先進的な企業ではそのように考えない。活躍すれば自分の望むキャリアを選べる企業だからこそ，

---

10)　例えばリクルートグループには，社員の独立・起業を促すための支援制度があり，退職金の他にキャリア支援金も支給される。またサイバーエージェントでは新卒1年目で子会社の社長を務める人が何人か現れてきている。

自律的で優秀な人が集まるのであり，出ていく人に憧れて，同じくらい高い意欲と能力を持つ人が応募してくるのである。これは知識労働者の自律性を尊重するマネジメントであり，彼（彼女）らを囲い込まないことによって優秀な人材を保持しようとするマネジメントと言える。

また独立・起業のために退職した人と，その後もパートナー契約を結び，彼（彼女）らが生み出すイノベーションを有効活用しようとする企業も現れてきている。それらの企業では，資金やその他の面で，退職者を支援する場合も多い。日本では独立や起業をする人はあまり多くないといわれているが，それを取り巻く環境も少しずつ変わりつつあるようである。

ミドル期以降のキャリアが長くなることを考慮すれば，独立や起業ができる人が育ち，それが選べるという環境ができることのメリットは大きい。今後はそのための努力が企業にも求められるだろう。独立や起業をする人は，特別に優秀な人だと思われるかもしれない。確かに池田氏や渡辺氏を見ると，社会に出た直後から精力的に働き，高い業績をあげた特別な人のようにも思われる。そうした人を企業が育てることはできないし，マネジメントの対象にならないと考えることもできる。しかし伊藤氏のように，最初は安定志向で取り立てて高業績でなかった人が，何かのきっかけで変化を遂げる場合もある。独立・起業できる能力や，そのための自律性は，有意義な機会さえあれば学習可能なものなのである。そうした機会を与え，ミドル期以降のキャリアの可能性を広げるマネジメントが，求められてくるものと思われる。

第4章

専門分野を変える

第1節　連続スペシャリストが議論される時代

　本章では，キャリアの途中で自らの専門分野を変更した人の事例を見ていく。ミドル期，あるいはシニア期において，新たに自分が活躍できるフィールドを求めて，専門知識を学び直して再出発を遂げた人のキャリアである。

　もちろん工業化社会の時代においても，キャリアの途中で未知の分野に挑戦する人は存在したが，それは希少な例であり，またリスクの大きいキャリアとして捉えられるものであったと言える。しかし知識社会が進展してくるに伴い，そのようなキャリアの価値が見直されてきている。

　社会の変化に伴って働き方がどう変わるかを論じたGratton（2011）では，新しい社会で働くうえで重要なこととして，専門的技能の連続的習得とセルフ・マーケティングがあげられている。前者は，工業化社会のように浅くて広い知識やスキルを学ぶのではなく[1]，今後ニーズが高まりそうな領域において，高度な専門知識とスキルを身につけることであり，また必要に応じて他の分野の専門知識やスキルの習得を続けることを意味している。そして後者は，自分の能力を取引相手に納得させる材料を確保することを意味している。高度な専門知識を持つだけでなく，それを市場や環境に合わせて変化させ，うまく取引相手にアピールして自分の価値を高めていくことが必要だとされているのである。

　こうしたことができる人をGratton（2011）は連続スペシャリストと表現しているのであるが，そうなるためには，①より高い価値を持つであろう専門知識やスキルを予測し，②それを念頭に置きながら自分の好きなことを選び，③その分野の専門性に磨きをかけ，④一つの分野に習熟した後も移行と脱皮を繰り返して

---

1)　一般的なホワイトカラーのジョブ・ローテーションによる知識やスキルの変化や拡大はこうしたものであり，本章で議論する専門分野の変更とは異なるものだと考えられる。

図表4－1　専門分野を変えるキャリアの概略

事例	キャリアの特徴
山本氏	● 大手通信企業において金融機関向けの大規模システムの開発に従事する。休日でも呼び出しがあるような働き方であり，それに疑問を持ち始める。 ● 社内公募制度を利用して出向し，人事コンサルタントになる。 ● 急激に需要が増加したIT技術者の育成の仕組みづくりに取り組み，実績を増やしていく。 ● グループ以外の企業に転職し，ミドル・マネジメントを起点とした組織の活性化に取り組む。
中村氏	● 大手の機械メーカーに制御系の技術者として勤務し，先進的なプロジェクトには関与しないものの，堅実な技術者として活躍する。 ● 技術企画部門に人事異動になる。腐らずにプロジェクト・マネジメントなどに取り組むが，周りの理解が得られずに不満が蓄積していく。 ● マネジメントを学ぶつもりでMBAに挑戦し，取得した後5年以上かけて博士の学位を取得する。 ● 大学教員に転身し，若い人材の育成にやりがいを感じている。
加藤氏（参考）	● 大手電機メーカーの子会社にIT技術者として勤務する。教育体制が整備されていない中で，自分で工夫して学ぶ習慣をつける。 ● 同僚の先輩たちが起業した会社に参加する。顧客との交渉やマネジメントにも従事し，技術者としてもマネジャーとしても活躍する。 ● 50歳を超えて子供の頃の憧れだった農業をするために勉強を開始し，作物ごとの特徴や，各地域の支援制度等について，数年かけて勉強する。 ● かつてのマネジャーとしての経験や上司からの教えを活かして，農業従事者ではなく，経営者として活躍する。

出所）筆者作成

他の分野に転身する覚悟を持ち続けることが必要になるとされている。変化の激しい知識社会にはこうした働き方が必要になることは理解できるし，キャリアが長期化してきていることを想起すれば，その重要性はより理解しやすいものだと言えるだろう。長いキャリアを一つの専門領域だけで生き抜くことは，容易なことではなくなってしまうと考えられるからである[2]。

　ただし，一つの専門分野を深く学ぶことですら難しいわけであるから，それを複数の分野で行うことは非常に困難になる。本章では，IT技術者から人事コンサルタントに転身した山本氏の事例，IT技術者から経営学の大学教員に転身した中村氏の事例，参考事例としてIT技術者から農業経営者に転身した加藤氏の事例を見ていくわけであるが（図表4－1参照），3名の知識労働者がどのよう

2）　一つの仕事や一つの会社で働ける期間は，人間が生涯にわたって働く期間よりも短くなるだろうという予測は，Drucker（2002）などでもなされている。

な努力をして新しい専門知識を学んだかが，事例の重要なポイントとなるだろう。

第２節　山本氏の事例
──IT技術者から人事コンサルタントへ

１．大規模システムの開発

　まずは，IT技術者から人事管理，あるいは人的資源管理のコンサルタントに転身した山本氏（インタビュー当時42歳）の例から見ていきたい。より具体的にいえば，金融系のシステム開発から，人材育成等を中心としたコンサルティングに専門分野を変えたわけであるが，その転身には２段階のプロセスがあった。

　山本氏は大学卒業後，大手通信企業であるＧ社に就職し，そこでIT技術者，SEとして働き始めた。担当していた仕事は国内最大規模の金融機関向けの大規模システムの開発である。

> 「大きいシステムでしたね。そのメインの基幹系システムで[3]，おそらく国内最大。世界で見てもトップ３に入るくらいの規模感のシステム開発。それを主に担当する部署に配属されました。プロジェクトとしては最大で2000人近くの技術者が投入される規模でした。もちろんＧ社だけでなく協力会社も含めてですけども。Ｇ社の部門としては500から1000名くらいいる中の一部署。そこで私は100人くらいの部署の一人として配属されたわけです。」

　山本氏によると，Ｇ社は大手企業であっただけに，そこでの仕事の方法や進め方は緻密で高いレベルにあり，学ぶことが非常に多かったのだという。またクライアントが大規模な金融機関であったこともあり，特に丁寧で慎重な仕事の進め方が必要とされたらしい。山本氏はそのような中で，優秀な先輩社員たちの指導を受けながら，着実に成長することができたのだという。

　また大手顧客を相手にする仕事では，その顧客が求めるシステムの要件をもれなく正確に実現し，高い安定性や信頼性を達成することが求められる。それに加え，チームが大規模なものになるため，その活動を円滑に進めるために，周囲と

---

3)　基幹系システムとは，その会社の業務に直接関わるシステムで，一般的には生産，販売，財務や会計，給与管理などに関わるものが多い。社内のコミュニケーション支援やその他の情報サービスを行うシステムとは区別される。

緊密に連携し，協力するような働き方が要求されるようになる。そのような状況の下で，山本氏は組織人としての考え方や行動も身につけたようである。

「組織の作りでいうと大きくはアプリケーション側と基盤側[4)]に分かれておりまして，私はアプリケーション側にいました。アプリケーションの中でも開発設計するチームもいれば維持運用するチームがいる中で，私は比較的開発寄りでしたが，維持運用にも関与してましたね。」
「お客様の要件を実現するために，こっちのチームとあっちのチームの全体調整みたいなことがほぼ日常業務の8割くらいですね。」

このような働き方は，IT技術者あるいはSEとしては決して珍しくないものである。特にシステム・インテグレータ（system integrator，略称でいえばSIer）と呼ばれるような企業[5)]では，その傾向が強くなりがちである。個々の技術者が自分の開発テーマ（技術的な仕事）に没頭するような働き方ではなく，顧客を理解するための活動や，それをチームで共有するための活動，チームの開発作業を連動させるための活動等が非常に重要になるのである。したがって，SE等のIT技術者は顧客との折衝を行うような上流工程[6)]に関与するほど，組織人的になるのである。

山本氏はそのような働き方を12年から13年にわたって続けることになる。気がつけば30歳代の半ばであり，世間でいうところのSEの限界年齢に近づいたわけであるが，当時の山本氏にはそうした感覚がなく，むしろようやく一人前に近づいたという感覚だったという。

「そうですね。それだけの大きな組織では当然扱うテーマや範囲，金融の業務のことであったりITのことであったり，学んでいく中で，感覚的に20年選手30年選手が当たり前の部署だったのですね。（中略）覚えなきゃいけないこと，できるようにならないといけないことがズラッと並べられていたので，必死に追いかけていた

---

4) 特定の用途（例えば会計処理）のためのアプリケーション・ソフトウェアを開発する技術者と，それを動作させるための基盤となるソフトウェアや技術を開発する技術者が協力してシステムを完成させる。
5) 情報システムの企画，開発，運用などを一括して引き受ける企業を意味する。個別のサブシステムを集めて一つのシステムに完成させることが重要な役割となる。
6) 顧客の要望の分析，それに基づくシステム要件の定義，設計仕様書の作成等を行うのが上流工程なのに対し，詳細設計を行ったり，具体的なコーディング（プログラミング）を行うのが下流工程となる。

ら10年は経っていた。」

　このように山本氏は当時，技術者としての限界を感じていたわけではなく，ま
たSEとして完成されたと思っていたわけではなかった。そしてSEとしてシステ
ムを設計する力（各要素を体系的に結び付けて全体を構成する力）を高めていけ
ば，たとえ新技術を使うような場合であっても，引き続きやっていけるだろうと
考えていた。つまり，SEとして年齢を重ねることを，悲観的には見ていなかっ
たのである。

2．社内公募制度の利用

　しかしながら，それとは別の理由で山本氏は異なるキャリアを選択することに
なる。第一の転機は35歳のときであった。

「会社からは視野は広くとか，社内外に広くネットワーキングしなさいとか，知見
は広げなさいとはいわれていたのですけど，目の前に巨大な組織があって，覚えな
きゃいけないことやらなきゃいけないことがある中で，それだけでお腹いっぱいに
なっていたのが10年くらいで。ただ，ふとこのままじゃいけないなと思い立って，
30歳過ぎたあたりから，ちょっと外に目を向けたときに，このままじゃイカンと
思って，意を決して社内公募制度に応募したのが35歳のときという形ですね。」
「私はどちらかというとIT技術者であること自体が，ちょっと違うなっていう思い
があって。（自分の仕事が）社会的なインフラであるが故の宿命みたいなところが
あって。そこに価値はあると思うのですが，じゃあそれを今後の自分のキャリアと
するのは，いつまでも社会的インフラのもとに個人の生活を支配されるのはちょっ
と如何なものかなという思いがあって。」
「具体的にいうと（システム開発だけでなく）運用も持っているので，24時間365
日電話がかかってくる可能性があるのですよね。それで実際にかかってくるんです
よね。夜中にトラブル起きました。なんとかしてくださいっていうのが日常的にか
かってくるので，電話に怯えるというか。」
「ちょっとそれは違うなと。ちょうどそのときに30歳で結婚して35歳で子供を持
つことになって。独り身や夫婦でいることには仕事に支配される人生でよかったの
ですが，今後子供を持つうえで子供よりシステムが大事っていう生活は自分のキャ
リアとしてはないなと。IT技術者やSIerという立場からの決別というのが1回目の

転機の大きな要因ですね。」

　山本氏が社内公募制度に応募した背景には，SIerのIT技術者，あるいはSEという仕事が，家庭を持つ成人として理想的だとは考えられなくなったことがあったようだ。そしてもう一つ，その社内公募の内容が，山本氏が若い頃から関心を持っていた仕事を対象にしていたことがあった。

　　「ここ（公募先のH社）の募集要項はザックリとしていて。主にH社というのはG
　　社グループ内の研修を企画して開発するのをメインとする関連会社なのですが，こ
　　の人材育成の企画から研修開発までやれる人募集。特に現場経験がある人歓迎みた
　　いになっていて。」

　山本氏が応募したのは関連会社であるH社へ出向する社内公募であり，そこでの仕事内容は人材育成に関するものであった。

　　「実はこのH社の研修を（経験しました），この半年くらい前に，とあるリーダー
　　シップ研修というのがあって。そこで登壇されていた講師が，まさに元々G社にい
　　て，キャリアチェンジしてH社に出向し，さらにそこから転職してフリーの講師を
　　やられている方が登壇されていて。」
　　「自分はこういうキャリアで，それはなぜかというところをお話しされていて。
　　元々研修とか現場でのチームマネジメントとかに関心があったので，その講師のお
　　話を聞く中で，これを自分のテーマに置くのは面白そうだなと。ある意味きっかけ
　　をもらったなと。それでちょっとH社を選択肢の一つにした中でIT技術者以外の選
　　択肢を模索し始めて，情報収集をし始めたんです。」

　このように，山本氏がH社の仕事に関心を持ったのは，この先輩社員の影響が大きいのであるが，それに加えて，彼が学生時代から人材育成等に関わることが好きで，勉強していたことも理由になっている。

　　「教育心理学というか認知心理とか行動心理とか，元々大学時代から興味があった。
　　特に人が育つとかのメカニズムや人が何を認知してどう行動するのか，人と人との
　　コミュニケーションは興味関心領域では元々あって。就職はその道では食えないだ
　　ろうなと思って。それで一般的な就職活動をしましたけど。」

　またG社で技術者として働いていたときにも，人や組織について考える機会が

多かったのだという。

> 「現場に入って働く中で，結局技術的な要素は2割くらいで，ほとんどは対人マネ
> ジメント，コミュニケーションという中で仕事をしていたので，どうすれば全体が
> 上手くいくのか。あるいはある程度メンバーを持っていたので，その人たちがモチ
> ベーションを持って働くにはどうすればいいのかみたいなところはわりと日常的に
> 業務としても遂行していかなきゃいけないですし，元々の関心領域でもありました
> ので。」

> 「それを現場でもある程度付け焼刃の知識でやっていたのですけど，どこかで本当
> にこれで合っているのかなと。チームとしての活性化，組織としての活性化，人の
> 動機づけ。もう少しそこを体系的に自分自身で習得したいという思いもあり。じゃ
> あこのH社でまさにそれを業務とすれば，ある程度体系的な知識や具体的な手法を
> 身に付けられるということで，H社という研修会社を選んだということです。」

　こうして山本氏は，出向という形で新しい企業に移り，そこで人材育成を中心
とした仕事に携わるようになる。これが山本氏の転身の第一段階なのであるが，
山本氏はH社で，新しい試みに挑戦する機会にも恵まれている。当時H社は，G
社グループ以外にも仕事先を広げようと考えていて，そのいわゆる外販となる仕
事[7]に，山本氏が関与することになったのである。

> 「当時の人員構成を見たときに，外販に向いている人間が他にいなくてですね。
> じゃあ君やってくれっていう話で。それまで人材育成を本業にしたこともないし，
> コンサルティングも本業にしたこともないのですけど，やってみろっていわれて。
> 外販みたいなことを始めたんですよね。」

> 「それでちょうど大手メーカーとG社のアライアンスみたいなのがあって。それで
> 具体的にはジョイント・ベンチャーみたいな形で，新しい会社ができたのですけど，
> そこの育成体系を作りましょうみたいな案件があって，そこにフルで対応して。」

> 「元々原型となった会社があったわけで，そこで一応の育成体系はあったのですけ
> ど，G社のアライアンスという動きの中で新しく人材を定義しなおして，キャリア
> パスを設計して研修メニューを整備して。スキル・アセスメントと言いますか，あ

7）　親会社向けの研修サービスの開発や，あるいはシステム開発を行う子会社企業は多いの
　　であるが，親会社以外にも事業展開ができるよう，外販に踏み出す企業が増えている。しか
　　し，それまで親会社の要望をかなえることだけに特化していた社員は，外販に対応できない
　　場合も多いのである。

なたはこのスキルの状況にあって，次目指すのはこうですよという物差し作りです
とか，認定制度みたいなところの設計全般をやらせてもらったという形です。」

　この経験が山本氏を大きく成長させたことは想像に難くない。H社への出向は
山本氏にとって有意義なものになったと言える。またそれに加え，山本氏にはG
社での経験を活かしながら人材育成体系を考えるような仕事も与えられた。

　　「そこで一通りのことをやりながら覚えながら。それはわりとフルパッケージ，2
　　年越しくらいでやっていたのですけど，ちょうど外販という意味で世の中のIT部門
　　みたいなところが脚光を浴び始めたときだったのですね。」
　　「ちょうど経営するうえでITも不可欠だみたいに言われ始めた時期でした。（それま
　　では）IT部門ってどちらかというと現場から一線退いた人材が送り込まれるところ
　　という位置付けで。本業は本業として，例えば銀行さんなら銀行，生産流通なら
　　それが本業で，IT部門ってその独自の本業のキャリアパスにも乗れない人たちが集ま
　　る場所（だった）。」
　　「（時代が変わって）ITエンジニア，IT部門として結構高度な知識スキルを求められ
　　る中で，それを本業の人事部は何もキャリアパスとか育成体系とか作ってくれない
　　と。IT部門って大きいところでは100人規模，小さいところでは数十人規模。なか
　　なかそれのためにキャリアパスとか育成体系を作ってくれるっていう外部の企業が
　　あまりないという中で，まさにG社のクライアントにあたるような一般企業のIT部
　　門さんの部門長から，自分の部署の育成体系を作りたいのだけどと（オファーがあ
　　りました）。」
　　「でもG社はシステム屋なので，育成とか組織とかって話は誰もできないので。そ
　　こで私できますよということでG社と連携してお客さんに入り込み，そのお客さん
　　のIT部門を支援するみたいな循環モデルができて広げていったという形ですかね。」

3．グループの外に出てコンサルタントになる

　こうして山本氏は，人材育成のコンサルタントとしての経験と実績を積み上げ
ていった。H社は山本氏がそのように成長するうえで非常に重要な舞台となった
と言えるだろう。ただし，山本氏は，その時点で第二段階の転機，すなわちG社
グループの外でコンサルタントになることを想定していたのだという。

「当初の計画だとＨ社に移る段階で，事実上自分の中ではここで転職したという認識です。要はIT職からHR系のコンサルティングを今後本業にしていくということで転職したんですけど，いきなりまったく未経験の業界に行くのはあまりにもリスクが高いので３年間ここでキャリアを積んで。Ｇ社の中で人事や人材という領域はビジネスとしてはほとんどないので，そのまま転職することを想定して，第一ステップとしてＨ社に行ったのですが，ちょうどＧ社の機能としてIT部門のお悩み解決の一環で人事組織みたいなことをできる人間がいてもいいよねって感じで受け止められていた感じもあり……。」

　山本氏は一度，出向を終えてＧ社に戻り，そこで７割がITコンサルティング，３割が自分のやりたい組織戦略や人材戦略に関するコンサルティングという形で働くことになった。しかし40歳を超えたこともあり，意を決して新しい企業に転職することにしたのだという。それが山本氏の二度目の転機であり，そこで入社したのが現在の人材サービス企業の研究所，Ｉ社であった。山本氏は独立系の小さなコンサルティング・ファームだと捉えていたらしいのだが，入社してみると急成長中の大きな企業グループの一つであり，様々なビジネスチャンスが豊富にあり，仕事の機会にも恵まれたのだという。

「小さな会社を想像していて，これからまだ発展途上だと。そういう意味でリスクだしギャンブルだったのですけど，小さな会社であるが故に好き勝手できるだろうということで飛び込んだのです。ところがあれよあれよという間に有名になって大きなグループになった。思った以上に大企業だと気づきまして。」
「Ｉ社自体は小さな会社なのですけど，そのグループ間の連携度合いも非常に強い。それだからグループの中での営業機会，プロモーションチャネルが凄い潤沢にあって。そんなにＩ社として地べた這ってマーケティングをやらなくてもグループ内の案件だったり，グループ外の案件が紹介で来たり。それでいろんなルールやシステムなんかも，ある程度整備されているのを見て，思った以上に大企業（グループ）だなと思ったのが率直な感想でした。」

　こうして山本氏は予想外の感想も抱きながら，順調に人材育成，あるいは人事コンサルタントとして再スタートを切ったわけであるが，山本氏は今後の自分の専門分野，あるいは得意領域を次のようにしたいと考えている。

「そうですね。私は人材育成というところとミドル・マネジメントっていうところかなと。私自身，末端の社員への影響力が大きいのはミドル・マネジメントだと思っていて。そこの活性化が全体の社員の成長・育成につながり，組織としての成長としての核になるだろうなという思いがあってですね。もちろんトップはトップで大事な役割もあるのですけど，私自身はやっぱりミドル・マネジメント。それを起点とした組織の活性化・育成がメインテーマであり，そういう案件を多く重ねているので強みなのかなと。」

こうして山本氏は人事コンサルタントとして新しい仕事に挑戦しているわけであるが，既述のように彼には2回の転機があったと言える。1回目の転機は，ミドルになって家庭に責任を持つようになったことがきっかけといえようが，それと同時に，昔から興味があった仕事に惹かれたこともきっかけになった。そして2回目の転機を迎えることになるのだが，その転機は山本氏が1回目の転機を経験したころから予測し，計画していたものだと言える。山本氏は数年をかけて自分のキャリアを方向転換し，新しい専門分野に進んだのである。そもそも専門分野を変更するということは簡単ではなく，それに関するリスクも大きい。それを考えるならば，その時々に短期的な意思決定をするのではなく，長期的かつ計画的にキャリアを変えることが必要になることがわかる。

第3節　中村氏の事例
──技術者から外されたことで新しい道を探す

1．専門の仕事を失う

次に取り上げる中村氏（インタビュー当時62歳）は，大手の機械メーカーにおいて，50歳近くまで制御用のソフトウェア開発[8]に従事した後，技術企画部門に配置転換になり，それを契機として後に社会人大学院に通って，最終的には経営学の大学教員になった人である。技術者からスタッフへ，そして大学教員へと，専門分野と職種を変えながら転職するに至った事例だと言える。

---

8) 前章で見た組み込みソフトウェアと同様のものである。特定の機械や電気製品の機能を実現したり（例えば自動で何かを行う），動きを制御する（例えば速度や温度の調整）ためのソフトウェアを指す。

　中村氏のキャリアはシニア期に入ってから急激な変化を遂げたわけであるが，その始まりは技術部門から，技術企画部門のスタッフへと人事異動になったことである。それが中村氏の遅めの転機になったと言えるだろう。中村氏は自分が技術者ではなくなるということについて，若干の寂しさを感じつつも，それはミドル期やシニア期を迎えた技術者がよく通る道だということは理解していたので，何とかその人事異動を受け入れ，前向きに働こうとしたのだという。

　　「製品開発はプロジェクト単位で進めるという形態でした。プロジェクト単位というのは，専任の担当者が各部門から選ばれ，開発が進められるというものです。50歳になったとき，製品開発から離れ，開発計画を行う企画部門に異動しました。」

　基本的には技術部門の活動内容を企画し，管理するのが新しい部署の業務内容だったわけであるが，そこには日本の製造業の特徴がよく現れた複雑な事情もあったらしい。

　　「私は主に予算のことをやっていました。（部門の公式な仕事内容は）企画の部類には入りますけれども，やはりそこにはただ単に，あのプロジェクトに人，モノ，お金がこれだけいるよね，（開発の）種類がこれだけあるからその分だけ工数がこれだけありますよねっていう，算数だけで企画をするようなものではなく，やはり，部門間でどれだけの人を動かすことができるかとか，リーダーはこの人だったら，人をどれだけあてがえばいいのかとか，体制そのものを考えていくというような，企画といえば企画なんですけども，そういった人を動かす仕事といいますか，あ あいったところも担当の中に入っていました。」

　つまり，中村氏の仕事には人や組織にかかわる内容がかなり多かったのである。そしてもう一つの特徴として，企画部門とは言いながら，実際には地道で泥臭い調整作業のような仕事が多かったのだという。それは日本の製造業にはよくあることなのであるが，技術部門にせよ，営業部門にせよ，それを統括する目的で企画部や管理部というのが置かれることは多いのであるが，その権限はそれほど大きくない場合がみられるのである。日本の製造業では現場を重視する傾向が強いため，技術企画部が主体的に企画を作って現場の技術部をリードするのではなく，現場の技術部が企画の大半を行っており，技術企画部はそれをオーソライズしてサポートするといった形式をとる企業が多い。中村氏が勤務していた機械メーカーでもその傾向が強く，企画部の仕事は地道で泥臭いのと同時に，多分に受け

身であり，技術部門の動向に翻弄されるようなことも珍しくなかったという。中村氏はそうした状況で働く中で，当時の技術企画部のあり方に疑問を持つようになり，それがさらに大きなキャリアの変化につながっていくのであった。

2．企画スタッフとしての苦闘

その変化を詳しく見る前に，技術者時代の中村氏の働き方について少し触れておきたい。中村氏によると，自分自身は最先端の新製品開発プロジェクトに入るような技術者ではなく，どちらかといえば既に確立された（古い）技術を使ったプロジェクトで，丁寧なソフトウェア設計をするようなタイプだったという。そして同時に，人と人との調整役をすることが多かったようだ。

> 「そうですね。どっちかといったら，やはり性格的にこういう人当たりがいいらしくて，柔らかいっていう（評価をもらっていました）。ですからわりと調整とか，ああいったものに対しては，理解してわかってもらえやすい。その手の仕事は，（技術部門には）すごく苦手な人が多い。でも私の場合は，相手が非常に話しにくい人だったとしても，わりと調整はさせてもらっていたんですね。じゃあ，私，行ってこようかねっていうふうに話はさせてもらってました。」

中村氏は社内で注目されるようなプロジェクトで華々しい成果をあげるような技術者ではなかったようであるが，技術者間，部門間のコミュニケーションは得意であり，チーム活動あるいは組織活動に貢献していたと考えられる。おそらく，中村氏のそうした特徴を考慮して技術企画部への人事異動が行われたのだろう。

> 「50歳，確か12月頃だったと思うんですけれども，そういう人事異動，技術企画部に移って，やっぱり（技術者としては）将来のキャリアっていうものに対して諦め感がどうしても出てきました。」
> 「ただ専門知識というものに対しては，やっぱり陳腐化していくっていうのは正直あるんですけれども，モノづくりっていうのは一朝一夕でできるようなものではありません。（中略）ですから長年培ってきた，積み重ねてきたものを，複数の部門が寄り集まって一つの製品を作るというものですので，コピペしてそのまま設計図面できたら，モノができるかというものではない。ましてその製品を使うのはお客さんであるし，市場のお客さんが満足するようなものと，色々な法的な規制なんかにも対応しないといけませんから，じゃあ若い子に，技術者に任せたらそのままい

けるかっていうたら，そうじゃないっていうことで，いったん私，外れたんですけれども，やっぱり何かにつけ，会議があったにしても，ちょこちょこ（後輩が）相談はしてくれました。（中略）そういう相談をしてくれるっていうことは（中略）非常に良かったなというふうにも思いました。心の中では第一線から外れたんだけれども，今の仕事っていうのは，こういうことを期待されているんだっていうような感じで認識するようにしました。」

　そのようにして中村氏は，技術企画部の仕事にやりがいを見出そうとしていたのだが，大きく分けて二つの理由により，仕事に強い不満を持つようになったのだという。その一つが，中村氏が当時日本で紹介され始めたばかりであったPMBOK（Project Management Body of Knowledge）[9]を自社に導入しようとした際に，関係部門から理解と協力が得られなかったことである。中村氏としては自社の技術企画や製品開発管理の弱点を克服するためにPMBOKを活用しようとしたのだが，それに関心を持つ人が少なかったのだという。現場主義が浸透した日本企業においては，アメリカで生まれたマネジメント手法が馴染まなかったり，好まれないということは珍しくないが，このときも拒否反応のようなものが現れたという。

　　「プロジェクト・マネジメントっていうプロマネなんですけれども，ちょっと流行り始めていたPMBOK，それに実は参画しまして，それで勉強しました。その中に，こうすればいいよっていうような仕組みを勉強させてもらうんですね。経営管理はどういうふうにやりますか。それこそ資材管理はこういうふうにやっていけばいいですよねっていうような研修のようなものを，私，実は受けました。それをその通りやっていって，でもなかなかうまくいかない。」
　　「なぜうまくいかないんだろう。これって，（PMBOKに利用する）システム屋さん，彼らは丁寧に説明しているのですが，（中略）そう言われても，（実際には）成果が出ない。この通りやれば見えるんですよって言われますが，（開発の現場では）いちいちそんなもの（システムやツール）を入れなくても仕事はできる。自分のやったことをわざわざ見せなくてもいいではないか。（開発や設計の仕事で）精一杯って言うんですね。」

---

9)　国際的に標準とされているプロジェクト・マネジメントの知識体系である。アメリカの
　　PM学会で作成され，何度も改訂が行われている。

日本の製造業では，現場に優れたノウハウがあるのと同時に，個人ごとに持っている暗黙知が豊富である。そのこと自体は非常にいいことなのだが，それに頼った仕事のプロセスになってしまいがちであり，往々にして各自の仕事はその人その人の自己流のものになり，後から他者がトレースしにくいものになることが多い。そうした個人に依存した仕事のプロセスは，標準化するのが難しいだけでなく，他のもっと優れた選択肢を見逃すことにもなりやすい。中村氏はそれを懸念し，個人やチームに依存した製品開発プロセスを，可視化，システム化しようとしたのである。

そのために，中村氏は自費で学校に通うなど多くの努力をしたのだが，それがなかなか成果に結びつかなかった。それが中村氏にとっては焦りや疲労のもとになったのである。

さらに，中村氏が技術企画部の仕事に不満を持ったもう一つの理由は，自社における人材育成がうまくいっていないのに，その問題解決にまったく貢献できていないと感じたことである。

「もう一つ疑問に思ったのが，人材育成とか，チャンスの与え方に偏りがあったことです。リーダーって言いますか，部長をはじめマネジャーにしても，優秀な人に対して仕事を振り分けて，優秀な人材だけにチャンスを与える。もちろんそれはプロジェクトの成功のためではあるんですけど，そうでない人に対しては，まるっきりビジョンって言いますか，どういうふうに彼らを育てていって，モチベーションを高めていって，それで成果を出していこうとするのかっていう，その差っていうのが，非常に差別っていう，簡単にいったらそうなんですけども。それを痛感して，リーダーは優秀な人を当てにして，彼（彼女）らを伸ばすことによって業績を積み上げていってるっていうところを，どうしても憤りを感じまして。それが原因なのかはわかりませんが，部署を変わることになるとか，会社に出てこない，会社を辞めてしまうという（人が現れる）ことにつながっているように思えます。」

中村氏の見解では，当時の会社の人材育成はあまり丁寧ではなく，若い人材への指導が疎かになっていたということである。特に一線級といわれるようなエース人材以外については，場当たり的に仕事を与えるだけで，きちんとした方針をもって育成が行われていないという印象が強かったようだ。

3．大学院進学を契機に大学教員へ

　こうした仕事への強い不満が，中村氏の社会人大学院への入学につながって
いったわけである。中村氏はPMBOKを使って体系的なマネジメントを実行しよ
うとしたが，それは組織の慣行に合わなかったためにうまく浸透しなかった。一
方，その組織の活動を見てみると，人材育成は疎かであったし，リーダーシップ
を発揮すべきマネジャーにも問題があるように思われた。そこで，そうした問題
を本質的に考え直すために，大学院で経営学を学ぶことを決意したのである。

　結果として，中村氏は後に大学の教員になるわけであるが，そのためには学位
の取得が必要になり，中村氏は前期課程と後期課程を合わせて7年以上の間，大
学院に在籍することになる。それは50歳を超えた人にすれば大変珍しいことなの
であるが，中村氏は尊敬できる指導教員や，優秀な学友のおかげで研究にのめり
こみ，博士の学位を取得するまで努力を継続することができた。長年歩んできた
それまでのキャリアとは異なる分野において，非常に高い目標に挑んだ事例だと
言えるだろう。

　もちろん，働きながら大学院に通い，学位を取るということは簡単なことでは
ない。通常はそのどちらかだけでも十分にハードなことを両立するのは，心身と
もに大きな負担のかかることであった。特に実務家が理論の勉強をする際には，
日常とは異なる思考様式を求められることになるため，その適応にかなり苦労す
ることになる。また，普段では考えられないような厳密な論理的思考を求められ
ることも大きな負担になる。

　それに加え，学位を取るためには大量の文献を読まねばならず，その多くは英
語文献である。そのための時間を確保し，それらを理解するだけでも労力がかか
るし，実証分析のための調査や統計学の学習も負担になる。さらには，論文を書
くうえでは厳しい審査も受けるわけであり，何度も構想段階にまで立ち戻らなけ
ればならず，一からの書き直しになることも多い。特に博士後期課程の審査は厳
しいので，3年間で論文を仕上げられる社会人はほとんどいないのが実情である。
実際に中村氏も（休学期間も含めて）5年以上の年月をかけているのであるが，
その間当初の目的意識を失わず，向上心を維持することはとても困難なことで
あった。中村氏はそうした困難を乗り越えて研究を続けたわけであるが，その過
程で経営学そのものに対する関心を強めていったようである。

　中村氏は大学院に通い始めた当初，不満を感じていた技術企画部の仕事を何と

かしようとして，経営の勉強を始めた。しかし徐々に，経営学そのものに没頭し，それがやりがいに変わっていったと言える。そしてそのことが，後の大学教員への転身につながっていくことになる。

　さらにもう一つ，中村氏がキャリアにおける残りの時間を強く意識したことも転身につながったようである。中村氏は自社で働けるのがあと3年になったときに，まだ3年もあるのかと感じたのだという。そして今の仕事を3年も続けるのは嫌だと感じたらしい。もちろん，わずか3年だからもう少しの我慢だと考える人もいるだろうが，中村氏はその3年が非常に長いものに感じたのだという。中村氏が技術企画部の仕事に不満を持っていたのと同時に，予想以上に経営学に没頭してしまい，それが楽しく感じられたというのも，その背景にあるだろう。残りのキャリアを，この楽しい仕事をすることで過ごせないかという欲求が強くなっていったようである。

　　「(技術企画部で) 充実感を得るまでにはいかなくなった。研究に没頭したい。マネジメントのこと，組織のこと，人材育成のことを勉強するのが面白い。ただ大学(大学院前期課程) で勉強したことは会社では受け入れられませんでした。うるさがられたといいますか。そろそろ考えても良いのではないかと思いましたね。」
　　「55歳くらいのときに，もう辞めようか，どうのこうのっていっていたときに，その時にはもう大学院に行ってますので，じゃあもう博士を取って，教員の道もあるじゃないかっていうふうに思いまして，それで進みました。大体そんな感じですね。それで (実務家出身の) Z先生とか，その以前からお会いしてした社会人の企業に勤められている方でも，やっぱり勉強して，そういった教員の世界に足を入れておられる方も多くいらっしゃるっていうのを知って，じゃあ自分もそういう道があるんだったら頑張ってみようかっていうふうに，研究者を目指してとにかく頑張ろうと。でも予想以上にハードでしたね。本当にきつかったです。」

　そうして60歳にして，大学教員の職を得ることができたのである。中村氏が技術者の仕事を離れてから，12年が経っていた。中村氏は人事異動で技術者の仕事を離れたのを契機に，専門分野を技術からマネジメント，あるいは経営へと変えただけでなく，実務家から大学教員へと変化したことになる。中村氏は大学教員としての当面の目標を次のように話している。

　　「大企業でもすぐに辞めてしまう大卒新入社員がたくさんいます。そういう彼 (彼

女）らにしても，何で辞めるんかなっていうこともあるんですけど，（中略）理由
は色々ありますけれども，やはり辞めるっていうことが最も多いのは，入社1年目
なんですよ。1年たたずに離職するっていうことは，次を本当に選べるのかって話
ですよね。何か（会社選びに）参考になるようなことが学生のときに（できない
か），今はインターンシップでやってますけども，インターンシップでは会社も学
生の行動をつぶさに見ていますし，アルバイトではないので，その職場で何が行わ
れているのかを体験することもできます。そういう機会に何かそこで活かせるよう
なことはないか。それは非常に思います。今まで新入社員を教育してきたことも，
ぜひ学生たちに伝えたいとも思います。」

第4節　専門分野を変えるために求められること

1. 分析視点からの考察

　それではこれらの事例を本書の分析視点から考察していきたい。ここからは**図
表4-1**に参考事例であげた加藤氏の事例も適宜参照していく。

①　キャリアの転機と，その後の変化はどのような関連性を持つのか。また長く
　　第一線で活躍するための専門性や創造性はどのように身につけられるのか。
　専門分野を変えることにつながるキャリアの転機を経験したのは，山本氏がミ
ドル期の入り口にあたる35歳頃なのに対し，中村氏と加藤氏は50歳を超えた頃で
ある。山本氏がまだ長い将来を想定して，新しくやりがいのある仕事を探して専
門分野を変更したのに対し，中村氏と加藤氏は，キャリアの最後に取り組みたい
仕事を決めたということが言えるだろう。
　山本氏は家庭を持って子供が生まれ，父親としての責任を自覚することがキャ
リアの転機となった。それまでの生活はシステムの保守や運用のために，夜中で
も呼び出される可能性があるような生活であった。山本氏はそういう働き方を今
後も続けていいかを考えるようになったのである。その時点で山本氏はIT技術
者として限界を感じていたわけではなく，またやり尽くしたような感覚も持って
いなかった。山本氏が別の専門分野に変わろうとしたのは，勤務の形態や条件が
主な理由だったと言える。
　その後山本氏は以前から興味のあった人事関連のコンサルタントを目指すこと

になる。新たにやりたいことを見つけ，それに向かって進んだわけである。そして人事コンサルタントになるための山本氏の行動は，計画的で段階を踏んだ合理的なものであったと言える。まず，G社の関連会社であるH社の社内公募に応募して，そこでコンサルタントとしての経験を積んでいる。そのうえでその数年後，I社にコンサルタントとして転職しているのである。転身を決めてからI社に転職するまでは，4年〜5年の期間をかけており，そこで自分のIT技術者時代の経験も生かしながら，着実に人事コンサルタントとしての能力を磨いている。非常に慎重で計画的なキャリアの変化だと言えるだろう。

　一方中村氏は，技術開発の現場から人事異動になったことが転機となっている。中村氏はそれを過度に悲観することなく，気持ちを切り替えて積極的に働こうとしたのだが上手くいかなかった。ただその過程で問題意識を持った組織や人のマネジメントについて勉強し，それが最終的には大学教員への転身につながった。もちろん，それは決して簡単なことではなく，社会人大学院に学び，全部で7年以上にもおよぶ時間をかけて博士の学位を取得した末のことである。技術者の仕事から異動になってから大学教員になるまでには12年かかっており，その間中村氏はあきらめることなく，地道に経営学を学び，研究を続けたのである。

　このように，本章で取り上げた2名は新しい専門分野に移行するために，長期にわたる努力を続けているのだが，それは農業というまったくの異分野に進んだ加藤氏にも共通することであった。50歳を超えて残りのキャリアを考えたことが加藤氏のキャリアの転機となったであるが，加藤氏曰く，当時のIT技術者，そして管理者としての仕事は楽しかったが，全部の仕事を思い通りにできるわけではなかったらしい。そのような限界を感じ始めた頃に，昔からあった農業へのあこがれを思い出し，自分の力でモノづくりをしたいと思うようになったのである。

　加藤氏も山本氏や中村氏と同様，キャリアの転機を経て新しくやりたいことを見つけ，その実現ための努力を始めたわけであるが，そのプロセスが長期的かつ計画的なもので，着実な努力が行われた点も共通している。加藤氏はいくつかの地域の農業や作物について詳しく調べ，公的な補助が受けられる制度についても勉強して利用している。

　「40代半ば頃からある県のネット（ホームページ）を見ながらどんな研修制度があるんかなとか，補助金制度があるんかなと調べたら，2年ぐらいは研修制度，通れば2年間は年間いくらかもらいながら，どっかの受け入れ農家さんに預かっても

らって（農業の訓練を）やるというコースがあったんですよ。それ知ってたんでこれ多分ずっとあるやろうから，どっかでやって考えてみようかなというのが一つの考えで，それと今はどこのファーマーも新人さん教育しますよということで，（収入は）月ほんの10万程度ですけども，修行しながら食べていけますよね，というようなこともあるんで，何件かファーマーを調べといてそういう所に行って力をつけて，どこでするかは別としてやってもいいかなという2社ぐらいを見つけてました。家内には内緒で悶々としながらですが。」

　そして2年間は研修を受けながらいくらかの収入を確保し，研修期間終了後に自分の農地を取得している。やはり転身までに数年にもおよぶプロセスがあったわけであり，非常に計画的に，そして地道に努力を継続してきたと言える。
　以上の3名の事例を見れば明らかであるが，専門分野を変えるというのは決して簡単なことではない。かなりの計画的な学習が必要なのであり，そのための長期的な取り組みも避けて通れない。それに耐えられる人でないと，複数の専門分野で活躍することは難しいと言える。
　さて知識労働者のミドル期以降のキャリアでは，長く第一線で活躍するための専門性や創造的な能力が問題になるのだが，ここで見た3名は途中で専門分野を変えているわけであり，それが非常に特徴的なことだと言える。専門分野を変えるということが簡単ではないことは既述の通りであるが，実はそのことによって彼らが成長を続けられ，またかつての専門分野における限界も克服できていると言えるだろう。山本氏はIT技術者の仕事に限界を感じていたわけではないが，人事コンサルタントに転身することによって，飛躍的な成長を遂げたといってよい。また人事コンサルタントとしての仕事の中に，IT技術者として学んだことを取り入れて成功していることを見ても，専門分野を変えることで山本氏の知識労働者としての市場価値は大きく向上したと考えられる。それを考慮すると，専門分野を変えるということは，知識労働者の成長の継続や加速につながる可能性を有していると考えられる。
　一方，中村氏の場合は，IT技術者として継続して働くことは事実上不可能であったため，それまでの専門分野での限界を，新しいことに挑戦したことで克服したと言えるだろう。彼はそのことによって消極的なシニア期に対する展望を払拭し，前向きに充実感を持って働くことができるようになっている。これらを見ると，新しい専門分野に挑戦するということは，知識労働者が自らの限界を克服

して成長を続けるという意味においても，またミドル後期やシニア期に充実感を持って働くという意味においても有益なことのようである。ただし，それを実現することは難しく，長期間にわたる計画的な学習が必要であることは，忘れてはならないであろう。

② 知識労働者のミドル期以降のキャリア発達に，個人が持つ知識やスキル，人的ネットワーク，自己認識や柔軟性，回復力等の心理的特性がどの程度影響しているか。またキャリアの転機や変化が異なれば，その影響の大きさも異なるのか。

これについては，知識やスキルと心理的特性，特に自己認識と柔軟性において大きな特徴が見られたと言える。まず知識やスキルについては，3名とも専門分野を変えたわけであるから，新しい知識やスキルの学習が必要であったことはいうまでもない。そのために3名とも長期的な努力を行っている。しかしながら興味深いのは，3名ともに新しい仕事において，かつての仕事での経験や学んだことをうまく活かしていることである。

例えば山本氏は，IT技術者時代の経験を活かして，人事コンサルタントとしてIT部門の人材育成という仕事に取り組んでいる。そしてそれは，山本氏のコンサルタントとしての強みの一つになった。また中村氏は，技術者時代から彼が言うところの調整力に自信があり，後輩の相談にもよく乗っていたのだが，そうした能力が後に，組織や人のマネジメントへの強い関心につながり，それを専門的に勉強することにつながっている。技術者時代に無意識に努力したり，学んでいたことが，後の仕事に活きたのだといえよう。さらに加藤氏は，農業という一見IT企業とはまったく異なる世界へと転身したのであるが，そこで活きたのがIT企業時代に経験したマネジメントの仕事であり，当時の社長たちから学んだことであったという。加藤氏は単に農業に従事するのと，農業で自立するのは違うと考えており，後者には経営者としての知識や考え方が不可欠だと認識している。それを若い頃に学んでいたからこそ，加藤氏は農業の経営者になれたと思っているようである。

「農業の個人経営者って，法人にしてもいいですけど，（経営者の意識がない人が）トップに立つと無理です。65歳以上になったら。それは過去に経験があるんだったら，要はもの作って売るというシステム知ってて，どこで利益出して自分でどこ

で数字上げるかがわかってる人だったらやってもいいと思います。そしたら別に作らなくても流通でもいいんですよ。作ってる人間から集めても（経営として成り立つ）。もしそういう経験がない方だったら（農業をやると）本当に日雇い労働者です。（中略）今，最低でも時給が1000円くらいあるじゃないですか。4時間働けば4000円ぐらいなるでしょう。1日4時間ぐらいの農作業だったらできるじゃないですか。その作業というのは例えば種の植え付けから草刈りでもいいんですもん。でも経営者とそういう人たちはまったく違いますよね。」

「これはお世辞じゃなく，前の勤務先の社長の背中を追ってくるとそうなるんです。（中略）（農業に転身した今でも）僕のマスターは社長です。」

　3名の事例を見ると，新しい専門分野を学ぶだけでなく，それまでの経験を新しい仕事にうまく活かすことの重要性が見て取れる。もちろんそのためには，若い頃から有意義な経験を蓄積しておくことが重要になるのであるが，新しい道に進む際に，それまでのキャリアを振り返り，それを今後のためにどう活かすかを考えることも必要だと理解できる。

　次に自己認識や柔軟性についてであるが，3名ともに双方が非常に顕著だと言えるだろう。自己認識については，自分のやりたいことや目的意識をはっきり持つようになったと言える。山本氏や中村氏も，それまでの自分の関心領域や問題意識に沿った新しいキャリアを目指しており，自分をしっかり強く認識することがキャリアの変化につながっていると言える。

　一方，Gratton and Scott（2017）や心理的資本の研究等においては，新しい経験や考え方を積極的に受け入れること，新しい生き方を実験することなどの重要性が論じられていたが，こうした特徴が事例の3名には見て取れる。人事コンサルタントにしても，大学教員にしても，農業経営にしても，いずれも困難な仕事である。それになるための努力や投資も大きなものとなる。勇気を持ってそれに進むためには，かなり柔軟で積極的な学習の姿勢が必要になるものと思われる。

　山本氏は大手の通信企業に勤務していたわけであるが，その企業は世間では一生安泰といわれるほどの大企業で，それを辞めるにはかなりの勇気と積極性が必要である。また中村氏や加藤氏にしても，残りのそれほど長くないキャリアにおいて，リスクを冒す必要はあまりなかったはずである。彼らはあえて異分野に進出し，長い勉強の期間を経て転身したわけであり，そこには新しく学ぶことを楽しむ姿勢をシニア期まで維持し続けたことが大きく作用したものと思われる。そ

してそこに，かつての仕事の経験や知見を活かせたからこそ，彼らはキャリアを変えられたのだと思われる。

③　個人の自己認識や自己変革がキャリアの客観的側面の変化を促進するのか。あるいは客観的側面を変えようと試行錯誤することが自己変革を促すのか。

　第2章で見た転職するキャリアにおいては，若い頃に試行錯誤（客観的側面の変化）をした末に，自己認識や自己変革（主観的側面の変化）をする例が見られた。一方で，第3章で見た独立・起業するキャリアにおいては，かなり深いレベルでの自己認識があり，それが客観的なキャリアの変化につながる例が見られた。そして本章で見たキャリアでは，全般的には自己をしっかりと認識することがキャリアの客観的な側面の変化につながっていたと言えるだろう。いずれの場合も，自分が新たにやることを定めた後に転職や独立を行っている。

　またそれに関して，3名の事例には他にも注目すべき点がある。Gratton（2011）の連続スペシャリストに関する議論においては，①より高い価値を持つであろう専門知識やスキルを予測し，②それを念頭に置きながら自分の好きなことを選び，③その分野の専門性に磨きをかけ，④一つの分野に習熟した後も移行と脱皮を繰り返して他の分野に転身する覚悟を持ち続けることが重要であると論じられていた。しかし本章の3名の事例では，①にあたる有望な知識やスキルの予測に該当するような行動はあまり見られなかった。つまり事例の3名は，労働市場や外部環境を分析して，成功しやすい職業を選ぶとか，有望なキャリアを選んだというわけではない。そうではなく，もっと単純に自分の好きなことややりたいことを見つけて，それに挑戦したように見える。こうしたキャリアの意思決定は，とても純粋で志を大事にしたものに見えると同時に，悪く言えば単純で計算高くなく，リスクのあるものだと見えるかもしれない。しかしこうしたキャリアの変化は，ミドル期以降のキャリア発達の先行研究において議論されてきたことに当てはまるものなのである。

　岡本（2007）では，中年期のアイデンティティの再体制化のプロセスに見られる心の変容が，精神化，社会化，純化と表現されている。精神化とは，自分の欲求が精神的なものに変化することを意味している。社会化とは，自分の体験を自分や家族のみならず，より広く社会に還元したいと考えるようになることを意味している。そして純化とは，自分のアイデンティティの中核となるものを最優先して，他を潔く捨ててしまうようなことを意味している。ミドルやシニアの自己

116

認識，自己変革にはこのような特徴があるのであり，若い頃のように成功や他者からの称賛を求める傾向が弱くなることが考えられる。

　事例の3名がこうしたことをどれだけ意識したかはわからないが，彼らはその後のキャリアの成功を目指すよりも，自分のやりたいこと，関心を持ったことに熱心に取り組んだと言えるだろう。それが本章の事例の大きな特徴だと思われる。ただもちろん，その後の取り組みは3名とも，計画的で現実的であったことも忘れてはならない。目標達成に向けて必要な努力を着実に継続したのである。事例の3名には，純粋で愚直な姿とともに，ミドル期，シニア期にある人の賢さや，したたかさも見て取れるのである。

2．専門分野の移行を支援するマネジメント

　キャリアの途中で専門分野を変えるということは，決して簡単なことではない。それは本章で取り上げた事例を見ても明らかである。しかしながら，キャリアが長期化する社会においては，一つの専門領域に頼るようなキャリアには，大きなリスクが存在すると考えられる。長いキャリアを安心できるものにするために，新しい専門性を獲得していくことが重要になっていくだろう。

　日本企業には古くから配置転換やジョブ・ローテーションの習慣があり，そこで働く人はキャリアの途中で何度か仕事を変えてきたのであるが，そのことと本章で議論した専門分野の変更とは根本的に異なるものである。前者の配置転換やジョブ・ローテーションは，多能工やジェネラリストと呼ばれるような実務家の育成を目的に行われてきたものであり，ともすれば深い専門性の獲得を犠牲にして行われてきたものと言える。一方本章で取り上げた専門分野の変更は，新しいことを考えたり，問題解決をするための専門性を，複数回にわたって修得することを意味している。それは，配置転換を重ねて経験の幅を広げれば実現できるようなものではない。もっと難易度の高いことだと言える。

　専門分野を変更するためには，本章で見たように本人の努力が重要になることは間違いない。ただ，これからの時代は，それに対して企業が何らかの支援をしていくことも必要になると思われる。そのことが，社内の人材の有効活用にもつながるだろうし，企業としての社会貢献にもなると考えられる。

　先述の通り，専門分野の変更には長期的で計画的な取り組みが必要となるので，誰もがそれに成功するとは限らないであろう。ただ事例からは，専門分野の変更を円滑に進めるうえで重要なポイントを見出すことができる。その一つは，以前

の専門分野での仕事で学んだことを，次の仕事でうまく活かせるようにしていくことである。これは事例の山本氏や加藤氏が特にうまく実行したことであり，過去のキャリアを将来のキャリアに役立てることである。そうしたことが可能になるように，企業と個人が協力することができれば，非連続的なキャリアに連続性を創り出すことができ，よりその後のキャリアが豊かになると思われる。もう一つは専門分野を変えるために，個人が社外で学習することを積極的に認めることである。事例でも，新しいことを学ぶために社外の機関で学ぶことが必要とされていた。従来の日本企業は社内での教育訓練を重視する傾向が強かったわけであるが，それでは個人が新しいキャリアを自分で切り開く力は養われない。社外で学ぶ，仕事を離れて学ぶことの意義を，個人も企業も認識すべきだと思われる。

第5章
早い成功の後の停滞を抜け出す

第1節　成功するが故の苦悩

　本章から第7章では，キャリアの客観的側面よりも主観的側面において大きな変化を遂げた人の事例を見ていく。本章で扱うのは，若くして大きな成功を遂げた後に，キャリアの停滞期を迎え，それを脱するうえで心理的な変化があった人の事例である。

　知識労働者の中には，若い年齢において大きな成功を収める人もいる。起業して経営者となる知識労働者などはその典型的な例なのであるが，アメリカの著名なIT企業の経営者には及ばないまでも，日本でもそうした若い成功者が徐々に現れてきている。そうした人たちの成功までのストーリーは様々なメディアにおいて注目されることが多いのであるが，成功した後の苦労や葛藤，挫折を含めたキャリアについては，あまり論じられていないと言える。しかしながら，若くして成功した人にもミドルの転機は訪れるであろうし，若くして成功したからこそ，その転機を乗り越えるのに多大な労力が必要になるとも考えられる。知識労働者の長期的なキャリア発達を論じるうえでは，そうしたことについても着目する必要があるだろう。

　本章では主に2名の事例（参考事例を含めて3名）を取り上げるのであるが（**図表5−1**参照），2名ともに30歳代に自分の会社を起業した経営コンサルタントである。一人は起業した後，しばらくは順調に仕事をしていたのであるが，成長欲求や上昇志向が強いがゆえに事業の拡大や投資を急いでしまい，そのため会社を破綻させてしまった経験をしている。それが彼の大きな転機であり，そこからの再起においてキャリアの主観的な側面の変化が起きることになる。またもう一人は，非常に若い年齢において起業し，事業を成功させるだけでなく，学術的研究においても活躍をしていたにも関わらず，40歳手前になって突然自信を失っ

図表5－1　成功後の停滞から抜け出すキャリアの概略

事例	キャリアの特徴
吉田氏	●コンサルティング・ファームや人材サービス企業において，営業と人的資源管理の両方の分野に関与しながら，提案力や顧客への対応力を高めていく。 ●起業して人材関連の広告の販売，人事関連のコンサルティング，有料職業紹介の三つの事業に取り組む。この時期にMBAにも学んでいる。 ●事業が破綻した後，肉体労働や深夜の仕事にも従事して債務を返済しながら，次の仕事を探して履歴書を書き続ける。 ●大学で教員になる。その他にも，留学生の学習を支援するような事業に乗り出す。
山田氏	●外資系コンサルティング・ファームにおいて，戦略やマネジメントに関する知識と，統計分析のようなメソドロジーの両方に強いコンサルタントとして活躍する。 ●独立して事業を軌道に乗せるとともに，博士の学位を取得して学界活動を行う。 ●40歳を機に，もう若くないことを意識し始めた頃から，それまでの成功に疑問を抱くようになり，仕事に対する意欲も失い始める。 ●試行錯誤と原点回帰を通じて自己を再認識する。
佐々木氏 (参考)	●大手人材サービス企業において，20歳代から先輩たちと一緒に事業開発に携わる。 ●新会社として独立することになり，創業メンバーに参加する。 ●数年間，役員として活躍し，会社を順調に成長させる。 ●中間管理職経験がないことなどに気が付き，自分の経営者としての力量に疑問を持つようになる。 ●若い女性の起業家の集まりに参加するようになり，そこでの交流や学習を通じて自信を取り戻す。

出所）筆者作成

てしまうという経験をしている。事業や研究に大きな失敗があったというわけではなく，本人の内面的な問題が自信喪失の原因になったのである。そこからどのように自信を回復し，その結果としてどのように変化を遂げるかが事例のポイントとなる。

　事例を見るうえで重要となる論点を二つ上げておきたい。一つは心理学の先行研究であげられていたレジリエンスである。Luthans（2002）によれば，レジリエンスは「逆境や葛藤，失敗などはもちろんのこと，責任の増加のような前向きな変化にも耐えられる能力，それらを跳ね返して回復できる能力」と定義されるのであるが，キャリアの停滞期を迎えた人が再び積極的に働くためには，こうした能力が必要になるのは明らかであろう。事例においてそれがどのような形で現

れるのか，またレジリエンスが強くなる背景には何があるのか，それらを見ていく必要がある。

　そしてもう一つは，成功と停滞期を経験した後の心理的変化の内容である。若い頃に成功を追い求め，その後で失敗や停滞期を経験した人は，その後何を求めるようになるのだろうか。以前のように積極的な働き方を取り戻したとしても，そこには何らかの変化があるはずである。それについても詳しく見ていく必要がある。

第2節　吉田氏の事例
——成功の後の躓き

1．営業のスキルを磨く

　最初に，20歳代から大手の人材サービス企業や外資系コンサルティング・ファームで活躍し，30歳代で自分の会社を立ち上げて成功を収めた経験を持つ吉田氏（インタビュー時点で57歳）の事例を見ていく。吉田氏はその後，事業の拡大を急ぎすぎたあまりに会社を破綻（任意整理）させる事態に陥り，3年近い停滞期を経て，現在は大学で教員をしながら，再び自分の事業を始めようとしている。

　吉田氏が働いてきた仕事の領域は，モノやサービス，広告を販売する営業の領域と，人的資源管理，マネジメント，キャリア教育に関する領域にまたがっていたと言える。現在の吉田氏は大学教員として，人的資源管理に関する専門知識を用いて働いているのだが，彼が過去に果たした大きな成功には，優れた営業のスキルを持っていたことが強く関わっている。

　吉田氏は自分の会社を起業する前に，三つの会社での勤務経験を持っているのだが，そのそれぞれにおいて彼の強みとなる知識やスキル等を学んできたと言える。

　まず新卒で就職したのは，大手の信託銀行であった。吉田氏はそこで4年間勤務するのだが，前半の2年間を人事部で働き，後半の2年間では同じ企業グループの住宅メーカーに出向し，そこで営業職として働いた。人的資源管理と営業という二つの仕事を，キャリアの最初の4年間で経験したわけである。

　そしてその後，吉田氏は大手人材サービス企業であるM社に転職する。そこで

は主に人材募集に関する広告の営業をすることになるのだが，そこにおいて人の採用やマネジメントについて考えることと，それをサービスとして顧客に売ることという，吉田氏のその後のキャリアの中心となる仕事領域が形成されていくことになる。

　「昔の紙だった就職情報誌とか，有名なのがいくつかありますが，そういったものを主に東京エリアですけど，そのエリアで企業を担当して，中途採用も新卒採用も。新卒媒体は当時，分厚い冊子があったんですけど，そういうのを担当してましたね。（中略）それが紙からインターネットに代わる1990年代の前半ぐらいからは，紙からインターネットにシフトするための新規営業っていう感じでしたね。」
　「そうですね，（僕のキャリアは）営業がベースだと思います。キャリア上は営業っていっても，M社は商品力とブランドで，マーケット的には優位にある会社だったので，業績を上げるためにそれほど困ることがなかったと。普通に，真面目に営業すれば。だからこのまま，これで営業マネジャーとして市場で通用するのかなと思ったときに，専門能力，何だろうっていうとハテナだったので，（後に）もう1回，大学院で学び直したいっていうのは，ちょっと漠然と，そのぐらいから思っていて。」
　「どうしても人，モノ，金，情報という中でいうと，人に一番興味があるのかなあと。それはマネジメントとかにかかわらず，心の持ち方とかモチベーションとか，この人，なんでこんなに頑張れるんだろうなとか，その人のモチベーションについてですね。そういうことを常に思っていたので，そういったことに携われる仕事がいつかしたいなあと漠然と思っていて。」

　吉田氏はM社で10年近く勤務することになるのだが，そこで優れた営業の知識やスキルを得ることになる。同社は社員が自由に働くことができ，同時に激しく競争するという独特の企業文化を持っているために，吉田氏はそこから刺激を受けることも多かったようだ。

　「その頃は営業の仕事をガツガツとやらざるを得なかったです。そういう会社ですから。」

２．外資系のコンサルティング・ファームへ

　ただ吉田氏自身も話しているように，営業職として順調に業績をあげることは

できていたようであるが，もっと高業績の社員もたくさんいたために，吉田氏は
M社でトップグループにいられるとは思っていなかったようである。

　また同時に，吉田氏はM社で働く中で，人的資源管理に対する関心を強くして
いった。当時の吉田氏にとってはそれらの話題は，営業マンとしてのいわば「売
る材料」だったわけであるが，それを扱ううちに，人的資源管理そのものを考え
て提案するような仕事に惹かれていったのだという[1]。そしてそれが外資系の大
手コンサルティング・ファームであるN社への転職へとつながっていく。そこで
吉田氏は3年間，人的資源管理を中心としたコンサルタントとして働くことにな
る。

　　「結局，N社にお世話になったのは営業というよりは，グローバル企業でコンサル
　　ティングを（やりたかったので），会社側の不祥事がなければ，もう少し長くいた
　　と思うんですけど[2]。5年ぐらいでもそこでキャリアを持てば，商品（の販売）
　　寄りからソリューション（提案）に少しは行けるのかなあというのがきっかけでN
　　社に行ったので。（中略）そこで初めてグローバルな，ベスト・プラクティスって
　　いうんですかね，当時の流行りの，コンピテンシー（competency）[3]とかHRに関
　　する，ある程度のグローバル企業が先進的にやってることをそこで学んで。同時に
　　日本企業への導入コンサルティングというんですかね，―プロジェクト・メンバー
　　として，職責の上ではプロジェクト・マネジャーでしたけど。そういうのに携わる
　　ことができたっていうことだと思います。」

　そこでは，大手外資系コンサルティング・ファームならではの効率の良い，ま
た利益率の高いビジネスのしかたを学んだのだという。

　　「データベースがあって，自律的にやる人間からしたら（会社の知識を）全部開放
　　してくれてるから，これまであった資料はどこにでも見に行けるので，どっかの提
　　案書を出せっていうとき，ゼロからやることはないです。ナレッジが，共有がすご

---

1)　就職情報誌に掲載する情報の中に，掲載企業の人事制度の特徴や，働き方に関する情報
　　が多分に含まれており，営業担当者も間接的にそれを学ぶ機会は多かったと言える。
2)　N社では吉田氏が勤務し始めてから数年後，大きなトラブルがあり，事業がかなり縮小
　　されている。そのことによって同社を離れたコンサルタントも少なくなかった。
3)　「ある職務または状況に対し，基準に照らして効果的，あるいは卓越した業績を生む原
　　因として関わっている個人の根源的特性」（Spencer and Spencer, 1993）と定義されるもの
　　である。個人がどの程度コンピテンシーを保有しているか測定することで，人材育成や人事
　　考課に活用することになる。

く充実してます。取りにさえ行けば人間（知識の持ち主）の紹介もしてくれるので。だから踏み出せない人は向いてないですけど，（前向きな人ならば）普通にどっか探していけば何か（参考になるものに）当たるっていう感じですね。」

　N社は学ぶ気さえあれば，色々なことが学べる環境にあったということだろう。また会社としてのネームバリューの高さが，収益力の高さにもつながっていた。

　「当時はERP（enterprise resource planning）のシステム[4]を導入する形でのコンサルティングもやったんですけど，担当グループとして主にHRバージョンを担当していました。プロダクトのテクニカルなことは上流の評価制度とかそういったところで，（ファームの）印象というかネームバリューで仕事できて楽だなあと。（中略）当時は，１時間当たりのチャージが６万とか７万程度でした。こんなんで。私のような入ったばっかりの，名刺の力だけで請求できて毎月何百万かっていう，ちょっと言い方悪いけどボロい商売だなっていう感じでしたね。」

　吉田氏はこのように，N社で様々な経験を積んでいたのであるが，その中の一つの仕事が，吉田氏のキャリアにおけるミドル前期の転機となる。

　「シェアード・サービス[5]っていう管理部門を統合するシステムをつくった後に，総合商社なんですけど，お客さんが，リストラ（人員削減）をするための仕事もやったので。歴史のある立派な商社で，1000人単位のリストラをやるときの，セカンドキャリアの部門もつくることになったんです。当時のアウトプレースメント会社と組んで，（削減の候補者の）カウンセリングをするために会社の金でカウンセリング資格を取って，40歳以上の肩たたきされた人たちを，１日20人ぐらいキャリア・カウンセリングを実施しました。毎日その仕事してたんですけど。セカンドキャリア，皆さん，高学歴で総合商社に一応入ってこられて，そういった方々の仕事をやって，初めて本当の意味で働くとは何だろうとか，自分にとっての幸せは何だろうとか（考えるようになった）。だからカウンセリングしていて，逆に年収，当時でいう1000万ぐらいの方々がクビになって，いわゆるコンフリクトしてるのを見て，自分のことも考えるようになったって感じですね，それでいうと。

4）　企業が持つ経営資源（人，モノ，金，情報等）を統括して管理，配分を行い，全体の活
　　動を最適化していくための統合型のシステム。
5）　グループ企業が個々に持っていた間接部門（例えば人事部）を一つの会社としてまとめ，
　　それをグループ企業全体で利用する仕組みである。

（中略）（対象になった人の）娘の結婚式までの間だけでも，今の会社の名前で出た
いっていう言葉が印象的でした。辞めるまでは，結婚式までは，何々商社の何々と
いう名前で式に出ることが僕の最後の願い，かつ妻からもあなたと結婚したのは商
社マンだったからだっていう（言葉を聞かされた）。」

　この経験をしたことによって，吉田氏は自分の会社を起業するようになる。吉
田氏にとっては，本気で自分のキャリアや人生を考え始めるきっかけになったよ
うだ。

　「（自分で真剣に）考えざるを得ないと。矢面に立った感じはありましたね，そこで
ね。それは会社には感謝で，そういう仕事をさせていただいて。じゃないとあんま
り，（将来のキャリアというのは）他人事だったかもしれないな。」

3．独立して成功を追求する

　そうして吉田氏は自分の会社を始めたわけであるが，その事業領域は吉田氏の
これまでの経験を活かしたもので，人材募集の広告の販売[6]と，人的資源管理の
コンサルティング，そして有料職業紹介であった。また同時に吉田氏は自らの専
門知識を確かなものにするために，国内の社会人大学院に通ってMBAを取得し
ている。

　「（MBA挑戦の）きっかけは，学びたかったのはずっと（前から）なんですけど，
大阪でプロジェクトがあったんですよ。大手メーカーさんの仕事がN社時代にあっ
て，そのまま独立してもその仕事を引き継げたので，1年間ぐらいは大阪常駐に近
かったので，この機会に学べる所ないかなと思って。私が通った大学院はたまたま
母校だったってのもあって，それで受験したっていう感じですね。（中略）かっこ
いいビジネス経営者になりたいとかっていうのはあんまりなくって。あまりにも勉
強してないから，ちょっとまともに勉強しなきゃなっていう危機感のほうが強かっ
たわけです。（学生時代は）ずっと体育会だったもんですから，僕。だから，ほと
んど勉強してなくて。」

　このように，起業を果たした後に理論的なことも学び，会社の業績も順調で

6）　M社時代にやっていた仕事内容と同様のものである。

あったことから，吉田氏のキャリアはうまくいっていたと言える。しかし，その数年後に吉田氏は大きな転機を迎えることになる。

「でもお恥ずかしい話ですけど，多分，危機，転機っていうふうに，気付きが，キャリアのトランジションとか（大学院でも習ったことがあったので）いろいろ言いながら，自分が気付いてないというか。起業し出して，ちょっと前のめりになり過ぎまして。投資，外部資金なんかを集めてベンチャーキャピタルとか入れたことによって，ちょっとアクセルを踏むことを，踏みまくったというか。」
「要するに会社の価値を上げるために，その起業した6，7年目ぐらいまではそちらで仕事し過ぎて，家庭も駄目になりまして。10年目に，破産はしてないんですけど，任意整理ができましたから，ほぼ自己破産手前ぐらいまで行きました。」
「書類上では10年目で終わりです。でももうその3年ぐらい前から資金繰りは結構，厳しくて，個人補償も億円単位で借りたりして。これ，ちょっとまずいってのはわかってるんですけど。」
「ビジネス的には，ちょっと多角化し過ぎたっていうのはありますね。M社の代理店って言って営業部隊，普通の広告を売る営業部隊，それからコンサル部隊，それから人材紹介，有料職業紹介事業っていうのも入れて三つ，主にやっていて，広告だけやっときゃいいものを有料職業紹介をちょっと大きくしようとして，利益率が高いので。そこら辺からひずみが，今，思えばですけどね。いいと思ってやったんですけど，駄目でした。」

　つまり事業の拡大を急ぎすぎ，会社の実力以上のことをしようとしたり，無理な投資をしたことが直接的な破綻の原因となったのである。これまで見てきたように，吉田氏は成長欲求が強く，仕事に積極的に取り組む人である。その貪欲さが失敗につながってしまったとみることができるだろう。しかし吉田氏によると，経営が上手くいかなかった原因は会社の内部のマネジメントにもあったのだという。

「あと，人にも結果として，自分の頭では（社員の働き方の）プロセスをマネジメントしなきゃいけないというんですけど，焦りと，お尻に火が付いてんですね。だから結果を重視しちゃったために，優秀な人材が途中から抜けていったりとか，本当に大事にしなきゃいけない人が辞めちゃったりとか。本当に今思えば惜しい人たちと，表面的には決裂してないですけど，精神的つながりがなくなってますね。」

「目に見えない崩れ方は広告部隊，いわゆる営業部隊が一番利益率は低いんですけど，ものすごい労働時間と，重労働のわりに低利益なんですね。彼女たち，彼たちがすごい（朝から夜遅くまで）頑張ってくれてるのに，横にいるコンサルとか，横にいる紹介業の人は，そういう働き方が普通なので，別に10時から来ようが自由な働き方をしてる。こっち（広告営業）は朝の8時半からガッチリで，真面目に営業やってて。給料，こっち（コンサルタント）はいいと。ちっちゃい会社ですから（お互いの事情が）わかりますよね。」

「この人たち（広告とコンサルタント）は別にヒエラルキーにないんですけど，俺たちのほうがかっこいい仕事をしてるとか，コンサルティングだからね（そういう風に考えて態度に出してしまう）。それでそういうような内部の微妙な軋轢とか，吉田さんは結局こっちがかわいいんだよねとか思われてたみたいですよ。それ，耳にも入ってきたぐらい。そんなことはないんですけど。（中略）そういう小さな崩壊はあって，こっちの中で正直，トラブルもありまして，ちょっと売り上げをごまかされたりとか，そんなようなことも重なってドドドドッと。最後は，ここの人間がある派遣会社に引き抜かれて……。一番頑張ってた5人ぐらいのメンバーが……。」

「そのままボンッと抜かれて，取られちゃったんですよね。でも，この子たちが同意して行ってるわけだから，ある意味，裏切られたんですけど，そういうのもあって。もうこれ，立ち行かないなってなってきたのは，まさに自分が内向きではなくて，お金を集めて先のことを考える仕事をやってるのが社長だと思ってたんですけど。社長，中小企業は毎日，通帳見て，社員一人一人の顔を見てとか，ちっちゃいんだから管理職をちゃんと束ねるという，そこが後半できてなかったですね。ある種，良くいえば任せてたけど，悪くいえば丸投げみたいになっちゃって。」

「（当時の僕は）マネジメントも自信はあったんでしょうけど，それは単なる企業の中の中間管理職はできたものの，オーナー社長としては能力，あるいはいろんな意味で足りなかったんですね，いろいろと。これは謙遜でも何でもなくて。だから結果的に会社経営もうまく行かず，振り返ると家庭もうまく行かず，そこでもう一回やり直さなきゃなあっていうのはあって。その頃は，でも大学院の博士後期課程に通い始めてたんですけど，そういう状態だから研究も結局，地に足がつかずに……。」

　吉田氏の初めての起業はこういう形で失敗に終わってしまった。また吉田氏はMBA取得をきっかけに経営学に強い関心を持つようになり，博士後期課程に進

127

学したのだが，そこでも博士論文を提出するには至っていない。非常に大きな挫折を経験したと言えるだろう。

4．苦境からの脱却

　吉田氏はこの一番厳しい状況から抜け出すのに，約3年を要したのだという。かなりつらい時期が続いたわけであるが，その間に様々な試行錯誤をしたらしい。例えばとりあえず短期的な仕事をいくつもすることによって生活を維持し，負債の返済に充てたという。またそれだけでなく，そこから抜け出すために，安定した収入が得られる仕事にいくつも応募してもみたということであった。そして，そうした努力を続けたことと，吉田氏が長い間特定の専門分野で実務と研究を続けてきたことが功を奏し，ようやく苦境を抜け出す展望が得られたのだという。

　吉田氏が応募した仕事の中に，大学教員の仕事もあったわけであるが，実は吉田氏は実務経験を持っていることと，MBAを取得していることを買われて，それ以前にいくつかの大学で非常勤講師をしたことがあった。それを何とか新しいキャリアにできないかと考えたのである。その努力が実り，後になって吉田氏は，複数の私立大学の専任教員を経て千葉県の女子大学の教授として働くことになる。

　吉田氏は現在キャリア教育中心の大学教員をしているのであるが，自分が専門とする分野において長期的に努力を継続し，小さな実績を蓄積してきたことが，次のキャリアにつながったようである。彼がキャリアの停滞期から脱するためには，試行錯誤して新しいことをするだけでなく，自分の専門分野で実績を積んでおくことが必要だったのである。

　「自分の場合，それはその時点では何が一番，精神的につらいかというと，今話したように（人に）離れられることですね。裏切られたっていうのはこっちの論理であって，辞めた方にしてみれば，そっちが裏切られたってことだと思うんですよ。あの人の会社に入ったのに（納得して働けなかったと）。だから，そういうふうにしてしまったことを，今でもですけど，ものすごく傷にはなっていると。だとしたら，なんか知らないけど，あのおっさん，社会でもうちょっと，また頑張ってるよねっていうのが，風のうわさでもいいから入るようにしないと，頑張るしかないなっていうふうに思うしかなかったですかね。わりとそれは最初から思ってたんですけど。」

　「でも2，3年は結構（上手くいかず），その後大学の専任になるのに1年かかった

ので，その1年間は，変な話ですけども肉体労働もしましたし。日雇いの漁，東北に行って遠洋漁業とかやって。社会保険とかってすごい金額滞納してたんで，破産，任意整理の対象にならないんですね。数億円ぐらいあった借金をすごい圧縮して，月に，大きな金額だったのを自分でも払えるぐらいにしてもらったんですけど。税金と社会保険にはもう容赦なしの差し押さえがくるんで，それ払うしかねえなあと思って，一日，ほとんど働いてましたね，いろんなことして。その1年半ぐらいかなあ，ほとんど世捨て人状態じゃないですけど。学歴とか嘘ついて，履歴書を出してましたから。中卒とかで。」

「高速道路の切符（をチェックする仕事をしていた），わかります？　首都高の夜のをやって，朝起きて違う仕事をして。月に，最低50万円ぐらい払わなきゃいけないので，（中略）一応生活もしなきゃいけないので住宅ローン，家とかは取られてないので，そういうのがちょっと残ってたので。1年半はそんな感じでした。ただ専任教員に，たまたま拾ってくれるところがあって。」

「肉体労働とかやってるときに，履歴書を書いて，書いても普通受からないだろうなと思って出してるんですけど，駄目元でってやりながら妄想してると，何か一個ぐらい「面接来て」とかいってくれるところがあって。別に教授職にこだわらず，正直いうと50過ぎてても，特任何たら何とか[7]でもいいと（ポストはこだわらない），変な話，全然よくって。」

　吉田氏へのインタビューを実施したのは，吉田氏が教員になってしばらく経過しただけの頃であったため，その時点ですべての問題が解決し，新しいキャリアが軌道に乗っていたわけではない。むしろ，ようやく良い方向に動き出した頃だったと言えるだろう。しかし吉田氏は自分の失敗を真摯に反省し，新しい目標に向けて努力を始めている。

　「一応，会社も一度つぶしたんですけど，また似たような会社をもう一回つくりまして。今，アジアの新興国の人材，そこでダブル・ディグリー[8]の仕組みをつくっていて。それで知り合った東京の大学院を出たその国の人と，それから向こうでビジネスをやってる日本人にこの数年で知り合って。向こうの人材を日本に紹介する

7）　特定有期雇用の大学教員であり，特任教授や特任准教授といった呼称が与えられる。雇用期間の定めがあり，それが一般的な教授や准教授等との雇用上の違いとなる。

8）　一定期間に二つの学位を取れるような教育体系である。複数の学部や大学にまたがる仕組みが必要になる。

ビジネスを今始めたところで。儲かるかどうかわかんないですけど。」
「それと全部，ビジネスも大学につなげて，他の大学でもそういったグローバルな
インターンシップ，そういったものの形をつくって，やることをやって（仕事を）
卒業したいなっていう，そういう感じですね。」

　吉田氏はもう一度高い目標を掲げ，挑戦を始めたと言えるだろう。そして吉田
氏がそのような意欲を持てたのには，かつて一緒に働いた人たちの支援もあった
のだという。

「前の会社，一回そうなったのもみんな知ってるので，そのときにお世話になった
Ｍ社のときの上司の人とか，Ｎ社の上司とかあの辺は，次の再起を図るときに，必
ずその人たちが助けてくれてるって感じです。」
「その苦しいときに助けてくれた人たちがいて，その人たちに対する恩返しってい
うか。それがある意味の，自分のやることで返せることをやったりとかですね。」

　苦境から立ち直った吉田氏のキャリアからは，先行研究でいうところのレジリ
エンスの重要性が非常に見て取れるわけであるが，それと同時に，彼が作ってき
た人的ネットワークが苦境からの脱出に役立ったようである。現在の吉田氏は，
各種の教育，不動産投資などの複数の事業を展開し，NPO法人の理事も務め，
教員，研究者，企業経営者としてキャリアを歩んでいる。また新しい家族もでき，
誕生した子供への想いが，働く上でのモチベーションになっているという。
　そして吉田氏はかねてからの専門分野である人的資源管理という領域において，
特に教育というものを中心に据えて将来を構想し始めたようである。吉田氏は将
来を展望して次のように話している。

「でも自己破産したり何かして，それでもう人生終わりって思う方もいるんでしょ
うけど（中略）自己破産しても３回ぐらいやって成功してる人，トランプ（前アメ
リカ大統領）なんかもそうだけど，欧米だったら全然いるじゃないですか。日本は
そうは行かないんでしょうけどね，なかなか。なので失敗したことを学んで，もし
そこそこの，ちっちゃくてもいいから，何かを生み出せるような仕事ができれば，
あの失敗が無駄じゃなかったんだなって言えるようにはしたいなっていう感じです
かねえ。」
「（これからやりたい仕事は）やってきたことの蓄積が，良くいえば専門性が発揮で

きる仕事。またコミュニケーションを使う仕事ですね，それと学生という育成感の
ある仕事ですね，価値観に合っているという。その人たちは卒業しても，全員では
ないですが，何人かは関わることができる仕事で，ネットワーキング的にも自分に
は合っているかなあ，楽しいなあという感じで。」

「昔からそうでしたね。M社のときもそうです，N社でも，部下が成長するのが一
番モチベーションになると。お前，成長したねえって言いたい。言われたいっての
もありました。(中略) M社のときに，先週会ったんですけど，配属された事務の
女性がいて，当時20歳だったから今45なんですけど，監査法人か何かにいて，先
日会って，何人かで会ったときに，一番最初の上司が地獄過ぎて，あれで鍛えられ
ましたとかって。そういうのが楽しいですね。女性で結婚して，そうなってる人た
ちがいる。だから学生もそういう感じで。人生に，おこがましいんですけど，
ちょっと影響を与えたいなと。結局，私にできることは何かという問いに向き合い，
できることを通して少し，キャリア後期になって社会の役に立てることが，自分の
やりがいだなと，働く意味に気づいたのかもしれません。」

第3節　山田氏の事例
――理由のない不安と虚無感

1. コンサルティング・ファームでのハードワーク

　次に，早くから起業して成功するだけでなく，学術的な研究においても活躍し，
学界でも成果をあげながら，40歳を迎えたころに自信を失ってしまった山田氏
（インタビューしたときの年齢は40歳と41歳）の事例についてみていく。山田氏
が起業をしたのは吉田氏よりもさらに若い年齢においてである。それを見ても，
非常に早い段階で成功したことがわかる。

　山田氏の職業は経営コンサルタントである。吉田氏と同様に外資系の大手コン
サルティング・ファームであるO社で勤務した経験があり，そこで鍛えられたた
めに営業力に強い自信を持っている。

　山田氏によると，彼は教育熱心な両親に育てられたこともあり，少年時代から
よく勉強をしたのだそうだ。特に数学が得意であり，それが後の働き方にもつな
がっていく。山田氏はコンサルティングにおいても，学術的な研究においても統
計分析を駆使することが多く，そうした科学的な分析に基づいた提案が彼の持ち

味になっている。コンサルタントの中には，過去に勤務した企業での実体験だけに頼ったり，世間で流行しているメソッドに追従するだけの人もいるのであるが，山田氏はかなり理論志向で，自分で問題解決手法を生み出せるコンサルタントだと言えるだろう。

　山田氏は新卒でO社に入社することから，キャリアをスタートさせている。そこでは常にハードワークが求められたし，コンサルタント同士の競争も激しかったという。その中でも山田氏は高いレベルを目指して働くタイプであった。山田氏自身がいうように，自信家でもあり，同僚や後輩にも厳しく接するタイプであった。

　「（O社には複数の）事業領域がありまして，そこの職種別採用で，僕，入ったんですけど，そこの部署の職種採用じゃなきゃ入りませんとまで言って，O社に入った。（採用された人たちは）システム系の部隊が9割ぐらい[9]だったんですけど，そことはもう，最初の研修から何から何まで違ってて。」

　「若いときは，何でもできるみたいな。どこまでもいける。自分だったら，もう，何十億，何百億とかのビジネスをつくるのだって，全然，夢じゃない。すごい起業して成功した人の，自伝みたいなものをめちゃくちゃ読んでましたね。自分もそこにいけると思ってた。昔，ラジオでそういうのやってまして。ドミノ・ピザの創業社長の何とかさんとか，有名な人とかラジオに呼んで，語り合うみたいな番組の，スピンアウト本みたいなのがあって，それをすごい読んでました。思い上がってましたね，正直。」

　「僕が（O社に）いた時期は本当に，できないやつは辞めればいいじゃんとか。すごい陰口，陰口というか表立った悪口ですね。もう，すごかったですし，資料破ってぶん投げるとか，電話投げるとか当たり前だったんで。僕もなんかそんな感じで。部下とかからすごい嫌われてましたもんね。『山田とだけは働きたくない』って。『あいつのプロジェクトだけはもう無理です』みたいな。みんなに言われてました。『死んじゃうもん』って言われてました。」

　このように山田氏はかなり競争心が強く，かつ上昇志向も強いコンサルタントだったようである。

9）　O社はコンサルティングと情報システムの構築，導入の両方を行う企業であり，それらを併せて顧客企業に提案するのを得意としていた。採用する人員は圧倒的に情報システムを作る技術者が多く，コンサルタントは少数を厳選して採用していた。

2．起業，研究での成功の後の不安

　そして山田氏は大きな成功を求めて，30代前半で起業することになる。O社時代から優良な得意先企業と良い関係を築いていたため，山田氏の事業は順調にスタートして発展していくことになる。それだけでなく，山田氏は大学院に学び，修士と博士の学位を取得している。知識労働者がMBAや修士を取得することはそれほど珍しくないのだが，博士というのは簡単に取得できるものではない。ところが山田氏は日本有数の難関大学において博士を取得し，それをきっかけに学界活動を活発に行っていくことになる。国内の学会だけでなく国際学会においても発表を行い（もちろん英語である），学会誌に査読付き論文が数本掲載されている。査読に合格して学会誌に論文が掲載されるのは，大学の研究者にとっても簡単なことではないのだが，山田氏はそれを2年ほどの間に複数回やり遂げたのであり，実務家として学界活動をしている人の中では，かなり突出した存在になったと言えるだろう。

　数年後，30歳代の終盤を迎えたころには，山田氏の生活は一人で数億円を稼ぎ，午後は学術研究に没頭し，夜は街で遊ぶといったものになっていた。都心の高級マンションに住み，スポーツカーに乗るなど，絵に描いたような成功者だったと言える。

　　「○億までいけたのは，営業が得意だっていうことと，あとは論文みたいな，ああいう作業が得意なので，なんかこう，1人で『おお』みたいな。1人で楽しむ。（統計的な）有意差出たみたいな。その，多分，二つが。営業の得意な人は営業ばっかりやってて，分析系の人は分析ばっかりがコンサルタントで多いので。両方，そこそこだったので，○億まではいけたんですよね。」

　ところが40歳を目前にして，山田氏は突然自信を失ってしまい，それまでの成功を否定的に捉えるようになってしまった。これが山田氏の大きな転機となるのであるが，かなり深刻な停滞状態にあったと言える。

　　「この1年ぐらい全然やる気がなくて，39になって，40が見えてきて，先日，誕生日だったんです。全然，やる気が起こんなかったですよね。」
　　「まあ，前回の論文を投稿した後に燃え尽きまして，やって，どうすんのかなというか，どうせ死んじゃうし，老いていくので。今まで成功の目標みたいな，若くし

て成功するからいいんじゃないかって，僕，勝手に思ってて。それが，おじさんで成功したとこで，別に何があるのかなというか。」

「そうですね。やっぱり，老いとか死とかっていう，老いですかね。老いが初めての経験だったので，今まで，ばあっとこう来て，なんか楽しくテンション高くやってきたんですけど，老いてくな，みたいな。」

　この時期，山田氏の事業が不調であったわけではない。また研究が滞っていたわけでもない。しかしながら，山田氏はこのような自信や意欲の喪失状態に陥ってしまったのである。

　山田氏の自信や意欲の喪失の理由は，他者からは簡単には理解できそうもないことであるが，Levinson（1978）が提示したミドルの発達課題を参照することによって，少し近づくことができるかもしれない。Levinson（1978）によれば，ミドルの発達課題は若年期のそれとは大きく異なるものである。若年期の発達課題は，実績を積み，新しくできることを増やし，自分を大きくしていくような，積極果敢さが求められるものであるのに対し，ミドル期の発達課題はもっと複雑である。できることが増えるだけでなく，できないことを自覚することや，あるいはあきらめざるを得ないことを受け入れなければならない機会も増えていく。また何かを得る代わりに何かを失うことも増えてくるだろう。そうした年代に差し掛かることにより，それまでの有能感に溢れた自己像が壊れてしまい，山田氏は当惑していたのかもしれない。それまでが成功の連続であり，努力すればなんでも手に入ると考えてきただけに，その当惑が大きなショックになったとも考えられる。

　また山田氏は，「若くして成功する」ことに意義を見出していたので，もう若くない自分を受け入れづらくなっているとも考えられる。やや批判的に見るならば，若者らしい自己愛や自尊欲求[10]を満たしにくい状態になったとも考えられる。

　それらについては山田氏自身も自分の気持ちを完全に整理できていたわけではない。とりとめなく考えを巡らせながら，これから自分はどうすべきなのかということを悩んでいる様子であった。山田氏は特にビジネスにおいても，学術的研究においても，トップランナーになっていないことを気にしており，自分の力のなさについて嘆いていた。

10）　ここでの自尊欲求は比較的低次のもので，能力向上や自立によるものというより，他者からの尊敬や羨望，名声を得たいという欲求である。

「本当に，気持ちの中では無敵状態だったので。35ぐらいのとき。仕事もお金もあるし，若いし，幸せだなみたいな感じでしたけど。今は，仕事とかお金は昔よりありますけど，なんか傲慢だったな，昔。そうなると，傲慢なままで老いを迎えられなかったというか，現実をちゃんと，今はようやく見ることができてるなっていう。」

「なんか中途半端だなっていうのがありまして。仕事も何億円とかっていうと，いいのかなって自分でも思うんですけれども。ただ，O社の同期とか，上場したり，海外に進出したり，やっぱり桁も違いますし，一緒にやってる仲間の人数とかも違いますし。そういう中途半端な感じを自分でどう受け入れるか，みたいな。それが，ちょっとまだ定まってないのが一つですね。あとは研究でも，X大学とかY大学の本家本流みたいな方々の研究の質とか，いろんなネットワークとかに比べると，やっぱり傍流というか。自分で選んだ道ではあるんですけれども，そこでも中途半端だなっていう。」

「なんか偽物感が強いですね。その場その場でやってきたけど，何か残ってるかというと，特に。一部のお客さんと収入的なところぐらいですかね。外れちゃったなっていう意識が強いんですよね。道から外れてしまったというか。研究だったら研究で，ちゃんとしたX大学のような所に入ってしっかりやるべきだったのを，長距離選手のようなキャリアで行くべきなのを，途中からレーンに割り込んで，50メートル走を何本もやって，なんか偽物っぽいなというか。」

このように山田氏は，自分が仕事においても研究においても壁にあたっており，一流になり切れていないと認識しているようであった。

また，山田氏はその頃，大学で教員の職に就くことを希望していたのであるが，それがなかなか叶わず，何度も採用試験に不合格になったことも，自信喪失につながっていたようだ。もっとも，山田氏はコンサルタントを辞めて大学教員に転身しようとしていたわけではない。コンサルタントを続けながら大学教員になろうとしていたのであり，非常に野心的な働き方を望んでいたと言える。

ただし，近年は少子化の影響もあってか，大学教員への就職も競争が激しくなってきている。特に，コンサルタントの仕事との両立がしやすい都心部の大学となると，かなりの研究実績を持っている人でも簡単には採用されない。そうした事情もあって山田氏は非常勤の仕事には何度か採用されるのであるが，常勤の教員としては採用されない状態が続いていた。それが山田氏の研究者としての自

信の喪失につながっていたと言える。

　もちろん山田氏の望んでいたことは，そもそも非常に高いレベルのものであり，叶わなくても不思議のないものである。そこでの自信の喪失は，山田氏がことさらに成長欲求や上昇志向が強く，それまで多くの成功を手に入れてきたからこそ感じることであり，他者からはあまり理解されにくい悩みではある。しかしながら，本人にとってはミドルになって初めて感じた挫折であり，乗り越えるのにかなりの労力が必要な，深刻なものであったと言えるだろう。

3．停滞から脱するための試行錯誤

　この頃，山田氏の事業そのものは順調であり，他者から見れば山田氏のキャリアが停滞しているようには見えなかった。しかしながら，40歳を目前に山田氏は初めて挫折感に近い感覚を覚え，心理的な停滞期に入っていたのである。そしてこのような停滞状態から抜け出すために，山田氏は大きく分けて二つの努力をした。その一つが，活動領域を広げて色々なことに挑戦することである。視野を広げることで，何か突破口のようなものを見つけたかったのだと思われる。

　ただし，山田氏は自分でも「迷走していたかもしれない」というぐらいに色々なことに手を付けており，そこには一貫性とか，大きなテーマのようなものはなかったと思われる。彼が当時取り組んだり，興味を持った主要なものを列挙すると，次のようになる。

　①　心理学や社会学の勉強
　②　貧困家庭の子供に勉強を教えるボランティア
　③　大企業に就職して組織人として管理職になること（実際には転職しなかった）
　④　資格取得
　⑤　大学院の博士後期課程に通学

　これらはどれも決して簡単なことではなく，山田氏だから始められたことであろうが，他者から見たら手あたり次第という感じで，手を広げ過ぎているといっても過言ではない。それゆえ当然，その中の何か一つのことが，後のキャリアの指針になるようなこともなかったようである。

　山田氏のこうした停滞期，そしてそれを脱するために彷徨っているような時期は，実に3年以上に及んだ。その中で自分が本当にやりたいことや，長く続けたいことを改めて深く考えたようだ。そのうえで，山田氏が行ったもう一つの努力

が，初心に帰って目の前の顧客の仕事を丁寧にやることであり，自分が長く続け
てきた専門分野の仕事に再度取り組むことであった。その結果，山田氏は徐々に
ではあるが以前のように，ただし自分の年齢や現実を受け入れながら働くように
変化してきている。

「一回，ちょっと時間かかりましたけど，棚卸しをして，自分なりに考えてたって
いうのがきっかけですね。成功してきたかもしれないけど，いまいちだなって。こ
んなはずじゃなかったって思いのほうが，どっちかっていうと強いので。自分って，
なんか，思ったより大したことないんだなって，初めて，傲慢なんですけど，初め
て思って，この1年で。それまでは，何でもできますみたいな感じだったので。自
分が大したことないんだなって初めて思うと，じゃあ何ができるんだろうって考え
ることがようやくできて。目の前の作業しか，僕，やれることないなって思ったら，
そんな大したことない人間が，将来のビジョンとか，会社おっきくしたいとか，
おっきくできなかったことに対して後悔するとか，それ，偉い人たちがやることで
あって，僕なんかがそんなことやるような器の人間じゃないので。僕ぐらいだと，
本当，目の前のことしかできないなっていうのが，ようやく，腑に落ちて，それで
集中することができた。そこが難しいというか，自己肯定が強過ぎると，逆に次の
一歩を歩みにくいというか，どっかでちゃんと自分の限界を認めないと，僕の場合
は次に行けなかったりする。」
「現実的な話としては金銭的にもある程度たまってきて，今，（仕事を）辞めちゃっ
ても死ぬまでだったら，そんなに贅沢しなきゃいいかなって感じなんで，やる気な
かったんですけど，でも，最近，復活して，それはなんかこう，なんですかね。や
る気のない時期って，すごい，単純につまんないというか，将来のこと考え過ぎ
ちゃって，今のことができなくなっちゃうというか。あまりにも経験とか知識とか
が付いてきたばっかりに，将来の事業戦略とか，キャリアをどうしていこうとか，
ちょっと，考え過ぎちゃって，今やるべきことが疎かになってたので，そういうの
やめよう。1年先まで見通せればいいやって。それ以外は本当に，今の，打って
る一文字一文字とか，パワーポイントの1ページとか，それしか考えないようにし
ようって決めて，ようやく，やる気が戻ってきたんです。」
「結構，友達もいて，コンサルタントの同期が多いので，（その人たちが）限界を感
じてるというか，会社，ファームにいる人たちもパートナーとか，パートナーの下
のほうとかの連中なので，上にいく可能性も現実的に，ちょっと，少ないかなって

見えてきてる人たちもいて，一方で体力も，ハードワークに耐えきれない。自分の
　　将来を考えていくと，今，こんなに死ぬほど働いてどうするんだ。もっと他にやる
　　べきことが自分にはあるんじゃないかっていう迷いみたいなのがあるんですよね。
　　僕の場合は，もう，それはやめて，今のお客さんしか気にしないようにしようって
　　いう，いろいろ，めちゃくちゃ考えたわりには，すごいシンプルな感じになりまし
　　た。」

　山田氏は若い頃から，働くのであれば成功しなければならないと強く信じてき
たので，働いた結果として他者よりも評価されるとか，他者より早く成功するこ
とを望む傾向が強かったようである。山田氏はそれを反省したのか，一つ一つの
仕事に真摯に取り組むことによって，仕事そのものの面白さや意義をもっと感じ
られるように，自分を変えようとしたようである。元々山田氏は仕事が好きで，
高度な専門知識を持って働いていた。その仕事そのものに真剣に向き合うことに
よって，長く続いた停滞期から抜け出すことができたと言えるだろう。

第4節　有能であるがゆえの挫折や停滞とどう向き合うか

1．分析視点からの考察

　ここからは，若くして成功した後，キャリアの停滞期を経験した2名の事例に
ついて，三つの分析視点から考察していきたい。

① 　キャリアの転機と，その後の変化はどのような関連性を持つのか。また長く
　　第一線で活躍するための専門性や創造性はどのように身につけられるのか。
　事例の2名が転機を迎える以前のキャリアや働き方には，共通点が数多くあっ
たものと考えられる。二人とも成長欲求や上昇志向が非常に強く，人よりも大き
な成果をあげることにこだわっていた。二人の転機はそれゆえに迎えたものだと
いってよい。
　まず，彼らの若い頃のキャリアを見ると，両名ともに競争の激しい環境に身を
置いていたことがわかる。吉田氏が勤務したM社は大手の人材サービス企業であ
り，自由である反面競争が激しく，有能でない人は働き続けられない企業という
評判が聞かれる。またその次に勤務した外資系コンサルティング・ファームのN

社も，色々なことが学べる企業ではあるが，学ぶ姿勢や意欲が弱い人は簡単に置いていかれてしまう企業だと言えるだろう。それは山田氏が勤務したＯ社も同様であり，そこに勤務するコンサルタント同士の関係も，厳しいライバル関係や，緊張感のある関係であることが見て取れる。吉田氏と山田氏は，強い成長欲求を持っているがためにこうした企業を選び，そこで鍛えられるキャリアを望んだのであろう。

　そのため，吉田氏や山田氏は自分にも厳しく，そして周囲の人にも厳しい姿勢を持って働いてきたと言える。両名ともに部下や同僚にそのように接しており，ときにはそれらの人から嫌われてしまうこともあったようだ。こうした事実も，高い成果を求めて仕事に取り組む人の特徴だと考えられる。

　そのような特徴を持つ吉田氏と山田氏は，自分の理想を求めるために独立・起業を果たしたわけであるが，そこにおいて経済的な成功や事業の拡大も含めて，すべての成功を手に入れようとしていたようにも思える。あるいは，自分は何でもできるという自信を持って働いていたようにも見える。一般的な感覚からは理解しにくいものかもしれないが，厳しい競争のある一流企業で活躍を続け，独立して事業を軌道に乗せた人ならではの強固な自信を持っていたのである。

　またそれだけでなく，吉田氏と山田氏は知的好奇心が非常に強いことも共通している。二人とも学術研究に強い関心を持っており，仕事の傍ら大学院に学んでいる。特に山田氏は学会誌に複数の論文を載せるなど，研究者としても優れた実績を残しており，その実力が学会においても認められていることがわかる。

　このように多くの共通点のある吉田氏と山田氏であるが，その後の転機と変化には，それぞれのプロセスがあったと言える。吉田氏はそうした強い成長欲求を持っていたがゆえに事業の拡大を急ぎ，それが経営の破綻へとつながっていった。そこから立ち直るまでに，吉田氏は漁業や深夜の高速道路での料金収受業務など，肉体的にもハードな仕事に従事している。一方山田氏は事業で失敗したわけではなかった。事業の方は変わらずに堅調であったのだが，それが思ったほど大きな成功につながらなかったことに，山田氏は不満を覚えたのである。また，研究の方も好調であり，学会誌ではその成果が認められていた。ただそれにもかかわらず，大学教員への採用試験ではよい結果が出ないことに不満を感じていたのである。山田氏の場合は，このように何でも自分の思い通りに手に入れることができなくなってきたことによる戸惑いが，ミドル期の転機になったようだ。そして年齢を重ねて，もう「若き成功者」ではなくなったことを実感し，これからは若い

頃のように貪欲に色々なものを手に入れるようなキャリアでなくなることに，強い不安を覚えたと言えるだろう。

　簡単にいうならば，吉田氏の転機は「事業の躓き」によるものであり，山田氏の転機は「（華々しいだけではない）現実」や「老い」を感じたことによるものである。そしてそれらと，若い頃から保有してきた強い成長欲求や上昇志向との葛藤が，転機の主要なテーマであったと言えるだろう。

　そしてその後，吉田氏と山田氏は変化を遂げていくことになるのだが，そこには二つの特徴が見られたと言える。一つは活動範囲を広げて，試行錯誤をしながら新しい何かを見つけようとしたことである。吉田氏の場合は，生活をしていくためにもそれが必要であった。一方山田氏の場合は，手当たり次第に学ぼうとしたような印象がある。いずれにせよ，そうした試行錯誤は吉田氏と山田氏にとって避けて通れない迷いのプロセスだったのだと思われる。

　そしてもう一つは，自分の専門分野に回帰してそこで努力を続けたことであり，それに伴って自分を見つめ直し，自分が本当にやりたいことを探したことである。つまり，そこにおいて深いレベルの自己の再認識や自己変革があったのだと思われる。おそらくそれは，それまでとらわれていた成功を過度に重視する仕事観から，解放されることにもつながったのだろう。そして結果的に両者は，ともに長く取り組んできた専門分野において，再び活躍することになる。そのことの意味は吉田氏と山田氏にとって異なっているのであろうが，それが最終的にキャリアの停滞期を脱する契機になったのである

　吉田氏と山田氏は，こうしてキャリアの停滞期から抜け出したのだが，そこに見られる変化は，第4章でも議論した社会化や純化の事例であるとも考えられるのではないだろうか。社会化とは，自分の体験を自分や家族のみならず，より広く社会に還元したいと考えるようになることを意味している。そして純化とは，自分のアイデンティティの中核となるものを最優先して，他を潔く捨ててしまうようなことを意味している。それらの二つの変化は，精神化とともにミドル期のアイデンティティの再体制としてよく議論されるものであるが，吉田氏にも山田氏の変化にも，それらに該当する特徴が見られる。

　吉田氏も山田氏も，事業の失敗や自信の喪失を経て，何でも手に入れる，何でも成功させるという働き方から，本当に自分がやりたいことを見極め，そのための努力をするという働き方に変わってきている。そしてそれと同時に，自分の年齢や自分が直面している現実を受け入れ，そのうえで仕事に真摯に取り組もうと

している。若い頃は貪欲で何でも手に入れなければ気がすまなかったのが，変化の後は自分の新しい目標をまっすぐに追求するように変わってきている。これらの点が，純化が進んでいることを示しているものと思われる。

　また，特に吉田氏において顕著なのであるが，自分の能力を誰かのため，後進のために役立てようとする変化が見られる。外国人留学生を支援したり，人を育てることに生きがいを見出していることが，それをよく表している。自分が成功したり，他者から称賛を得ることではなく，誰かの役に立つことに喜びを見出し始めたのである。こうした点が，社会化が進んでいることを示していると思われる。

　さて，吉田氏と山田氏がどのように高度な専門性や創造性を身につけたかであるが，彼らはミドル期に入ってからも，そのための努力を続けていることがわかる。

　吉田氏は経営者として忙しく働きながらも，大学院の博士後期課程に進んで，自分の仕事に関わる領域について研究を行っている。それは吉田氏が個人のコンサルタントとしても一流でありたいと考えてのことであろう。そしてその傾向は山田氏においてより顕著に現れる。山田氏も多忙な中において博士後期課程に学び，博士の学位を取得している。さらにその後も学界に関与し続け，学会誌に何本も論文を掲載している。そこで論文が掲載されるためには，複数の研究者からの査読を受け，掲載を承認されなければならない。そしてそれは現役の大学教員にとっても，決して簡単なことではない。それを考慮するならば，山田氏は学位の取得後も，かなり高いレベルでの研究や学習を重ねていたのだと思われる。

　本章で取り上げた2名は，こうした大学院での研究や学会活動に見られるように，忙しい中においても専門性を向上させていくための努力を継続していることがわかる。2名ともに自分の会社の活動や業績に全責任を負う立場であるから，研究や勉強の時間を捻出することは簡単ではないものと思われる。それを実行している吉田氏と山田氏は，かなり強い意志を持って，高いレベルを目指して自分を厳しく律しているのだと考えられる。

　おそらく，吉田氏や山田氏がそのように行動できる背景には，彼らが若い頃から競争が厳しく，同僚と切磋琢磨するような環境で働いていたことがあるのだろう。吉田氏が勤務した人材サービス企業も，山田氏が勤務した外資系のコンサルティング・ファームも，自由である反面厳しい会社でもあり，優秀な同僚と競い合いながら成長することが求められる環境であった。こうした環境は誰にとって

も望ましいというわけではなく，中には途中で挫折するような人も出てくるのであろうが，吉田氏と山田氏は，そうした環境で鍛えられてきたからこそ，多忙な中で学び続けられる姿勢や習慣を体得できたのだと思われる。

② 知識労働者のミドル期以降のキャリア発達に，個人が持つ知識やスキル，人的ネットワーク，自己認識や柔軟性，回復力等の心理的特性がどの程度影響しているか。またキャリアの転機や変化が異なれば，その影響の大きさも異なるのか。

　吉田氏と山田氏のミドル期のキャリア変化には，それぞれが持っていた専門的な知識や心理的特性が影響しているのであるが，そこには共通している内容もあれば，それぞれに特徴的なものもある。

　まず両名に共通しているのは，彼らの専門分野における深い知識であろう。彼らは両名とも大学院に学び，後期課程にまで進学している。特に山田氏は，博士の学位を取得し，学会誌に論文を載せるなど，学術的な成果を蓄積してきている。そのことによって彼らは，実務で学んだことを体系化，理論化し，より普遍的な価値のあるものに昇華させてきたと言えるだろう。そうした専門分野における長期的な努力の継続が，キャリアの停滞を脱することにつながったのだと言える。簡潔にいえば，彼らは専門性を磨くことによって，キャリアの可能性を広げたのである。

　次にそれぞれに特徴的な点について見ていきたい。まず吉田氏については，心理的特性としての回復力（レジリエンス）と，人的ネットワークがキャリアの変化に大きく影響したと言えるだろう。吉田氏は事業に失敗した際に，肉体的に過酷な仕事に従事して生活を支え，負債を返済しようとしている。またそれらの仕事に就く際には，履歴を偽ってまで仕事に応募し，何とか収入を得ようとしている。そのこと自体は望ましいことではないかもしれないが，こうした精神的な強さは，誰にでも持てるものではない。吉田氏の場合は事業が失敗した際に家庭も失っているので，そのまま自暴自棄になってもおかしくないのだが，それに負けない強さというのは特筆すべきものだろう。吉田氏は自分がなぜそうした強さを持てたかについて，はっきりとした考えを持つには至っていないようであるが，おそらくは，彼の若い頃からのキャリアと働き方に，精神的な強さの原因があるものと思われる。吉田氏はM社やN社において，激しい競争をしながら鍛えられて働いてきた。そして自主的に大学院に学び，専門知識の深化に努めてきた。そ

うしたハードに働く習慣や，学び続ける習慣を若い頃に身につけることが，レジリエンスを強くするのに役立ったのだと思われる。このことは山田氏についても当てはまると考えられるのであるが，業界でもトップクラスの同僚たちの間で揉まれ，常に高い要求に応えようとしてきたことが，逆境に負けない心理的特性を形成したのではないだろうか。

　そしてもう一つ，人的ネットワークもキャリアの変化を促している。吉田氏が立ち直ろうと努力している最中に，かつての勤務先の同僚や関係者が支援してくれたのがそれにあたる。先行研究では，人的ネットワークは様々な知識やスキルを学ぶための場であると同時に，新しい仕事の機会を得る場としても議論されていた。吉田氏にとってはまさに苦境の中で新しい機会を得る場となったのであり，新しい目標を作る場になったと言えるだろう。

　一方山田氏については，彼がキャリアの転機において自己認識をより一層深いレベルで行ったことが大きいものと思われる。山田氏は様々な能力を持っており，たくさんの強みがある人だと言える。それらがキャリアの変化に役立ったことは容易に想像できるが，何よりも自分が本当にやりたいことを再考し，原点に回帰して仕事に取り組んだことが，キャリアの停滞から抜け出すきっかけになったものと思われる。かつてよりも深いレベルで自分の意志を認識することができれば，仕事における努力の方向性が明確になり，意欲的に働けるようになるものと思われる。それが山田氏の変化の最も大きな点ではないだろうか。

③　個人の自己認識や自己変革がキャリアの客観的側面の変化を促進するのか。
　　　あるいは客観的側面を変えようと試行錯誤することが自己変革を促すのか。

　本章で取り上げた2名も，第2章で取り上げた3名と同じように独立・起業を経験した人である。しかもかなり若い時期に独立・起業を果たした人である。吉田氏と山田氏はキャリアの最初の頃から精力的に働き，かなり早い時期から自分のやりたいことや働く目的意識のようなものを認識していたようである。つまり両名ともに，基本的にはしっかりとした自己認識があって，それが客観的な変化につながっていたと思われる。

　しかしながら，その後にミドル期の転機を迎えて，そこでさらに自己変革が行われ，その際にいくつかの試行錯誤が行われたのも事実である。ここでいう自己変革は，貪欲に何でも手に入れようとする若い頃の単純な上昇志向を捨て，本当に自分らしい成功や成長を求める成熟した人間としての成長欲求，あるいは上昇

志向を持つようになる変化ということができるだろう。吉田氏と山田氏は，そういう自己変革を遂げたからこそ，新しいキャリアを歩み始めることができたのだと思われる。そして彼らの事例を見ると，その自己変革を遂げる際に，キャリアの客観的な変化を伴う試行錯誤が行われる場合があることがわかる。ここでの試行錯誤は，苦境を抜け出すためにもがくことや，新しい機会を探し求めることに近いのであるが，そこで試したことが新しい仕事や機会につながるわけではない。むしろそうした回り道を経て，自分が積み重ねてきたことや中核的な能力を再確認することにつながるようである。もちろんこうした試行錯誤は一時的なものだろうが，大きな失敗や何らかの挫折で自信を失い，キャリアの方向性が見えなくなった際には，こうした試行錯誤（一時的なキャリアの客観的側面の変化）が，自己変革を助ける（主観的な変化を促す）可能性もあるようである。

２．突出した人材のマネジメント

　本章では早くに成功した人のキャリアの転機と変化を見てきたわけであるが，言うまでもなくこれらの人は特に能力が高く，野心的な人である。事例にあげた吉田氏と山田氏は早くに独立した人であるが，こうした突出した人が企業内にいて，プロジェクト・チームのリーダーや社内ベンチャーの中心メンバーとして働いている場合もあるだろう。そうした優秀な人のマネジメントはあまり手がかからないと思われがちなのであるが，決してそうとはいえない側面もある。突出して優秀な人の上司には，実はかなり難しいマネジメントが求められると思われるのである。吉田氏のように積極果敢になりすぎること，山田氏のように他のメンバーに厳しくなりすぎることなどにも注意が必要であろう。

　また，彼（彼女）らのキャリアを考えた場合，そうした突出した人が何らかの事情で失敗したり，自信を失ってしまった場合は，それまでの成功体験が多い分，停滞期から脱するのに時間と労力を要することになる。吉田氏や山田氏もそうだったわけであるが，本書に関わる調査の過程で，別の事例も見ることができた。

　図表５−１の参考事例にあげた佐々木氏がそれにあたる。佐々木氏は人材育成やキャリア開発を中心に手掛けるコンサルティング・ファームで役員をしている女性なのであるが，役員になってしばらくした後，強い不安に襲われたのだという。彼女は大手の人材サービスの企業において活躍していたのであるが，20歳代で事業再編のプロジェクトに携わった。そしてその後，その事業をよく知る先輩社員たちとともに，その事業を発展させたような形で新会社を立ち上げることに

なり，彼女も創業メンバーに加わったのである。

　新会社がスタートしたときに，佐々木氏はまだ30歳代に入ったばかりの若さだったのだが，会社を立ち上げたメンバーだったので，すぐに経営層に加わることになった。それ以来，役員として同社の事業を牽引してきたのである。

　現在，その会社の事業は順調であり，大手企業のクライアントも多く，市場で高い評価を得ている。彼女の役員としての仕事も順調に見えるのであるが，いつしか強い不安を覚えるようになったのだという。

　本人が言うところによると，十数年，経営陣として頑張ってきたわけであるが，ふと気が付いたときに自分は普通のマネジャーなり，中間管理職なりの経験をしたうえで，段階を踏んで成長してきたわけではないと思うようになっていた。若いときにいきなり会社を作ってしまって，いきなり役員になった。自分には何も経験の蓄積がないし，何も確かなものを残していないように思える。それなのに，この先の自分のキャリアは大丈夫なのかと思い始めてしまったということであった。

　強く望んだわけでなく，早くに高い地位に就いたことによって，将来への不安が生じたということであろう。思い通りの成功を得られないことに不安を感じた山田氏の場合とは異なるのであるが，早くに成功してしまったがゆえに，仕事が順調でも不安を感じることになってしまったようである。そして佐々木氏もまた，その不安から抜け出すためにある程度の時間を要し，新しい活動をしてみることになったのだという。

　結局佐々木氏の場合は，若い女性の起業家の集まりに参加するようになり，自分にとっては後進にあたる若い女性の悩みを聞いたり，彼女たちにアドバイスをしたりすることを通じて，徐々に不安が和らいでいったそうである。同じような立場にある女性と話すことによって，あらためて自分の足跡を辿ることができ，自分のやってきたことの意味や価値を認識することができたらしい。その結果，再度仕事に取り組む意欲と自信が高まり，キャリアの停滞期を脱したようである。

　このように，突出して優秀な人や意欲の高い人にもキャリアの停滞期がある。そしてむしろ過去の成功体験が多い分，それが深刻になったり，長期化する場合がある。それにどう対処するかも，彼（彼女）らのマネジメントにおいて重要なことになるだろう。特に優秀な人は自尊心が強いために，上司や年長者の一方的なアドバイスを受け入れにくい側面がある。彼（彼女）らは大事なことは自分で考え，自分で決めたいという欲求を持っている。それを尊重しつつ，支援するよ

うなマネジメントが求められるだろう。

　本章の事例に即してそのための施策をあげるならば，まず様々な新しい活動や試行錯誤をする機会を与え，それを促進することが必要であろう。それは社外での活動を含め，活動領域を広げる自由を与えることを意味している。そうした活動や試行を通じて，彼（彼女）らが新しい世界に出会ったり，また新しい人たちとの交流によって何かを得ることがあるようである。そして普段とは違うことに取り組んだ結果として，本当に自分にとって大事なことや，本来の自分の持ち味などを再認識することが期待できる。

　次に，停滞期に入った人たちに深い内省の機会を与えることが必要だろう。色々なことを試すだけでなく，その意味を考えたり，それをもとに将来を展望することがなければ，停滞期を脱することはできない。吉田氏も山田氏も，内省を通じてかつてよりも深く自己を認識したからこそ，長く従事してきた専門分野に回帰するような形で，キャリアの停滞期を脱することができたと考えられる。そうした内省を促し，直接的あるいは間接的に支援することも，彼（彼女）らの上司の大事な役割になるものと思われる。

第6章

「学び直し」で可能性を広げる

第1節　学び直すことで限界を超える

　本章ではミドル期以降に「学び直し」を行い，その後のキャリアの方向性を変えたり，発展可能性を広げた人の事例を見ていく。ここでいう学び直しとはミドル期以降において，仕事に関する知識やスキルを根本的に見直して基礎からもう一度学ぶこと，あるいは成長するためにそれまでよりも高度な知識やスキルを学ぶこと，あるいは仕事の質や成果を上げるために新しい考え方や行動を体得していくことを意味している。学び直しというと，一般的には生涯学習などの文脈において，専門学校等に通ったり，公的資格を取得することなどが想起されがちであるが，必ずしもそれに限定されるものではない。それまでよりも高度な仕事をするために必要な知識やスキル，新しい挑戦につながる行動を身につけるための努力であれば，それらは学び直しと呼ぶことができるだろう。反対に学校と名のつく場所で何かを学んだとしても，それが新しい発見を伴っておらず，それまでの思考や行動を変えるものでなければ，それは学び直しとは呼べないであろう。

　したがって学び直しは多くの場合，かつて自分の長所だと思っていた知識やスキル，あるいは持ち味だと思っていた行動を否定し，それらを大きく刷新することにつながることになる。つまりそれは，組織論でいうところのアンラーニング（unlearning）や，ダブル・ループ・ラーニング（double loop learning）にも似た学習[1]ということになり，簡単にできるものではないことがわかる。自分を変えようとする強い意志を持つ人，あるいは，ともすれば現状を維持したくなる慣性に負けない人だけが成し遂げられることということになる。本章では2名（参

---

1 ）　Argyris and Shön（1978）によれば，組織の学習には既存の思考の枠組みの延長線上で行われる学習（シングル・ループ・ラーニング）と，既存の思考の枠組みを変えて行われる学習（ダブル・ループ・ラーニング）がある。後者の方が難易度の高い学習である。

図表6−1　学び直すキャリアの概略

事例	キャリアの特徴
斉藤氏	●人材アセスメントの会社に勤務する。小さな組織において何でも自分でやるという働き方を身につける。 ●仲間と会社を立ち上げ，いくつもの仕事を同時進行でこなすような多忙な日々を過ごす。その中でこのままでは自分は枯渇してしまうのではないかという焦りを感じる。 ●本物の経営コンサルタントになるために会社を離れる。ある大企業の内部に入って働き，そこで大企業らしいビジネスや働き方について学ぶ。 ●MBAに挑戦し，理論的な知識を学ぶ。 ●リーダーシップ，キャリア開発，女性活用などを主な活動領域とする会社を経営する。
松本氏	●大手通信会社でIT技術者として働き，大規模で組織的なシステム開発を7年にわたって学ぶ。 ●もっと顧客との直接的なコミュニケーションが多い仕事や自由な働き方を求めて生命保険会社に転職し，ファイナンシャル・プランナーとなる。 ●事業承継を支援することを大きなテーマとして，5年かけて個人向けのビジネスから法人向けのビジネスに転換する。 ●勤務先でトップクラスのファイナンシャル・プランナーとして活躍しており，卓越した金融プロフェッショナルの世界的組織にも名を連ねている。
井上氏（参考）	●保険会社の子会社であるシステム開発会社に勤務し，不動産業界向け等，主に外部企業向けのシステム開発の仕事に従事する。 ●当時存在していた大半の情報処理技術者関連の資格を取得する。 ●短いスパンで異動しながら幅広い仕事を経験する。 ●情報処理技術者は業務独占ではないことに気付き，技術士に挑戦する。40歳代前半に一次試験に合格するも，二次試験に合格したのは定年間際になった。 ●定年退職後に自分の事務所を開く。

出所）筆者作成

考事例も含めても3名）の事例を見ることによって（**図表6−1**参照），彼らがなぜ変わろうとしたのか，また彼らがなぜ変わることができたのかについて考察していきたい。

　斉藤氏は，新卒直後から人材アセスメント[2]の会社で働き，若くして独立まで果たした人なのであるが，クライアントである経営者と向き合ううえでの自らの知識の狭さや，専門性の弱さなどに気付き，ミドル期においてそれを克服しようとした人である。彼は出向という形で大手企業で働く機会を作ったり，あるいはMBAで学ぶことにより，自らの知識や行動を変えていった。一方，松本氏は生

2）　適性検査やシミュレーション，面談などによって，社員の昇進・昇格等の適性を評価する手法である。

命保険の提案と販売を中心としたファイナンシャル・プランナーとして長く活躍していたものの，個人向けのビジネスに限界を感じ，ミドル期から法人向けのビジネスに転換していった人である。松本氏は新しいビジネスを広げていくための切り口として，中小企業などの事業承継を掲げたのであるが，そのために，会計や法律をはじめとする専門的な知識の学習に取り組んでいる。

　事例を見るうえでのポイントを二つあげておきたい。一つは先に述べた，なぜ彼らは変わろうとしたか，またなぜ彼らは変われたのかを，キャリアのプロセスとして把握していくことであろう。キャリアの途上での学び直しは，近年よく議論されるようになってきたが，年齢を重ねた後に新しい知識を学んだり，自分を変えることに抵抗がある人は多いようである。事例の3名がいかにしてそれを克服し，新しい学びに取り組んだのかを，キャリアの転機やそれ以前の働き方にも注意しながら，詳しく見ていく必要がある。

　そしてもう一つは学び直しがどのように彼らのキャリアの可能性を広げたかについてである。新しいことを学んだ結果，彼らのキャリアはどう変わったのか，また彼らは具体的にどのような成果を得ることができたのか，それを検討する必要がある。そのことによって，ミドル期以降の学び直しの現実的な意義が理解できるものと思われる。

第2節　斉藤氏の事例
――「職人」からコンサルタントに変化する

1．アセスメントに熟練する

　まず長年にわたって人材アセスメントの仕事で活躍した後に，自らの働き方を変えるために別の会社で働き，そこで学んだことを活かしてコンサルタントとして独立した斉藤氏の事例（インタビュー当時54歳）から見ていきたい。

　斉藤氏は大学卒業後，すぐに小さなコンサルティング・ファームに入社している。そこでの仕事はほぼすべてが顧客企業での研修のインストラクターであり，その内容は管理職の適性を評価するためのアセスメントであった。

　「最初に入った会社は，いってみれば研修屋さんだったんですね。私自身もお客様に話をするときにやや自嘲気味に，研修屋ですという言い方をしていたので，経営

コンサルタントではないっていうのは強烈に意識してました。そこに対しての限界もやっぱり感じていました。」

　斉藤氏としては，もう少し幅広くコンサルティングをやってみたいという気持ちはあったのだが，当時はそうすることは難しく，斉藤氏は専ら現場での仕事経験を積み重ねてアセスメントのスキルを磨いていたという。

「当時はやっぱり人に特化してやってきたので，正直，マーケティングとか戦略とか経営財務はまったくわからないっていうコンプレックスはありました。だから経営コンサルタントとは自称できないなと思ってました。」
「実際は（他のコンサルティングを）やれるだけの知識もスキルもまったくなかったです。本当に狭い領域のアセスメント，かつその世界は職人かたぎの世界なので，いってみればアカデミックな知識も理論もまったくいらないんです，正直。」
「（当時の自分の持ち味は）やっぱり，アセスメントのスキルですね。将来リーダーシップを発揮する，あるいはマネジメントの適性のある人を評価して見つけるって，そんなことです。」

　当時の仕事自体は多忙であり，斉藤氏は多くの顧客企業を受け持つとともに，小さな会社に特有なことであるが，何でも自分でこなしながら働いていたようである。そしてアセスメントに関するスキルを蓄積した後，斉藤氏は数人の仲間と一緒に独立して新会社を設立している。当時のアセスメントに従事する人たちの間では，いかに早く独立できるかがその人の実力を測る基準となっており，斉藤氏の独立も，それを意識したものだったと言える。斉藤氏が30歳のときであったのだが，これが斉藤氏にとってミドル期に入る前の，最初のキャリアの転機だったと言えるだろう。

２．閉塞感を破るために外に出る

　そしてそれ以降，その仲間たちと10年間一緒に働くことになる。仕事自体は順調であり，多忙を極める生活だったのであるが，そのうちに斉藤氏は閉塞感を感じるようになったのだという。その理由としては，一緒に会社を作った社長との考え方の違いもあったのであるが，何よりも大きかったのは，そこで働き続けたとしても自分は成長せず，そのうちに枯渇してしまうだろうと思えたことであった。

「……一緒に独立したんですね。その仲間たちと10年やったんですけれど，はっきりいって会社としての限界を感じてました。このままいても私自身も成長しないし，会社も大きくなれないかなあって。」

「一つは一緒に出た社長と意見が合わなくなったっていうことと，もう一つはほとんど私が全部，営業も企画もやっておりまして，ほとんどこなし仕事っていうか……。（たくさんの仕事を）さばかなきゃいけなくて。やっぱり面白くないなあと。お客様も固定化してきましたし，プログラムも固定化してきましたので，これはさすがにちょっとこのままじゃ無理かなと思いました。」

「あのまま立ち上げた会社にいたら3年ぐらいで完全に私，アウトになってましたね。」

　このように，斉藤氏は将来への危機感を持つようになり，その会社から離れて独立して働くようになる。それが40歳の頃であった。ただその直前に，コンサルティング・ファームではない会社に就職してみようと考え，入社試験を受けてみたこともあった。しかし残念ながら，それは上手くいかなかったという。

「いわゆる中途採用です。そのときも実際に人事の人間として何ができるかっていうと，別に採用もそんなにできないし，私は給与計算もできないし。できるのは研修の企画ぐらいで，やっぱりそれでは必要な人材ではなかったですね。今，私が逆の立場でも多分，採らなかったです，その当時の自分は。」

　このように，斉藤氏は自分の知識やスキルが限定された領域にしかないことを強く認識し，それを克服することを目指すようになる。このときの独立は，斉藤氏にとって大きなミドルの転機になるのだが，ここから斉藤氏は自分を変えるために色々なことに挑戦していく。そしてそれが長期にわたる連続した転機のような期間になり，斉藤氏の知識やスキルを広げていくことになる。

　まず独立してそれほど時間がたたないうちに，斉藤氏はある研修会社に契約社員のような形で参加することになる。

「（独立後）すぐに別の研修会社さんから声が掛かって，ある大きな研修会社に出向をさせてくれるっていう条件付きでそこに入りました。その出向先は実際には大きな通信の企業の研修子会社で，それで東京から大阪に行ったんです。本当にゼロクリアで変えてみよう（一から出直そう）と，自分の生活も含めて。ということで単

身で大阪に行きました。」

　斉藤氏にとって，大きな組織の中で働ける，また大手企業の研修に携われるというのは，その当時，これ以上ないくらい魅力的なものであった。斉藤氏は社会に出て以来，ずっとアセスメント中心の仕事に従事してきており，いわゆる事業会社における働き方や，そこでのビジネスに関する知識，あるいは皮膚感覚と呼ばれるようなものも持っていなかった。また大きな組織の中で人がどんなふうに動くのか，そこにどんな葛藤や相互作用があるのかについても，身を持って知っているわけではなかった。大手研修会社への出向は，そうしたことが学べる絶好の機会だったのである。

　「（組織に関する勉強は）部分部分の知識をつまみ食いしているような状況なので，体系化してませんでした。なのでどっかのタイミングで1回，体系化したいなという思いはありました。」
　「それともっとはっきりいうと，偽物だと思ってました，自分のこと。」
　「経営知識がまったくないわけだし。何ていうか言葉が躍っているなあって，自分で（顧客に）しゃべりながら思ってました。やっぱり背景にしっかりとした理論だとか知識体系だとかが欲しいなあと思ってました。」
　「どっか自信を持ってないと人前でしゃべったりなんていうのはできないんですけれども，どっかでもう一人，やっぱり客観的な自分がいて，本当にこんなこと言う資格があるんだろうかとかっていうのは常に思ってましたね。本当に経営したことあんのかっていう。」

　斉藤氏はこのように話して，そのときの大手研修会社への参加が，いかに自分にとって価値のあるものであったかを言い表している。斉藤氏を誘った人からすると，大手の会社に出向できることを誘因にして，アセスメントのベテランである斉藤氏を自分の仲間に引き入れた形なのだろうが，見方を変えれば，斉藤氏の人的ネットワークがキャリアの重要な時期に学びの機会を提供してくれたとも言えるだろう。
　こうして斉藤氏は新しい職場で，大きな組織の生の姿を見ながら，意欲的に働くことになったのだが，それが斉藤氏の働き方を大きく変えていくことになる。

　「（働き方が）変わっちゃうんです。（その研修会社の親会社は大手通信企業なので）

152

私が予想もしなかったテクニカル系の仕事なんかも……。」
「マイクロソフトの資格取得だとかITSS (IT Skill Standard)[3]だとかああいう仕事も携わることになったので。」
「まあ，実際に私はコンサルとして稼働するんじゃなくて，営業同行っていう形で営業マンと一緒に付いてってそういうのを説明したり。そうするとなんか世界が急にものすごく開けました。こんな世界があるんだ，驚きました。受注金額もゼロ1個増えました。」
「お客さんの規模も大きいし。1コース入ると，対象者が多いのでそれこそ数千万以上ぐらいの案件が取れるんですよ。そうすると面白くってしょうがないわけです。ただし，こちらは専門家としてそちらに行っているので知らないとは言えないんです。そういうのも知ってるもんだろうっていうことだったので。できますと何でも答えて，すぐ本屋に行って調べるっていう，そんな生活をしてだいぶ知識の幅が広がりました。」

それに加えて，何百人，何千人が働く企業において，多数の階層や部門がある中で，どんな部門間調整が行われ，どのように意思決定がなされているかを目の前で見ることができたことも，斉藤氏にとっては貴重なことであった。

「それはびっくりしましたね。あんなに上司に稟議を通すのに気を使うものだとか，上司の機嫌を窺って声掛けるんだとか，まったく思いもよりませんでした。」

斉藤氏はこうした経験を「（視野が）広がった。面白かったです」と述懐しているのだが，それは斉藤氏が抱えていたコンサルタントとしての自信のなさを，少しずつ低減することにつながっていったようである。
そしてそこから斉藤氏は，さらに新しいことに挑戦していくことになる。

「そのときに大きなそういう研修会社なので，やっぱりこれまでのような働き方と違ってちゃんと夜間，毎週確実に時間が取れる。これまでは定時なんか関係なしにずうっと働いてたわけですよ。」
「（大手なので）やっぱり，残業はそんなにできないとかっていう状況だったので，大学院に。ちょうどいいタイミングで，一生の中で，こんな毎週決まって夜間学べ

3）　経済産業省が定めたITスキル標準であり，ITやそれに関連する能力を職種や専門分野ごとに7段階で整理，体系化し，IT人材の育成や適切な処遇に役立てようとするものである。

るなんて機会はないと思って大学院にも行きました。」

　斉藤氏はこの大手研修会社に勤務している期間に大学院に通い，リーダーシップをテーマにした修士論文を書いて，MBAを取得したのである。

　「はい，面白かったですね。また私は単身赴任で行ったので，生活も変わりました。単身で大阪に行って大学院行きましたので，食事をしているか寝てる時間以外は仕事か勉強してました。それも良かったと思います。」

　こうして斉藤氏は，大きな組織で働くという貴重な経験をするだけでなく，大学院で経営の理論を勉強するという時間を過ごしている。本物の経営コンサルタントになりたいと考えていた斉藤氏にとっては，実務と理論の両面において深く学べたこの時期が，大きなキャリアの変化の時期だったと言えるだろう。

3．自らの事業を確立する

　現在の斉藤氏は自分の会社を立ち上げて，そこで経営コンサルタントとして活躍している。

　「私が最初に入った会社でお客さんだった企業，これは日本の有名なメーカーさんの子会社の研修会社があって，私が（東京に）戻ってきてからその経営者の方から連絡があったんです。それでいろいろ話をしていると，事業を継ぐ人がいないんで買ってくれないかと。元々はそのメーカーの子会社っていう資本が入ってたんですけども，私がもうその話をもらったときには完全に独立系になってました。そこを買い取って，はい。その会社も今，経営をしてるっていうことです。」

　以前から斉藤氏が得意としていたアセスメントの仕事は今も続けているのだが，それ以外にも事業領域を広げている。

　「まず管理者向けにはダイバーシティ・マネジメント。これは，これまでははっきり言うと，マネジメント適材適所の適材はわれわれ管理者と同じ属性，つまり日本人男性，体育会系っていう（パターンがあった）。今後，生産年齢人口が半減する中で，そうはいかないわけですよ。」
　「そうするとまず，一つ目のチャンスがやっぱり女性活躍。2番目がシニア層，60歳超社員。3番目が外国人。こんなふうに組織の中の多様性を高めていくっていう

マネジメントのスキルのトレーニングが今，一番多いです。具体的には，無意識の
バイアスを排除するとか。」

「結構，われわれおじさん管理者はやさしい（女性にハードな仕事を任せるのを怖
がる）ので，初期キャリアで部下にしんどい仕事は男にやらせて，簡単な仕事は女
性にやらせるっていう，これが入社時は女性のほうが優秀であっても逆転する理由
だというところで，その辺。無意識のバイアスがどんなところで掛かるのかとかそ
ういうトレーニングをして，無意識だから掛かるので，意識化するトレーニングと
か，そんなところをやるのが一つです。」

「もう一つは，一方，女性活躍っていうところでいうと，女性の管理職比率っての
が，やっぱり特徴的なKPI (key performance indicator)[4]なので，そこを上げた
いっていう企業が多いです。しかも女性活躍推進法が2015年にできて，数値目標
を出さなければいけないと。なので，何が何でも管理職を育成するためのトレーニ
ングとアセスメント，これも多いです。」

　このように斉藤氏は，将来に向けて日本企業の人的資源管理を改革するような
コンサルティングにも従事しているのである。

　斉藤氏の会社は，多くのコンサルタントを直接雇用しているわけではない。男
性の講師が5〜6名，女性の講師が約30名，斉藤氏の会社と提携するような形で
働いている。斉藤氏は自分の年齢から考えて，この会社をいずれ他の人に継いで
もらい，自分は活動分野を絞り込んで，そこで自分の理想に近いコンサルティン
グをしたいと考えている。

「私もM&Aをして（今の会社を）買ったわけですけれども，前の社長もやっぱり
しっかりと事業を継続しようということで誰かに渡したいと探して私が受けたわけ
です。やっぱり同じようにそれは引き継がないといけないなと思ってます，誰か
に。」

「（そのうえで）私はもう一個のリーダーシップのコンサルティング，こちらを引き
続きやって好きな仕事だけ（やりたいと思う）。もう悠々自適を目指してます。」

「一つはリーダーシップについてのこだわりはあります。なぜかっていうと，MBA
の修士論文のテーマがやっぱりリーダーシップだったので，ここは極めていきた
いっていうのがあるからです。あとは今，ともかく忙しいんです。人生の中で一番

4）　最終的な目標を達成するために重要となる業績評価の指標。

忙しいです。なのでもう少しじっくりといい仕事をしたいっていうか。」

「はい。今もお客さまの評判はいいんですけれど，忙しすぎてやっつけになるのが怖いんです。それはあんまり誠実な対応じゃないなっていう思いもあるので，ちょっとじっくり腰を据えてやりたい。」

斉藤氏はこのように今後について話しているのだが，この斉藤氏のいう「腰を据えてやりたい」というのは，実は多忙なコンサルタントが共通して持っている切実な希望なのである。有能なコンサルタントや人気コンサルタントであるほど，多数の仕事やプロジェクトを抱え，それを同時に遂行しなければならなくなる。彼（彼女）らが冗談のように言う「皿回し」のような状態になり，皿を落とさないようにするのに精一杯になってしまう。そうなると一つ一つの仕事が丁寧なものではなくなり，またそこからの学びも希薄なものになってしまう。少数の仕事に集中して取り組み，できる限りのことをするというのは，コンサルタントが一度はやってみたいことだと言えるのである。斉藤氏はそのように働き，できれば，顧客のもとに残るような仕事をやり遂げたいと願っている。

「やっぱりモノが残るっていうことへの，なんか憧れっていうか。産業の基本は私，モノを作ることだとやっぱり思ってるんです。一度もメーカーに勤めたことがないんで，そのコンプレックスもあるかもしれません。なので，時々はじっくりと報告書を作る仕事なんかもあるんですけれども，その仕事はやっぱり面白いんですよ。残るので。」

斉藤氏はキャリアの最初からアセスメントや研修の仕事に従事してきた。それらは重要なサービスではあるのだが，その場その場で消費されてしまい，後に残らないようなことも多いのである。斉藤氏の仕事は，講師のような役割で顧客の前で話すことが多いのであるが，それは何かを作って企画提案するクリエイターの仕事というより，プレイヤーやアクターという立場に近い仕事である。その場で高い満足感を生み出すことは可能かもしれないが，それが制度を作ったり，戦略を作ったり，報告書を作ったりという仕事とは少し違ったものになるのである。

「違うところですよ。（今の仕事は）結構，その場その場で気の利いたことも言わなきゃいけないしという部分はあるんですけれど，やっぱり残んないんですよね。だから（却って）いろいろ言いたいことも言えるんですよ。」

「でもやっぱり，後に残る仕事っていうのには，やっぱりなんかこだわりはありますよね。」

斉藤氏はキャリアのシニア期を目前に控えて，最後にやり遂げたい仕事に取り掛かろうとしているのかもしれない。

第3節　松本氏の事例
——個人向けから法人向けのビジネスに転向する

1．組織的なシステム開発を学ぶ

次に取り上げる松本氏（インタビュー当時53歳）はファイナンシャル・プランナー[5)]なのであるが，ミドル期において大きく働き方を変え，それに伴って新しく必要な知識を学び直した人である。

もう少し詳しく言うなら，個人を対象としたビジネスから法人を対象としたビジネスに転換し，そのために必要なことをミドル期以降も精力的に学び続けている人である。松本氏は現在，大手生命保険会社であるP社に勤務しているのであるが，そこでのファイナンシャル・プランナーの最上位にあたる職位に就いている。P社は報酬が完全に個人の業績にリンクした形で支払われる企業であり，自由な働き方を求める優秀な人材が集まる企業なのであるが，松本氏が就いている職位は，P社で10年以上トップクラスの成績を収めないと就けないものである。また松本氏はMDRT（million dollars round table）[6)]のメンバーでもあり，そのことからも非常に有能で高業績を続けている人であることがわかる。

松本氏のキャリアは，大学卒業後に大手通信企業にSEとして入社したことから始まっている。松本氏はそこで7年間，みっちり鍛えられたのだという。

「そこでやっていた仕事は，システム設計ですね。産業系の所謂物流，流通のシステム。コンピュータ化する前のお客さんにニーズを聞いて形にする（設計の仕様

---

5)　松本氏の勤務先であるP社ではファイナンシャル・プランナーではなく，別の呼称を設けている。
6)　卓越した生命保険，金融プロフェッショナルで構成された世界的な組織。毎年トップクラスの成績を収めた者がメンバーであり，相互研鑽と社会貢献が目的とされている。

書を作る）仕事をしてました。」

「7年やって，途中2年は，外部に出向しまして，流通ネットワークの研究をしました。そこは当時の通産省[7]の外郭団体。そこで色々な経験をすることができました。主に中小企業の卸とか小売業の社長の方々と会って，物流や流通ネットワークの研究に取り組みました。大企業では出会うことのできない方々で会社の最前線に立って頑張るその姿に共感を覚え，それが今の仕事の前提になったと。」

　松本氏の当時の勤務先は超大企業であり，また受注するシステムもかなりの大規模なものが主流であった。そのため，かなりの人数で組織的にシステム開発することが多かったのだという。

「（システムが）大規模，大きいですね。であと，個別のシステムと一つ大きなシステムを作ってローカル・エリア・ネットワーク（local area network），一般的にはVANと言われますが，value added networkの設計[8]にも携わりました。」

「大きいシステムだと100人，200人ぐらい（のチームを組んで）。当時は組織的には一番下だったので，肉体的ではなく精神的に大変でした。」

　松本氏は文系学部の出身なので，最初からITやシステム設計に詳しかったわけではなかった。就職してから初めて憶えたことも多かったのであるが，当時の勤務先の手厚い研修制度や，現場での厳しいトレーニング（所謂OJT）によって，必要な知識やスキルを着実に身につけていったそうだ。

「最初は遠方の会社研修センターで2か月間の缶詰研修があり，それを終えて配属が決まり，またその職場での仕事で見様見真似で習い，そしてまた東京の研修センターで勉強をする。教育システムはしっかりしていたし，先輩に教えてもらえる環境も十二分にありました。環境に恵まれていたと。先輩の仕事を見て覚えろとのことでしたので。非常に優秀な先輩方が多かったので，特急組だと32，33歳で部長でしたからね，もうその人たちは。相当優秀でリーダーシップもありました。」

　当時のシステム開発は工程がしっかりと定められたウォーターフォール型[9]で

7）　現在の経済産業省で，正式には通商産業省という名称であった。
8）　ローカル・エリア・ネットワーク（LAN）は一般的には特定の施設内程度の範囲におけるコンピュータネットワークである。VANは付加価値通信網と訳されるもので，データを小分けにして送り合うパケット通信のネットワークである。

行われることが多かった。しかもそれを伝統的な超大企業において，100人規模のチームで行うわけであるから，そこで働く人たちには高度な組織人としての行動が求められたという。

> 「もう，がっちりですね。組織人でいなさいみたいな。すべてそうです。後は印鑑をもらう順番を間違えちゃ，ダメでしたね。なんであいつに先にもらうんだとか。よく言われました。あと，（仕事上で関与する）部署も多かったですね。なんとか事業部，何とか部，なんとか課とか，偉い人ばかりで，大変でした。」

その当時の松本氏は，時折大企業で働くことの窮屈さを感じつつも，そこで何年も働いてきたベテラン技術者のスキルの高さに感銘を受け，深い敬意を持っていたのだという。

> 「高専とか高卒のバリバリ理系のおじさんばかりで，（良い仕事をするのは）学歴じゃないってことがあのときわかりましたね。（中略）現場は，コンピュータに関してはピカイチっていう方がたくさんいたので，すごい組織だと思いました。」
> 「（勉強に）なりました，本当になりました。22，23歳で入って，32，33歳のおじさんが，あんなに勇ましく見えたっていうことですよね。歳の関係上そうじゃないですか。部長は33でね，すごいなと思いましたね。」

2．生命保険会社への転職

松本氏はそのようにして7年間勤務したわけであるが，29歳のときに最初のキャリアの転機を迎える。現在の勤務先であるP社に転職したわけであるが，その頃のことを松本氏は次のように話している。

> 「元々私は経済系の専攻でして，どちらかというと財務が好きでした。仕事では財務のシステムも担当していました。実はプライベートで相続がありまして，その相続時に金銭的，つまり相続税のことですが金銭的にうまくいかなかったのです。相続で身近で痛い目を見ているので，それを目の当たりにし，相続や贈与が発生する前に事前に，そして気軽に相談できる相手がいたらなあと思いました。」
> 「（前の会社は少し）自分で窮屈だと思ったので，一瞬飛び出してみたいなと思った

9）　要求分析，要件定義，概要（外部）設計，詳細（内部）設計，開発（プログラミング），テストというように上流工程から下流工程へ（水が流れるように）順次移行していく開発モデル。

ともありますね。」

　その当時，P社は設立後20年程度の会社であり，松本氏の勤務先に比べれば伝統のない企業であった。さらに，業界に先駆けて報酬が完全に個人業績にリンクするような方式を取り入れていたのであるが，そのことも年功的な賃金体系を保持していた元の職場とは大きく異なっていた。上司の部長には，そのような仕事は今の会社にも同様の部門があるから，もし興味があるなら部署を変更してもいいし，またその会社（P社）は聞いたこともなく，男子一生の生業にするのはどうかと留意されたという。

　当時は大企業からの転職は稀なことでもあった。また保険の営業に否定的なイメージを持つ人もいた。そのような時代背景の中，松本氏が不安を覚えても不思議はなかったのであるが，松本氏はその会社に将来性を感じ，迷うことなく転職を決意したようだ。

　「それはもう若気の至りですね。子供が3，4歳で，妻は，反対しませんしね，決めたことなんでしょと。」
　「自分で何かできるなって思いました。確証はありませんが，自分が食べていけるだけのマーケットは，確実にあるなと思いました。あと，（それまでの会社で）出向しているときに何人かの社長と知り合って，（自分なりの）仮説ができていたので，それでいけるじゃないかと思いましたし，入社後，死に物狂いで活動すれば，何とかなるという自信はありました。自分の中で。」

　また松本氏は，新しい仕事において，それまでの経験を活かしながら，より挑戦的な働き方ができると思っていたようである。

　「（それまでの会社で）外部に出向したときにも，全国レベルで流通ネットワーク，物流システム等をテーマにした研究会を，26，27歳の自分がほぼ一人で企画し参加者を募り，運営をしました。日本全国色々な場所に行って，様々な業界のまた様々な立場の方（主にオーナーと言われる中小企業経営者）と触れ合うことが，とても刺激的で楽しいというところがありました。また若かったので，経営者には可愛がってもらいました。大企業では会うことができない人達です。」
　「（それまでの仕事は）顧客に言われたことを仕様化して最終的にはシステムで実現していく仕事です。しかし営業が受注してくる仕事なので，会話は社内の営業（が

相手）となります。顧客とのコミュニケーションがほとんどなかったですね。」

　こうして松本氏はＰ社で働き始めるわけであるが，Ｐ社では自由に働ける反面，顧客開発やそのフォローをすべて自己責任でやらなければならない。また報酬が個人の業績にリンクしているため，それができなければ，満足な報酬を得ることも難しくなる。そのため，顧客との良好な人間関係を作り，得意な分野を確立することが個々のファイナンシャル・プランナーに求められるわけであるが，松本氏の場合はそれを，会計や税務に関する知識，そして事業承継（会社の後継者へのバトンタッチ）に関わる一連の仕事に求めたのである。

　　「僕は税理と会計が得意だったので，事業承継といいまして，（顧客である）社長のリタイアが起きたときに，経営的，財産的にどう引き継いでいくかという話，保険会社の営業としては財産的な話がメインになりますが，ここはずいぶん勉強しました。おまけに法律も税務も短いサイクルで変わりますから，常に最新の情報をキャッチアップしなければならない。」
　　「（テキストを買って勉強したり，専門学校に行って勉強したり）そうですね，やれることはすべて，やりました。本はたくさん読みましたね。お客さんからこういう問題があるのだけど，どう思うっていわれて，ヒントをいただいて，また勉強しました。」

　松本氏が従事しているＰ社の仕事は，生命保険の販売がメインだが，様々な金融商品についても熟知しなければならない。顧客の状況を把握し，これからの生活設計を展望しながら，どんな金融商品や財産形成のプランが必要なのかを考えるのが重要な業務となる。単に保険を販売するのではなく，豊富な専門知識と高度な提案能力が求められるのである。そして松本氏によると，その仕事に従事するために，ＳＥ時代に鍛えられた論理的思考能力や，丁寧に仕事を進める能力が大きく役に立ったらしい。

　　「もちろん，役に立ってますね。一つのことを聞いて様々なところに結びつけるところはロジックだと思いますね。隠れている問題を顕在化させるのが最大の問題提起。それには質問の内容がとても肝要かと。」
　　「あと，下準備も大事ですね。ある程度は，決算関連の情報を入手して分析して，自分なりに仮説を立てると楽ですね。」

3．法人向けのビジネスに切り替える

　こうして，ひとまず順調にＰ社でのキャリアをスタートさせた松本氏であるが，40歳になる頃にミドル期の転機を迎えることになる。それまで個人を相手にしたビジネスで忙しく働いていたのであるが，それに限界を感じ，その働き方を根本的に見直すことにしたのである。

　「40歳ぐらいですね，ほぼ個人保険が７割だったところから，法人向けが８割にシフトしたときが，その時期で，（個人向けは）一人でお客さんをすべて抱えていかないといけないので，無理だろうと限界がきた。件数的にも肉体的にも見えてきて，シフトチェンジしないとだめだと思いました，40歳の頃。」

　「個人（向けの仕事）だと土日も（顧客のところに）行って，一日５件，当然その家族みんなの保険をお預かりすることになるので，生活環境に変化があれば，それもフォローしますし，月〜金曜日に仕事をされているお客様の場合は，土日にも呼ばれて，休みがない。増えれば増えるだけ保全（の仕事）が増えるので。お客様を守ることと一緒のようなものなので，契約をお預かりしたときにミッションが発生する。そんな中であるお客様から，どんどん顧客を増やしたら，顧客へのサービスレベルが低下していくのではないかという意見をいただきました。お客様はしっかり見ているのだなと，はっとしました。」

　こうして松本氏は，主に法人向けの仕事をするように変わっていくのだが，松本氏はその仕事の特徴を次のように話している

　「（顧客は）会社の中小企業のオーナーですね。社長の万が一の時の事業保障，役員退職金，そこで働く従業員の退職金とかの提案ですね。」

　「リスク・マネジメント，リスク・ファイナンスっていうのが，メインですね。どちらかが欠けていたら，だめですね。企業を持続経営するために，リスクを包含するのか，移転するのかという話ですね。」

　「他の優秀な先輩社員もそうだったですけど，一か八かの仕事がなくて，（法人相手の仕事は高度な知識も必要になるので）当然そこに行くために（顧客にアプローチする）回数も時間も多いけど，全体的には，（保全が疎かになってしまうぐらいに）件数は増えないと。それに法人が成長すれば，リピートも増えてくるので，安定的な収益になると。」

162

　法人向けの仕事は，個人向けの仕事よりも安定感が向上するだけでなく，保全
が疎かになる心配も少く，じっくりと働けるようになるらしい。ただし，そうだ
とわかってはいても実際に仕事を変えるのは簡単なことではない。法人相手にシ
フトするためには時間もかかるであろうし，新しく必要になる知識なども当然あ
る。松本氏はそれに対する学習も積極的に行ったのである。

　「（シフトするのにかかった時間は）5年くらいですかね。個人（向けのビジネス）
　の下地ができていないと，われわれフル・コミッション（業績連動の報酬）なので，
　（収入の）ベースができないです。そこをちゃんと，前の会社の方々で応援してく
　れる方もいらっしゃって（収入を確保できた），ありがたかったです。」
　「（法人に移れるか否かは）前職でそういった仕事されているとか，優良な企業に行
　くなら，会計と税務の勉強をしているかどうかという話ですね。」

　法人向けのビジネスへのシフトには5年を要したわけであるが，松本氏による
とそれは，非常にうまくいったケースなのだという。そしてその背景には，以前
の会社時代も含めて，貪欲に学んできたことの蓄積があった。

　「自分のシナリオ通りには，行ったかなとおもいます。どっちかっていうと
　BtoB[10]っていう仕事をどうしてもしたかったので，理想的な形になったなと。で
　もそのBtoBの仕事である程度築いていかないと（この先働き続けるのは）無理だ
　なと思い，（将来安定するために）土日も働きました，2年間は。」
　「うまく法人に行けたっていうのは，財務や会計系の知識を勉強していたからで，
　前の会社でも，大学でもしてました。前に勉強したとこがすぐに役に立ちました。」

　もちろん，誰もがこのように安定的に成長が期待できるビジネスや働き方を確
立できるわけではない。むしろ多くの人は，そうした変化を遂げることができず，
細かい仕事に忙殺されるような働き方を続けてしまうことになる。

　「結構あります。このスタイルだと，変えなきゃいけないと思う営業も。変えな
　きゃいけないと思っても，変えない営業が8割ですね。」
　「（過去の自分のスタイルを）維持ですね。変えられないです，強みを。楽なんです

---

10)　通常BtoB（Business to Business）とは部品メーカーと最終消費材メーカーとの取引きの
　　ようなビジネスを表すことが多く，BtoC（Business to Consumer）における最終消費者に
　　向けたビジネスと区別される。ここでは顧客が法人であるか個人であるかが主なテーマに
　　なっている。

絶対に。安住したいですよ。（中略）われわれも，当然後輩に事業承継しないといけないですよ。そういうのができてないです。抱え込んじゃって。58になってできないといった場合，どうするか。（中略）まあ大変だなと見てます。」

「でも本人が気がつかないと無理ですね。55，56になって変えるのはね。」

松本氏は自分のビジネスがこのままでは維持できなくなることに気が付くことができた。そしてその問題を解決するためには，自分が変わるしか方法がないことを認識することができた。しかし多くの人は，この厳しい事実に気が付くことができないか，あるいは気が付いても目を背けようとしてしまうのである。そして気が付くことができたとしても，そこから具体的な行動に移れる人はさらに少なくなるだろう。自分を変え，新しく学ぶには多大な労力を要する。さらにそれまでの自分を否定することは，非常に大きな苦痛を伴うものである。松本氏は自分の変化のプロセスをシナリオ通りと評価しているが，それでも5年を要しており，その間勉強も続けている。こうした大変な努力を長く継続できる人が非常に少ないということは，容易に推察できることであろう。ミドル期における学び直しの難しさは，こうした点にあると言える。

松本氏は現在，P社の中でもトップクラスのファイナンシャル・プランナーとして活躍しているわけであるが，将来を見据えて目標を掲げ，さらなる成長のために積極的に学ぼうとしている。

「仕事だと，事業承継ですね。（そのために）大学院に行きたいです，時間があったら。会計やファイナンスをもう一回（勉強）したいですね。」

「もっと（その分野を）深掘りしたいですね，結局そっちの方が好きですね。（中略）最後は高みのある仕事したいですね。」

「誰にも強制されず自分自身で選択した道なのだと。悩んだときはいつも原点に戻り，なぜ転職したのかと自問自答しました。業界を取り巻く環境も目まぐるしく変化しますが，さらに知識を磨きながら実践していきたいと思っています。」

第4節　学び直しの目的と効果

1．分析視点からの考察

ここからは，キャリアのミドル期以降に学び直しに取り組んで，自らのキャリ

164

アの可能性を広げた人の事例について，必要に応じて参考事例の井上氏も取り上げながら，三つの分析視点から考察していきたい。

① キャリアの転機と，その後の変化はどのような関連性を持つのか。また長く第一線で活躍するための専門性や創造性はどのように身につけられるのか。
　事例の3名はいずれも，将来への危機意識のようなものを覚えたことから，キャリアの転機が始まったと言える。そうした意識を覚えた時期や背景はそれぞれ異なるのであるが，その後3名はより確かな未来を手に入れるために，学び直しを行ったと言えるだろう。
　斉藤氏の転機は，自らの知識やスキルに疑問を持ったことから始まっている。自分がアセスメント以外に詳しい知識を持っていないこと，そして経営に関する知識が不足しており，組織における人の動き方も理解していないことに強い危機感を抱いていた。自らを「偽物」と表現した斉藤氏の言葉に，それがよく現れていると言えるだろう。
　もちろん，それ以前の斉藤氏が怠惰で勉強不足だったというわけではない。大学卒業後すぐにアセスメント会社に就職した斉藤氏は，幅広く経営を学んだり，何かの分野を理論的，体系的に学ぶ機会に恵まれなかっただけである。特に斉藤氏は若くして仲間と会社を立ち上げたこともあり，小さな組織で働き続けてきた。小さな組織で働く知識労働者は，大企業等で働く人たちに比べ，その時々の状況に合わせて「つまみ食い」のような学習を行い，どんな内容の仕事でもとりあえずこなさなければならない傾向が強い。そうした環境で長く働いてきた斉藤氏は，何かをきちんと学んだという感覚，あるいはこれだけは確固たる知識を持っているといった感覚を持ちえなかったのであろう。
　結果的に斉藤氏は，自らの知識やスキルの基盤の弱さによって，キャリアの転機を迎えることになるのだが，斉藤氏は転機を乗り越えるために，大きく分けて二つの努力をすることになる。その一つが出向という形である大企業で働いたことである。言い換えるならば，活動領域を変えることにより，あるいはそれを大きく広げることによって，新しい学びを始めたのである。これにより，大きな組織の実態を知ることができたし，そこで働いている人たちがどのように考え，どのように行動しているのかを知ることができた。もう一つはMBAに学んだことである。そこにおいて斉藤氏は，それまで勉強してこなかった経営戦略やマーケティングを含めて，経営全般にわたる体系的，理論的学習をしている。このよう

に斉藤氏は，実務と理論の両面において学び直しを行ったわけであるが，その結果として現在は自分の会社を立ち上げて，コンサルタントとして活躍している。

　図表6－1において参考事例にあげた井上氏も斉藤氏とよく似た転機を経験している。ただし，井上氏の危機感は，斉藤氏ほど切羽詰まったものではなかったのかもしれない。井上氏はIT技術者として長年一つの会社で勤務していたし，その会社も大手保険会社の関連会社なので，決して小さなものではなかった。また井上氏は若い頃から多くの情報処理技術者関連の公的資格を取得していたので，自分の専門知識にはそれなりの自信もあったものと思われる。しかし井上氏は，IT技術者の仕事は業務独占型ではなく，資格を持っていても他の技術者とそれほど違いがなくて，先のキャリアも保障されていないことに気が付く。40歳手前でそのことに気付いた井上氏は，高齢になってからのキャリアに不安を覚えたのである。

　　「ITの世界って，いわゆる業務独占型の資格ってないんですね。お医者さんだとか，弁護士さんだとか，建築士さんみたいな。業務独占型の資格がなくて。唯一，技術士が名称独占型の資格なんですね。もう情報処理試験なんか，いくら取ったって，一緒みたいに思ってたんで。少なくとも，技術士を取ろうと。」
　　「会社に認められるとか，そんなことは，さて置いといて。この先，自分が例えば独立するだとかいったときに，情報処理試験では，お話にならないなと思ったんです。情報処理試験ごときでは。実際，そうでしたわ。技術士と全然，違います。」

　それが井上氏のキャリアの転機になったのであるが，井上氏はそれを乗り越えるために，難関である技術士の資格に挑戦することになる。そしてなんと15年をかけてそれを取得したのである。非常に長期間の粘り強い努力に支えられた学び直しであったと言えるだろう。

　　「一次試験通ったのは，1998年なんですね。一次試験みたいなのも，そんなん，今は難しいですよ。今は一次試験，レベルが上がってしまって。ええ，そんなん無理とかっていう問題があるんですけど。その当時はもう，僕らは本当に，情報処理試験の午前中の問題ぐらいのレベルやったんで。実力試験だとか思って受けたんですけど。1回落ちましたね。二次試験が難しい。二次試験の筆記試験が，範囲が広いのと，全部論文なんで。本当に書けなかったです，最初。なんとか取りたいと思ってたんで。通信教育を2年ぐらい，自腹でやって。論文の通信教育。」

「15年ぐらいかけて，10回ぐらい受けましたね。15年，もっと。もう駄目だったら，諦めようとまで思ってたところで，通ったんで。継続は力ってよく言いますけど。続けててよかったなって思いますね。ずっと勉強しました。1年に多いときは，50編ぐらい論文書いてました。小論文。それ続けてたのが，自分の気持ちの支えでした。」

それに対し松本氏の危機感は，知識やスキルの不足に関するものというより，それまでに松本氏が従事していた個人向けのビジネスに関するものであったと言える。顧客の大半が個人というスタイルでは，多忙になりやすく，顧客へのサービスが疎かになってしまうと感じたのである。そしてこのままでは長く活躍できないと考えたのが松本氏の転機のきっかけになったと言える。松本氏はその際，かねてから関心のあった事業承継を切り口として，法人向けにビジネスを広げることを企図したのであるが，そうした新しい「やりたい仕事」の発見が，その後の働き方を変えていくことになる。

松本氏はその後，5年をかけて個人向けビジネスから法人向けビジネスにシフトしていくことになる。その間，新しく必要なことを学び，行動を変え，考え方を変えていくわけであるから，相当の負荷がかかる5年間であったと思われる。この学び直しも，長期的で粘り強い努力が必要なものだったと言えるだろう。

そして現在松本氏は，大学院への進学も含めて，事業承継に必要な会計や法律等の専門知識を学ぼうとしている。「最後は高みのある仕事をしたい」と松本氏が述べているように，高度な専門性や体系的な知識を用いて，自信を持って顧客に提案したいというのが松本氏の望みのようであり，それが松本氏の学び直しを今なお継続させる誘因になっているようだ。

学び直しを行った3名のキャリアのプロセスはこのように理解できるのであるが，こうした積極的な学び直しの結果として，彼らは長く活躍するための専門性や創造性などを体得したということができるだろう。斉藤氏の事例などは特に顕著なものであり，学び直しを通じて本格的な専門性が確立されたと見ることもできる。キャリアのミドル期以降では専門知識や創造性の低下が懸念されるのであるが，（専門分野にもよろうが）学び直しによってそれを防ぐことができる場合があるようである。

さて本章の冒頭で述べたように，なぜ彼らが変われたのかを考える必要がある。最初に取り上げるのは彼ら全員がそれまでの自分に，強い危機感を感じていたと

いうことである。年齢を重ねた人が変化を嫌うのは珍しくないが，彼らがそうならなかったのは，このままでは将来が危ういと強く感じたからであろう。おそらく彼らは自分を厳しく評価できる謙虚さを持っており，なおかつ高いレベルを目指す意欲を持っていたからこそ，一旦自分を否定できたのだと思われる。それはその後に，彼ら全員が新しいことに挑戦したり，高度な教育を受けていることからも窺い知れる。もし彼らが自分に甘く，いつもの仕事を繰り返すだけで高い評価をする人たちであれば，危機感も持たず，学び直しもしなかったであろう。

　また彼らが若い頃から学習する習慣をつけていたことも大きな要因だと考えられる。特に井上氏や松本氏に顕著なのであるが，勤務していた会社における教育が充実していたり，また公的資格の取得を続けていたり，働くことと学ぶことが強く関連付けられていた。そのことが，ミドル期以降に新しいことを学ぶ際にも，抵抗感を覚えないことにつながったのではないだろうか。

　それともう一つ，学び直しによって彼らのキャリアの可能性がどう広がったかについても検討しておく必要がある。斉藤氏や松本氏は，学んだことを活かして新しいキャリアを豊かなものにしていると言える。斉藤氏は経営コンサルタントとして自分の会社を経営し，松本氏はP社のトップレベルのファイナンシャル・プランナーになっている。これらのことは彼らの学び直しが成果に結びついたものであろう。また井上氏については，資格を取得したのが定年間近ということもあり，IT技術者時代のメリットはなかったが，技術士資格のおかげで定年後に独立を果たし，自分の事務所を開設している。結果的に井上氏の学び直しは，彼の定年後のキャリアの基盤を作ることにつながったのだと言えるだろう。さらにいえば，井上氏が技術士に挑戦することによって体得した「勉強する習慣」は，井上氏が年齢を重ねても専門性や意欲を高く維持するうえで，非常に重要なものであったらしい。

> 「(合格云々ではなく) 勉強してることが (大事)。だから今，合格してからも，(勉強を) やめられないんです。やめると不安になるんです。」
>
> 「勉強してないと，自分が置いていかれるんじゃないだろうかと，不安になるんですよね。それは今もそうですね。」

② 　知識労働者のミドル期以降のキャリア発達に，個人が持つ知識やスキル，人的ネットワーク，自己認識や柔軟性，回復力等の心理的特性がどの程度影響

168

しているか。またキャリアの転機や変化が異なれば，その影響の大きさも異なるのか。

　本章で取り上げたキャリアで重視されているのは，個人が持つ知識やスキルの質，あるいは専門性の高さであり，それをいかに高めるか，あるいは刷新していくかが問題となる。ある人は専門性が低いことがキャリアの転機となり，ある人は自らの仕事領域に将来性を感じなくなったことが転機となった。それゆえ，知識やスキルがキャリア発達の要諦になるのは当然なのであるが，彼らがなぜ学び直しができたかを考えれば，個人の心理的特性，特にそこにおける柔軟性などが重要になることがわかる。

　Gratton and Scott（2017）は，これからの社会で長期的に活躍を続けるためには，変身する能力を高める必要があると述べたうえで，そのために変身資産が必要になると主張している。そしてGratton and Scott（2017）が変身資産と呼んだものは，①自分に対する知識，②多様性に富んだネットワーク，③新しい経験に対して開かれた姿勢としてまとめられている。

　これらの中で本章で取り上げた3名に強くあてはまるのが，自分に対する知識と新しい経験に対して開かれた姿勢と言えるだろう。自分に対する知識については，前章までで議論してきた自分のやりたいことや目標だけでなく，自分が何をどの程度できる人間なのかといったことに関する知識も重要なのだと思われる。先述のように事例の3名は強い危機感を持つことからキャリアの転機が始まっているのであるが，それは自分の持つ知識やスキルを厳しく評価した結果としてのことであった。おそらく，多少の成果で自己満足することに陥らず，冷徹に自分を評価することができる人でないと，こうした危機感を持つことはできないだろう。事例の3名は正しい（あるいは厳しい）「自分に対する知識」を持っていたからこそ，変わるべきときを逃さなかったのだと思われる。

　また新しい経験に対して開かれた姿勢についても，3名がともに強く持っていた特性だと言えるだろう。学び直しのために新しい組織に飛び込んだり，難易度の高い勉強や新しい分野の勉強に取り組むことは，そうした姿勢がないとできないことである。学び直しでキャリアを発達させるということは，別の言葉でいえば「出直し」て「もう一段上に行く」というようなことになるが，そのためには新しいことを恐れない姿勢が重要になるだろう。松本氏が話していた変われない人たちは，自分を否定して出直したり，新しいことに取り組むことを恐れる人たちだと考えられる。

③　個人の自己認識や自己変革がキャリアの客観的側面の変化を促進するのか。
　　あるいは客観的側面を変えようと試行錯誤することが自己変革を促すのか。
　本章の事例を見る限り，まず個人の自己変革が先にあり，それが場合によって
は転職や独立などの客観的な側面の変化につながると考えられるだろう。学び直
しとは知識やスキルの刷新が中心であるが，そこには行動や思考様式の変化もあ
る。そしてその根底には，自分を厳しく評価したうえで一旦否定し，新たな目標
に向かって出直すという自己変革がある。事例において独立した斉藤氏や井上氏
も，まず自己変革があって，それに基づいて何年にもおよぶ努力を続け，それを
活かす方法として，独立という選択をしたのだと思われる。

2．学び直しを支援するマネジメント

　今後，キャリアが長期化してくると，キャリアの途上で学び直しをしなければ
ならなくなる人は増えてくるものと思われる。本章の最後に，それを支援するマ
ネジメントを考えてみたい。
　一つには，学び直しを促すための，厳しい評価のフィードバックを行う機会を
提供することが考えられる。事例の中で，知識やスキルの基盤が弱いことに気付
き，そこから学び直しを行った斉藤氏の話があった。コンサルタントやIT技術
者の中には，専門的な知識を基礎から丁寧に学んだことがなく，その場その場の
実践の中で，つまみ食いや細切れといわれる形で学んだことしかない「たたき上
げ型専門職」も数多くいるのである。斉藤氏の場合は，厳しく自己評価してそれ
に対処したのだが，自分の弱点に気付かないまま年齢を重ね，後になってキャリ
アが停滞してしまう人も多いらしい。それは別の人（第5章の山田氏）に対する
インタビューの中でも聞くことができた。

　　「コンサルタントの悪い癖だと思うんですけど，困ってる人たちって，勉強が，本
　　当，浅いというか，その時々のホット・トピックをワアって押さえる力はすごいあ
　　るんですけど，それで資料作って，営業のときはワアってでっち上げて，仕事取れ
　　るんですけど，始めてみたら，あんまり知らないよねみたいな。ブルーオーシャ
　　ン[11]みたいな（話をしても），すごい，提案のときは，さも知ってるかのように
　　言ってたけど，実際，ふた開けてみると，あんまり知らないじゃんみたいな。AI

---

11)　既存の競争の激しい市場（血の海＝レッドオーシャン）を避けて，新しい市場を開拓する
　　経営戦略で，そのためのバリュー・イノベーションを志向するなどの特徴がある（Kim and
　　Mauborgne, 2015）。

(artificial intelligence, 人工知能) とかも，すごい知ってるようなふりで言ってたのに，統計学の基礎も知らないじゃん。ベイズ統計（統計学における理論の一つ）とか，「なんですか，それ」みたいな。「ベイズって，それ，新しいんですか」みたいな，そういうことが多いですね。勉強してるようで，してない。すごい，今，顔が浮かんでますけど。」

「業界構造的に，ゼネコンじゃないですか。コンサルとか，ITとかってゼネコン化が激しいと思うんですよ。昔，外資系の大手ファームだった人が，退職して，同じ会社に個人として（業務委託で）使われて，その会社の名刺持つとか。そこから，子請け，孫請けがすごいので，それで食っていけはするんですよ。何となく低い単価で。短期的な，そういう，考えてみるとおいしいというか，何とか人よりは高い給料で食っていけるという構造があるんで，甘えちゃって勉強してない。長期的には沈んでくんでしょうね，そういう人たちは。こういうのが下請けコンサルじゃないですかね。コンサルタントOBで会社やってますっていう人も，多分，7，8割は大手の下請けコンサルじゃないと食っていけないと思うんですよ。」

　こうした事態に陥るのは，小さなコンサルティング・ファーム等でつまみ食いの学習をしているコンサルタントにも多いのであるが，若い頃に大手のファームなどで勤務していた人にも，同様の傾向が見られるようだ。それらの人は，ファームにあるノウハウに依存して働き，ファームの評判を自分の評判と勘違いすることで，深い学習が疎かになるらしい。そういう人が年齢を重ねると仕事に限界が出てくるし，ましてや独立してしまった場合などには，下請けをやる以外に道がなくなってしまうという。

　こうした事態を避けるためには，個人の持つ知識やスキルなどを厳しく評価し，本人に内省を促すような機会を，企業側が早期に設ける必要があるだろう。年齢を重ねた後だと先述のように学び直しに抵抗感を持ってしまう恐れがあるので，その機会は早くからあった方が良い。出直せるうちに，出直しを促す施策が必要だと思われる。

　もう一つには，学び直しをしやすくするために，学びにおける自由を与えることが考えられる。事例でみた3名は，学び直しにおいて大学院に通ったり，公的資格を取るなどしていた。また別の企業に飛び込んだという人もいた。つまり彼らの学び直しは多くの場合，それまでの勤務先を離れて行われた，あるいは組織の外側で行われたといってよい。

このことは，それまでの職場での仕事経験や仕事を通じての学習だけでは，彼らが自信を持てるだけの知識やスキルが得られなかったことを考えると，とても自然なことだと思われる。彼らは日常の仕事や学習に限界を感じ，組織の外に学習の機会を求めたのである。

　外部での学習は実務を伴わないため，あまり役に立たないという評価がされることもあるが，日常の思考様式や行動様式にとらわれず，新しい試みや異質な思考がしやすいというメリットもある。それだけでなく大学院や難易度の高い資格取得などの高度な教育機会は，知識労働者に必要な深い専門知識や体系的な知識が得られるというメリットがある。そのような外部での学習をしやすくすることによって，知識労働者の学び直しを促すことが可能になるかもしれない。

　昨今では場所や時間が自由な働き方に対する理解も深まってきたが，それらを推進することによって知識労働者は多様な学びをするようになる可能性がある。また徐々に増えてきているという兼業なども，異質な学びの機会になるかもしれない。もちろん兼業まで行かなくても，Wenger（1998）のいう実践コミュニティ（community of practice）と呼ばれるような，共通の問題意識を持った人々が学び合える場に，知識労働者が自由に参加できるようにすることによって，学び直しは活性化されるだろう。これからの企業には，こうした自由をうまくデザインし，知識労働者が学びやすく，あるいは自分を客観視しやすい環境を提供していく必要があるものと思われる。

仕事の中心性が変化する

第1節　仕事を人生にどう位置付けるか

　本章で議論する仕事の中心性とは,「仕事の全体的な状況が生活の中心をなしている程度」を表す概念である（高木, 2001）。つまり, その人の生活全体の中で, 仕事がどれほど重視され, 優先されているかということである。高齢化に関する先行研究では, 加齢とともに仕事の中心性が変化することが多いことが指摘されており, ミドルの後期, あるいはシニア期においては, 仕事よりもそれ以外の生活に強い関心を持つ人が増えてくると言われている。もちろん, 引退年齢が近くなると, 仕事以外のことを考える時間が増えるのは自然なことなのであるが, 難易度の高い仕事に従事している人にとっては, 加齢によって仕事への意欲や関心が極端に低下してしまうことは, 好ましくないことであろう。生活全体の中で仕事をどう位置付け, 付き合っていくかは, ミドル期以降のキャリアにとって難しい問題だと言える。

　本書で見てきたように, ミドル期以降のキャリアの転機は様々な要因によって起こるのであるが, 中には心身の健康の問題で転機を迎える人もいる。そしてそれらの人の中には, 転機を経て仕事の中心性が下がる人も少なからず存在している。また健康を損ねるような場合でなくても, 家族の介護の問題や, 育児や子女の教育の問題などが転機となり, 仕事の負荷を減らそうとする人もいる。他にも, ミドル期以降は多くの人が家庭や地域社会で新たな役割を担うようになることが多いので, 仕事の中心性は変化しやすくなるのである。本章で取り上げる3名の事例（**図表7－1**参照）も, そうしたキャリアに該当すると言えるだろう。

　最初に取り上げる木村氏は, 大手総合商社やコンサルティング・ファームで活躍するなど, 華々しいキャリアを歩んでいた人である。木村氏はその後, 会社を立ち上げるのだが, その経営が上手くいかず, 心身の健康を崩してしまう。それ

図表7−1 仕事の中心性を変えるキャリアの概略

事例	キャリアの特徴
木村氏	●新卒で総合商社に入社するも希望の営業職に就けず，意を決してコンサルティング・ファームに転職し，戦略系のコンサルタントとして活躍する。 ●父親が経営するシステム開発会社に参加する。組織開発に関心を持ち，それに関する業務に取り組む。 ●組織開発や人材育成に強いコンサルティング・ファームに転職し，そこで新規事業を始める。最初は順調だったのだが，スピンアウト後に資金調達が厳しくなり，心身の健康を損ねて退職するに至る。 ●現在は「生き直し」の最中であり，生活や家族を大事にしながら，独立したコンサルタントとしていくつかの事業をスタートさせている。
山口氏（参考）	●就職氷河期に，やりたいこともないのに無理に就職活動をすることに疑問を持ち，中国に渡ってインターンシップに参加する。 ●現地の会計事務所に勤務しながら中国語と会計知識を学ぶ。長年努力した結果，中国の会計資格とアメリカのCPAを取得し，高度な専門知識を持ち，中国をよく理解した会計士として活躍する。 ●日本に帰国した後，外国と日本の働き方や雇用慣行の違いによって，育児と仕事が両立できなくなってしまい，仕事の負担を減らすために転職を決意する。 ●市場価値の高い，希少なレベルの専門性を持っていたので，仕事の負担は減らし，かつその他の条件を下げることなく転職に成功する。
林氏	●大学の研究者になるつもりで大学院の博士後期課程に進学し，国際関係の研究に取り組む。 ●育児に必要な収入を得るためにキャリアを転換し，ベンチャー企業に就職する。早朝から深夜まで働くハードな経験をする。 ●通学し始めた子供の育児との両立のために転職し，労働時間が短い会社で勤務する。人事関連の仕事であり，そこで実務知識をじっくり学ぶことになる。グローバル人事に関する実務に関与し，またMBAに挑戦してそれに関する修士論文を執筆する。 ●子供が成長して育児の負担が減ったのでコンサルタントに挑戦して仕事の中心性を上げる。当初目指していた研究職により近い仕事となり，そこでグローバル人事についてさらに深い取り組みをしようとしている。

出所）筆者作成

を機に木村氏は働き方を根本的に見直し，仕事と生活を再構築することになるのである。大きな成功を経験した後に躓いたことで言えば，第6章で取り上げた2名の事例とも共通点があるのだが，それが健康の問題につながり，仕事の中心性が変化したことが木村氏の事例の特徴だと言えるだろう。次に参考事例として取り上げる山口氏は会計士であり，厳密には本書の研究対象の職種ではない。山口氏は育児のためにミドル期以降に仕事の中心性を下げる経験をしているのだが，彼女の場合，労働時間や仕事の負荷を減らしても，賃金などの条件を下げずにす

んだのが特徴的である。中国とアメリカの公認会計士にあたる資格を取った山口氏は，その希少価値の高い専門性のおかげで，自分の望む働き方を自分の望む条件において手に入れられたのである。そして最後の林氏であるが，こちらはミドル期以降に仕事の中心性を高くした珍しい事例の人だと言える。林氏はベンチャー企業や，人事関連のシェアード・サービス企業で長く働いてきた。その後，育児が一段落してきたことを理由に，もっと積極的な働き方がしたいと考えるようになり，シンクタンク[1]でコンサルタントとして働く道を選ぶのである。

　事例を見るうえで重要となるポイントを二つあげておきたい。一つは仕事の中心性を下げる際に，それが専門性や働く意欲の低下などの，消極的な変化を伴わないようにするためには，何が必要かを検討することである。加齢とともに仕事の中心性が下がることはあっていいと思われるが，それによって仕事の質や成果が下がるのは知識労働者として望ましくないだろう。仕事を減らしたとしても，積極的な働き方や優れた仕事をし続けるために必要なことを探索する必要がある。

　もう一つは林氏の事例に代表されるように，ミドル期以降にさらに大きな仕事に取り組みたい場合に，どんな要因がそれを可能にするのかを考えることである。ミドル期以降にそれまで以上の仕事に取り組むということは，それだけ高度な知識や専門性が必要になるということであり，決して簡単にできるものではない。それを実現するためには，若い頃から何らかの努力を重ねたり，有意義な知識やスキルの蓄積をしておく必要があるだろう。それらのことを具体的に把握する必要がある。

第 2 節　木村氏の事例
──心身の健康問題から仕事を見直す

1．華々しいキャリア

　最初に，長年非常にハードに働き続け，起業もした末に健康を損ねてしまい，そこから働き方を大きく見直した木村氏（インタビュー当時43歳）の事例から見

1）　一般に政策立案や政策提言を目的とした研究機関を指す。実際にシンクタンクと呼ばれる組織には様々なタイプがあるのだが，林氏が転職したのは，主に政府や地方自治体から調査や研究を請け負い，政策提言につなげていく業務と，民間企業向けのコンサルティング業務に従事する民間企業である。

ていく。

　木村氏のキャリアは，大学卒業後に大手総合商社に就職することから始まっている。そしてそこから，経営コンサルタントや会社役員を経て，自分の会社を経営することになるのだが，そこで大きなミドルの転機を迎えることになる。そこまでのプロセスを順に見ていこう。

　木村氏が大学を卒業した後，最初に勤務した商社には営業職を希望して入社したのだが，初任配属されたのは経理部であった。

　「商社に行ったら，営業入って世界を飛び回る，みたいな夢があるんですけども，商社の場合はどちらというと，経理だったらずっと経理みたいな，経理畑みたいなことを当時，言われていて。」

　「で，営業への異動はちょっと難しいっていうふうに上司から結構，言われていたと。ただ，営業，どうしても行きたかったので，営業へ行きたいと言い続けたんですけど，いいかげん，観念しろよ，みたいなことまで言われたりして。途中で，実績ない若造が口ばっかでは駄目だなと思って，簿記の勉強を始めて，2年間で3級，2級，1級まで取りきったんですね。」

　「そこまで取れば堂々と（希望を）言えるなと。仕事でなかなか，経理で結果は出せないので，そういうところで結果出して，と思ってやったんですね。その結果を出していったら，そこまで勉強して，何だ，みたいな。せっかくならここをやれ，（経理を）極めろ，みたいなことを言われて，改めて，ずっと僕はこの会社にいて経理なんだなと思ってしまったときに，辞めようかなと思ったのが丸2年ちょいぐらいですね。」

　こうして木村氏は，入社した総合商社を2年で辞めることになる。短期間で最初に入社した会社を辞めるのは残念なことであったが，それ以来木村氏は，キャリアを組織に預けるのではなく，自分で考えて変えていく習慣がついたようだ。

　木村氏が商社に入社したのは1997年だったのであるが，その当時は山一證券の倒産に代表されるように，日本経済が大変な危機を迎えていたときだと言える。また同時に，新しくIT企業等が台頭してきた頃でもあり，若い経営者などに注目が集まっていた時期でもあった。そしてそのことは，商社を退職した後の木村氏のキャリアにも影響を与えたようだ。

　「人の動きが激しくなりつつあって。第二新卒2)みたいな言葉がようやく出てきた

176

ぐらいで，2 年ぐらいでも，ちょっと，辞める人が増えてきた時期だし。ネットバ
ブル[3]の入り口に入るぐらい。ちょうど，堀江さん（堀江貴文氏，当時のライブド
ア社長）とか藤田さん（藤田晋氏，サイバーエージェント社長）とか出てきて。そ
ういうのにも若い頃，憧れていて。でも，僕はずっと経理なんだ，みたいなのも
ちょっと。もやもやしてたと。」

「次，どうするかといったときに全然，起業とか。もともと，（学生時代の）就職活
動が，体育会のボート部で，いいとこ行けばいいみたいな考えで，かつ体育会やっ
てたので，もっと，遊んで（異性に）もてるところがいいって考えて，商社とマス
コミだけを受けて。（中略）転職するときに，起業はよくわかんないな，みたいな。
それで，何ができるかといったときに，当時，ちょうど，IT プラス経営，みたいな
ことで，外資系コンサルティング・ファームが結構，出てきたんですね。それでい
くつか，当時，外資系の大手のファームを受けて。2 社に内定をもらって。当時，
Q 社のみが第二新卒で，新卒と同じ扱いでやってくれるという受け入れだったので，
そちらを選んだんですね。そこで半年ぐらい IT の研修して，最初の 9 か月ぐらい，
システム開発プロジェクトでエンジニア，やってたんですね。実際のプログラマー
……。」

しかし木村氏がやりたかったのはプログラマーではなく，戦略系のコンサルタ
ントであった。木村氏はまたも希望の職種につけなかったのであるが，彼はそれ
を我慢したわけではなく，自分で周囲に働きかけて異動させてもらうことに成功
している。

「コンサル会社ってこんなんだったのかな，みたいなことを思って。Q 社に，戦略
部門，システム部門，人事，組織部門とかあって，僕はシステム系だったんですけ
ど，たまたま，戦略系の，（全部で）2000 人ぐらいで（その中の）100 人ぐらいの
規模なんですけど，そこの偉い人と仲良くなって。関係性をつくって，9 か月目ぐ
らいで戦略部門に移ったんですね。で，戦略コンサルタントとして約 3 年ちょいぐ
らい，Q 社で過ごして。そこでは本当にいろんな経験させてもらって。M&A のプ
ロジェクトだとか，新規事業探索だとか，人事制度策定，上場企業のですね。とか，

2）　新卒で特定の企業等に就職した後，短期間の内（1 ～ 3 年程度）に転職を希望する者で，
　　この時期からそうした人たちをターゲットにした採用が増えていった。
3）　インターネット関連企業の隆盛と，それらに対する投資の異常な高騰といった現象を指
　　す。日本では 1990 年代後半から 2000 年代前半に起こったと考えられることが多い。

戦略子会社の実行支援で，お客様の名刺持って営業したり，いろいろ，いい経験させていただいたと。」

　木村氏はQ社に入社する際に，半年間みっちりとIT関連の研修を受けたのであるが，9か月後にコンサルタントになったために，また最初から勉強し直す必要があった。そして木村氏はそれにも意欲的に取り組んだようだ。

　「そもそも，経営戦略とかマーケティングの話とかわからないので，そういったのはひたすら，コンサルはキャッチアップのスピードを鍛えてもらえるので，本，1週間に30冊ぐらい読み切ってマスターするとか，そういうのはものすごくやってましたね。そこで，アウトプットはインプットの量に比例するという法則は僕の中でできあがったので。」

　木村氏は約4年間，Q社で精力的に勤務したわけであるが，その後に自分の父親が社長を務めるシステム開発企業に，役員として参加することになる。そしてそこからの数年間が，木村氏にとってのキャリアの転機になった。

　「29のときに，これからどうするかなと思って。もっと実業やりたいなみたいな。今は思ってないですけど，当時は，コンサルは虚業だみたいな，僕の中で少しあって。実行しないし意思決定しない，みたいな。で，実業をやろうと思ったときに，何しようかなと考えて，実は，父親が会社をやっていて，そこに入ったんですね。それがシステム開発で，大体，80人ぐらいで10億ぐらいのIT屋さんですね。」
　「流通業向けの基幹システムと，銀行向けの勘定系がメインで。勘定系が人を派遣するような常駐型ビジネスで，流通が受託開発。自社のパッケージ作って。そんな感じです。」

　この会社は小規模ではあるが，いわゆる下請け型のプログラム開発だけを行う会社ではなく，元受けとして上流工程から担当するような会社であった。それゆえ，木村氏にとってもやりがいのある仕事ではあったのだが，木村氏は最終的には会社を引き継いで社長になろうとは考えなかった。父親や家族のことも考えて別のキャリアを歩むことにしたのだが，それがミドル期の転機のはじまりになったと言えるだろう。

　「どっかに，その先を見据えていたとは思うんですね。だから，継ごうとか思って

ないですけど。37の前に父親に話して，じゃあ，どうかと。父親も，息子を会社
に入れる経験が初めてだったので，いろいろと難しかったようで。もともと，父子
の関係って，長男で，あんまりよくはなかったので，その関係性が多分，会社の中
でも出てしまって，うまくできなかったところがあるんですね。やっぱり，第一子
と父親の関係って難しいとこありますけど。そこで6年ぐらい働いて，最終的に，
弟も入ってきたいって言い出して。弟は父親と結構，仲良かったところもあるので，
入ってくるタイミングで，僕もちょっと疲れていたので。バーンアウト的に。結構，
がむしゃらにやって疲れていたので，弟に任せて僕は出るっていう話になって，弟
に託したんですね。」

2．新規事業開発への挑戦と挫折

　そして，木村氏は著名なコンサルタントが経営する日本のコンサルティング・
ファームに転職することになる。

　「その後に，R社って会社。ある有名なコンサルタントが経営者なんですけど。親
　の会社にいたときには，組織開発系をすごいやってたんですね。やっぱ，いい会社，
　つくりたいと。事業サイドもそうですけど，どちらかというと，人材マネジメント，
　組織マネジメント。そこで，R社の勉強[4]をしたり，別の似たような会社にサービ
　ス頼んだり，いろいろとやってたわけですね。そっちの領域が好きだったのもある
　ので，そっち側に移るということでR社に移ったと。で，組織風土改革を6年ぐら
　いやってたんですね。その間に，本も2冊ぐらい書かせてもらったりとかして。」
　「R社の中で，上場企業，大企業と，ベンチャーはあんまりないですけど，中小企
　業，特に全国にある二代目系。大きく，この二つで。僕は両方やってましたかね。
　僕の持ち味は，組織の中でも結構，若手向け，20代，30代向け（の提案）が強
　かったですね。あと，自分が後継者経験があったので，後継者向けの支援とかが多
　かったですね。」

　こうしてコンサルタントとして実績を積んだ木村氏は，R社の支援も受けて自
分のビジネスを立ち上げることになる。そしてそれが木村氏にとっての最大の転
機につながっていく。

4）　R社のトップであったコンサルタントは，書籍もかなり出版していたので，それらを読
　んでR社の考え方を勉強することが可能であった。

「R社の初の社内ベンチャーという形で子会社，作らせてもらって，その社長をして。R社は組織開発なんですけれども，僕はもう少し，対個人に対しての変革に注目していたので，個人向け，若手向けみたいなところで，自分の会社を，親会社がR社で作らせてもらって。それが入社して3年目ぐらいで。その会社，何年かやったんですけれども，クラウド，ITを使った組織変革っていうコンセプトで，クラウド・チームビルディングというのを開発して，ITサービス，始めたんですね。ただ，システム開発の場合はコンサルとかと違って，初期投資とか，お金，結構，必要になるので，自社利益だけではなくて資金調達，必要だという話になって。ただ，子会社のままやってると，そのサービスは親会社にとってどうなのかとか，方向の検討が難しかったので，話し合いをした結果，スピンアウトして。株を買い取って独立したんですね。独立した後にファンド回りをして資金調達，数千万して，システム，人，組織に投資して，やってたんですね。また，公庫とかで借りて，1億ぐらいトータル，資金調達して回してたんですけど，いろいろあって，ファンドとの仲があんまり，人間関係よくなくて，そのファンドと付き合えなくなっちゃったんですね。そういったときに，ちょっと体調崩して，少し休んだんですね。休んで，戻ろうかと考えたときに，5年で100億を目指して走ってたので，ものすごいスピード感で，すべてを犠牲にやってたところがあるので，このスピードの中にまた戻るのかと。家族もいるし，体調的にもちょっと崩した中でって考えた結果，ファンドと縁を切ると考えて，ファンドから株を買い取ることを検討したと。もしくは，僕が経営を渡すかですね。という形で，ファンドと別れてもう1回やろうという交渉を6か月ぐらいして，最終的に，ファンドの先の投資家とか，すでにそのサービス，結構，大手がお客様としていたので，お客様もいる手前，経営を向こうに任せて，経営陣，新しく入れてもらって，僕は引いたんですね。」

　新しいアイディアを出して事業をはじめたのであるが，そのために多額の投資が必要になった。それがきっかけとなって親会社から独立し，ファンドとの対立も経験した。その中で健康を損ね，何とか復帰はできたものの，最終的には経営から身を引くという結論に至ったのである。それまで自分が思うキャリアを実現するためにがむしゃらに突き進んできた木村氏にとっては初めての挫折であり，初めて立ち止まって考えた経験だと言えるだろう。

　「それで，3か月ぐらい，体と心を整えるように休んで。今年の1月からは，個人

事業主としてリスタートしたんです。今年，入ってからは，完全に新しい働き方を
実験しようと思って。パラレル・キャリア[5]ですよね。今，個人事業主として，い
くつかの会社のコンサルをしたり，BtoCをいくつかやったり，NPO支援をしたり，
5, 6個ぐらい，活動をしながらやってるという感じですね。なので，転機は，親
の会社辞めるときと，会社を立ち上げて，会社を辞めるとか，紆余曲折ではあるん
で。でも，それだけ多く経験できたので，100年人生みたいなのを考えると，先に
（失敗や辛いことを）経験できてるのはラッキーだというポジティブ・シンキング
で生きてる。」

「自分で会社，立ち上げて，社長，退任するまでのプロセスが一番，主体的に生き
て，働いて，リスク取って，辞めた。（中略）それは誰にもできない経験だと思い
ますね。ファンド入れて，ベンチャーのスタートアップの世界，どっぷり入って。」

「もともと，ファンドから役員を入れてたんですけど，最初の頃は，一緒に頑張ろ
うって，同志みたいな感じだったんで，僕も結構，気，許して，何でも話すように
なってたんですね。でも，時間がたって，なかなか，数字が出ないと，向こうが
ファンド的立場に瞬間的に変えてくるような。結果出ない，数字，みたいな。そう
すると，何も言えなくなってしまって，結構，精神的に。生まれて初めて，恐怖感
みたいな，怒られるとか，殺されるんじゃないかとか，死を意識して，不整脈とか
も止まらなくなったりとか，思考停止に。抑うつ状態ぐらいまでは多分，いってた
と思うんですけど。」

「社員雇って，しかも，毎月500万ぐらい赤字出してたので，あと2, 3か月で金な
くなるとか，資金調達，あと2億どうするとか，そういう話をすごい詰められて。
だけど，サービス提供とかで仕事あるから，なかなか，投資家回りもできない状態
で，白旗って感じですね。で，会社に行けなくなるぐらいまでいったので。ちょっ
と休んだら折れてしまって，復活できなくて，2週間ぐらい休んで。その間に，ど
うするかで結構，考えた感じですね。それが一番。死を意識したぐらいですね。死
ぬんじゃないか，死んだほうがいいんじゃないかって。」

「僕の力量不足というのが一言なんですけど。ただ，赤字は赤字で，事業投資して
るからいいんですけど。今，例えば，1億のお金を集めてて，さらに2億集めて，
5億集めて，事業を続けるっていう生き方をこのまま続けるのかどうかって思っ

5）　Drucker（1999）によって提唱された同時並行を意味する新しいキャリアで，複数の仕
　　事を持ったり，社会貢献のような非営利活動に参加するキャリアを意味している。第2章の
　　鈴木氏の事例も一部それに該当する。

ちゃったんですね。僕としての覚悟が足りなかったといえばそれまでかもしれない
んですけど。この生き方，働き方を本当に続けるのかどうか。要は，追われるよう
な生き方ですね。でも，結果出してうまくいけば，それこそ，キャピタルゲイン[6]
であるけど，それが幸せか。幸せ論じゃないけど，家族の関係もすごい，悪くなる
わけですよね。離婚するかとか，話も出たぐらいなので，結構，家庭に，仕事に，
ぼろぼろで。厄年の最終年だったんですけど，人生の正午じゃないですけど，生き
方をもう一回，自分に問い直したっていうのがありますよね。」

3．「生き直し」を始める

　木村氏はこのように苦しんだ末に，自らの働き方を見直して大きく変えていく
ことになる。それは華々しい成功や他者からの称賛を求める生き方から，自らの
深い満足を求める生き方への移行と言えるかもしれない。

　「頑張ったというよりも，（挫折の前は）外側の結果や実績という外部の刺激で満た
されようとしていた。内側の，自分の中に満たされるのではなくて。どんな結果と
か実績があっても，そのとき，一瞬，満足するけど，足りないという欠乏感だけで
生きてたんですね。本も2冊出したし，新聞，テレビにも結構，出したし，周りはす
ごいねっていうけど，自分では何も変わらない，満たされない。で，最後が，上場
（を目指す）っていうふうに。」
　「中学時代も野球で，キャプテン，4番で，とかやって。名門の高校に受かって。
大学もそのまんま，エスカレーターで行って。そんな，考えてなかったのに，総合
商社，受かっちゃって，外資系のQ社受かっちゃって。ていうと，外から見たら，
きれいで，挫折知らずで生きてきて。で，親の会社，みたいな。30ぐらいまでは，
誰もがうらやむような道ではありますよね。35ぐらいで親の会社を辞めるとこで
初めて，挫折を味わって。ちょっと盛り返したら，また，昔の癖でっていうのはあ
るかもしんないですね。」
　「そのときは，このまま生き続けるのかって思ったんですけど，辞めると決めてか
ら，これからどう生きるかって考え直したときに，いろいろ，振り返ったり。それ
までもしてましたけど，改めてして。自分の中でのそういう謎解きして，正しい，
正しくないは別として，一回，自分の中でそれがわかれば，解釈できれば，ちょっ

6）　株式などの資産価値の上昇による利益（売却価格－購入価格）。ベンチャー企業の創業
　　者は成功によって大きなキャピタルゲインを得る可能性がある。

と楽になったりして。リリースされていくので。」

「そこで，僕は『生き直し』って言ってるんですけど，生き直しを今年，1年かけてしてきたっていう感じですね。そういう，心理カウンセリング的なものもやったし，心だけではなくて，体，変えようと思って，ダイエットもしたし，思い切って，人生変えるんだから金髪にしちゃおうとかもしてるし。でも，思いのほか，金髪しても周りから言われないし。うちの親父とかは，お前，何やってんだ，今更，とか言うけど。でも，そういうのも，昔だったら気にしてた僕がいますけど，今はあんま，気にしなくなったし。という1年でしたね。」

　現在の木村氏は小さな事業をいくつか始めているのであるが，以前のように仕事だけの生活ではない。事業の成功や拡大よりも，自分が好きで社会的に意義のある事業をしようとしているし，家族との生活を大事にしており，家族と一緒に働くことも始めている。

「で，今年に入って，コンサルやったり，社外役員やったり，個人的にデトックストレーナーしたり，奥さんが今，アロマで起業してるので，奥さんの起業支援したり，起業塾，開いたり，学校とかで話したりとか。」

「もう1個のテーマが，心，体，仕事，家族っていうキーワードで，原点に戻った感じですね。今まで，その前は，世界を変える，社会を変えるって大声で叫んで生きていたのを，まず，自分（を変える）。半径5メートルに変えて。自分と家族と身近な人。そこの幸せだけを追求する生き方に変えようと。生き方，働き方に。そういうコンセプトでやってて。主にコンサルでやってるのは，事業開発ですね。サービス開発と。立ち上げは結構，たくさんやってきたので。今，2社で事業開発，サービス開発してて，この会社のお客さまのサービス開発も二つぐらいしてたり。」

「楽しいですね。もう，自由。時間，場所。独立するときに言われたのが，ある経営者に，三つの自由を手に入れるために独立するんだよと。それは，人間関係の自由。好きな人とだけできる。あと，行動の自由。やりたいことだけできる。あとは，経済的自由。それは最後，ついてくるけれども，お金の自由。この三つを手に入れるために独立すると。前回の起業，独立って，ファンドとか社員とか雇って，それがまったくなくなってっていうのが，振り返ったときにわかったので，今回はこの三つをちゃんと維持しようと思ってやった結果，本当にできている。去年の11，12月は無職だったんですね。売り上げ，ゼロだし。1月から，どうしようと思っ

てやったんですけど，おかげさまで。」

　このように木村氏は新しい事業で生計を立てることができ始めたようなのであるが，もちろんそれは簡単に実現することではない。木村氏がそれ以前に，Ｑ社やＲ社で活躍していたからこそ，それが可能になったのである。

「（必要なのは）経験と人脈ですね。社会人人生，すべての期間のじゃないですかね。その積み重ねで。僕の場合は，いろんなことをしてるというのが独自性だと思ってて。要は，自分が，これが独自性だって言える何かですよね。それは，１個に究めるでもいいし，多岐にわたるでもいいし。僕は，多岐にわたる経験と，そこで出会った人たちとの人脈。今の仕事もほとんどは，声掛けてくれて，という流れなので。」
「前の会社のときに，事業提携を検討したお客様がいて，そこに，何でもいいから仕事くれって土下座しに行くような感じですね。そうしたら，ぜひっていう話になって，やったって感じですね。」

　そして木村氏は現在，将来を見据えてさらに新しいことに着手しようとしている。

「小３の息子を社長にするっていうとこが今，手間取ってるんですけど。その会社で家族が１人１個，事業を持つ。僕が食わせは，当面，するんですけど，奥さんも事業を持って。専業主婦，10年ぐらいやってたんですけど，女性の経済的自立っていうものをテーマに，奥さんになんとか頑張ってもらって，一つのモデルができたらいいな，とか。あと，教育の環境としての経営を子供からさせるっていうモデルケース，作りたくて。そういう，子供と一緒にやる会社を来年，作っていきたいなと。そこでいろいろ，体験させて。まず，子供に売り上げを立たせてあげたいなとか。」
「数か月後に作るんですけど，息子のお年玉を原資に作るっていう話してる。そういう，本人にも，気持ちにさせて，印鑑証明，取りに行くのも一緒にしたりとかして，会社作るときにはこうするんだよ，とかいう話してあげて。教育として，もしくは女性の自立支援として，やりたいなと思ってますね。その先はまだわかんないですけど，そのモデルができたら，そういう生き方，働き方，これから，副業とかが増えてく中で，何か，世に広めて，そういうパッケージじゃないけど，みんなも

できるようなものをしていって，新しい家族の形みたいなものもできてくると面白いのかな，とか。うまくいったら，その会社，子供に引き継いだりできる，とかも考えてですね。（中略）あと，女性の起業支援とか。今，シングルマザー支援とかも少しやってるので，そういうこととかですね。」

　このように木村氏は，大きなキャリアの転機を経て新しい働き方を始めたわけであるが，以前と今とを比べて，次のように述べている。

「あの人，上場したわ，とかね。周りにそういう人，やっぱ，いっぱいいたので。あの人，パートナーになったわ，年収3000万か，とかね。そういう情報，入ってくると，うらやましい自分がいましたけどね。でも，最近，ここ3か月くらいは，仲間も上場，何人かしたり，5000万だのなんたらとか聞きましたけど，いいなとは思いつつも，昔みたいに自分を卑下するのもないし，というふうには変わってきたかな。本当，性格を変えるぐらいの内省と行動してる感じはありますね。生き方と性格，変えようっていうふうに。」

　これらの言葉はおそらく，木村氏が今の働き方を積極的に肯定できていることを示すものだと思われる。以前ほど精力的ではないかもしれないが，決して挫折の末に仕事への関心が弱くなったというわけではなく，本当にやりがいのある働き方を考えるようになったということであろう。

第3節　山口氏の事例
——希少なレベルの専門性が理想の働き方を実現する

1．新卒で中国に渡り，会計士として活躍する

　次に，長年外国（中国とシンガポール）で働いた後に日本に帰国し，日本企業で仕事と育児を両立するために仕事の負担を少なくした山口氏（インタビュー時点で39歳）の事例について見ていく。山口氏はアメリカのCPA（certified public accountant：日本でいうところの公認会計士）と，中国の国家会計資格（中国就業資格証書）の資格を持つ会計士であり，本書における研究対象の職種には含まれない。しかし非常に貴重な事例であるため，参考事例として紹介したい。

　山口氏は大学卒業後，すぐには就職せずに中国に渡航して，そこでキャリアを

模索し始めた。彼女が大学を卒業した2001年はいわゆる就職氷河期に当たり，山口氏はそうした社会状況の中で，日本で周囲と同じように就職活動をすることに疑問を持ち，別のキャリアを探し始めたのである。

　中国に渡航後，現地の名門大学の学生たちと一緒にインターンシップ等を経験した後，山口氏はＳ社という会計事務所で働くことになる。そこでは主に中国企業相手に会計事務，税務申告，記帳などの仕事をアウトソーシングという形で行っていた。

　しかし当然ながら，大学を出たばかりの若者が簡単にできるような仕事ではなく，専門知識はもちろんのこと，中国語をはじめ多くのことを学ぶ必要に迫られることになる。

　　「確かに最初の頃はまったく何もできない人なので，中国語も『はあ？』とか，なかなか厳しい対応でしたね。最初から克服しなきゃいけないことはたくさんありましたが，ただ若かったので別にお金もいらないですし，とにかく自分が経験できれば良いってところがありました。」

　　「いつもノートを持ち歩いて中国語の勉強をしていました。ただ，中国語ができるだけじゃ全然付加価値にならない。日本語が流暢に話せる中国人はたくさんいますから。」

　　「なので，会計事務所の方で勉強を始めました。当時まだ少なかったのですが，日本人の公認会計士の方が駐在されていたのですが，彼らは中国語のハードルが高いので中国の会計税務になかなか精通しづらいところがあったんですね。」

　　「私は本当に下っ端からのたたき上げだったので，現地の会計の学校に通って中国の会計の資格を取りました。そこがすごい転機というか。自分にとってそこが突破口になったと言いますか……。たぶん私が中国の国家資格（外国人の）第一号だと思います。取ったのが。」

　当時の山口氏が担当していた企業は日系企業であったのだが，中国人の財務責任者や経理担当者と渡り合い，同時に日本人の総経理（社長）とも意思疎通を行うという仕事を経験することによって，自分の価値を高め，大きく成長することができたのだという。日本人とも，中国人とも円滑にコミュニケーションができ，中国語と中国の会計実務に精通した人材になったのである。

　その後山口氏は，USCPA（米国公認会計士）の資格を取得して監査マネジャーとなり，さらに専門性を高め，配偶者とともにシンガポールに転居した後も会計

監査業務に従事した。なお，山口氏は育児をしながら仕事を続けていたのだが，上海でもシンガポールでも，女性が育児をしながら働く環境が整っていたので，大きな支障はなかったらしい。

> 「もう女性が社会でキャリアを持ってバリバリ仕事をする環境がすごく整っていると言いますか。全体として社会進出してマネジメントしている数が日本と全然違うと思いますね。」
>
> 「彼女たちがそれをできるということはもちろん家庭のサポートが受けられたり，例えば，会社の中にいても，子供が熱を出したりしたときには煩雑な手続きなしにタイムカードを切って帰れるとか。」
>
> 「そこからまた戻って仕事をしてもいいし，家に持ち帰って仕事をしてもいいとか。」
>
> 「具体的には中国とかシンガポールではお手伝いさんの方もたくさんいらっしゃいますし，中国では時代で変わってくるとは思いますけど，（働いている当人の）親が孫の世話をするといったことになっていますので。」
>
> 「女性が子育てして仕事もしてバリバリやっていることにまったく罪悪感がないんですよね。日本とは違って。」

2．日本に帰国した後の変遷

　ところが日本に帰国して日本の監査法人に勤務し始めると，育児と仕事との両立が困難になり，それがキャリアの転機につながっていった。日本では勤務の拘束時間が長いだけでなく，時間の使い方に関する裁量権も少なく，仕事の負担が家庭生活を圧迫したのだという。

> 「日本に帰ってからは税理士法人の中国デスクに入社いたしました。（中略）何らかの転機・動機・変化でいえば，個人的になりますが，やっぱり子供の教育とか自分の体力的なところで限界を感じたというところです。」
>
> 「ずっとファーム系でやってきまして，海外業務はとても多忙でした。色々なプロジェクトが並行していくような，そういったものですので，なかなか家庭の子育てのことが（難しい）。海外よりも日本の方がもっと難しいですね。」

　こうしたことは海外から帰任した人だけでなく，育児と仕事を両立させようとする女性のキャリアを論じる際に，必ず問題視されるのであるが，山口氏はその

ことに関して次のようなことを述べている。

> 「やっぱり私が経験したシンガポールや中国と日本との大きな違いは，考え方が違う。日本はとにかくプロセスがすごく重要です。」
> 「だからオフィスにいなきゃダメ。スマートワーク（例えば在宅勤務）だったらちゃんと申請したうえで報告をするだとか，すごく細かい要件がある。」
> 「中国とか新興国だとプロセスよりまず結果が大事。効果をいかに出せるかというところが（一番）。（中略）日本はなかなか結果までの道のりが長い。そして，そのプロセスが重要視される。」

　このようなプロセスを大事にする働き方，そして常に職場に深く関わることを重視する働き方は，日本企業に関する研究において，その特徴としてしばしば指摘されるものである。それらの特徴は，組織における一体感やコミットメントを高める効果があると積極的に評価される一方で，長時間勤務の原因にもなり，勤務時間や仕事内容に一切の制約のない人以外は働きにくい職場を作り出すことにもつながっていると見ることが可能である。それだけでなく，他のメンバーと違うことをするのが難しく，仕事上の自由が制限されるため，それが働く人の不満を強くする可能性がある。育児をしている女性はもちろんのこと，自由な働き方を求める人にとっても働きにくい職場になってしまうのである。

　それを痛感した山口氏は，転職エージェントに依頼して転職活動を開始した。そしてそれと同時に，育児と両立できる仕事内容や職場環境を模索することにしたのである。

　結果として山口氏は別の監査法人に転職することになり，それに伴って仕事内容も変化したようである。

> 「それまでは海外業務（中国にある日本法人の監査）でしたから，そのずっと忙しいものから，（転職した新しい会社では）グループ会社の内部監査室・内監と呼ばれるところに行ったのはすごく大きな変化ですね。仕事として。」
> 「海外業務と打って変わって緩やかですので。（中略）きっちり残業もなしで定時で帰れる，という専門職からしたら嬉しい勤務形態だと思います。」

　山口氏はクライアント企業の担当者と連絡を取り合いながら各地を飛び回るといった生活から解放されたわけであり，かなり安定的な生活と，落ち着いて取り組める仕事（年に4回，中国に出張し監査をしている）を手に入れたと言える。

そしてそこで注目すべきなのは，山口氏が転職に際して，賃金等の労働条件を一切低下させずにすんだことである。

　「そうですね。そこで私は専門領域から絶対外れたくないという思いがありましたので，あと正社員であるとか待遇であるとかをまったく譲らない（考えを持っていた）というか。」

　「日本で転職活動をしていて，初めてエージェントの方とお話しをして感じたのは履歴書の待遇・給与のところが落ちてしまうと，もしそこで付加価値を高めていることをしていてももう上には戻れない，という厳しい現実があるのかなということを他の女性たちを見たり，エージェントとお話をしたときに感じました。」

　「なので，そこはもう譲らない方がいいのかな，というところです。なので，中国の会計税務とか中国語の仕事はニッチなのですが，ハマればすごく需要があるところなんです。そういうところで探しました。今は内部監査なのですが，基本的に中国業務をやっています。」

　要するに山口氏は，仕事の負担を少なくするという目的を果たしただけでなく，自分の望む専門領域の仕事を，自分の望む条件で手に入れたことになる。口でいうのは簡単であるが，ミドル期に差し掛かった女性が，日本の労働市場でこうしたことを実現するのは非常に難しいことだと言えるだろう。もちろんその背景には，山口氏が高度な専門性（CPA等）と希少な能力（中国企業への対応力）を持っていることがある。その点は山口氏も強く意識している。

　「結局のところ専門性とは何か，ということを考えたときに，確立された専門性のある業務をやってきた，できるということだけではなくて，その領域の従事者が貴重で少ないこと。」

　「人材市場において一定以上の需要があって初めて成り立つものだと思うんです。希少で市場もちゃんとあるのに加えて，エビデンスとしてこれまでの履歴だとか実務経験とか資格とか，そういった書けるものがないとなかなか専門性を証明できない。」

　山口氏が現在の仕事について（インタビュー時点で）まだ1年弱なので，このまま良い状態で勤務し続けられるかはわからないが，山口氏のこれまでのキャリアが，彼女の労働市場での価値を高め，良い条件で働ける理由になっていることは間違いないだろう。

そして山口氏はこれからのキャリアについて，自分だけでなく後進のことも考えて働きたいと考えており，次のような希望を話している。

> 「そうですね。ぼんやりとなんですけども，これまではガツガツと仕事をしてきたのですが，今度は人に教えてあげるとか貢献できるような，そういう所に身を置きたいなっていうようなことは思っています。」

> 「自分が中国で14年間携わって見てきた分野で何か助けになるようなことを。中国に進出して撤退するブームが落ち着いてはきましたが，撤退するにも物凄い労力がかかるので，そういったハードルのところを何か知識的・経験的なもので補助できるような（ことをしていきたい）。」

第4節　林氏の事例
——育児を終えて挑戦的な仕事に取り組む

1．学問の世界からベンチャー企業へ

　本書が最後に取り上げるのは，育児が一段落したことをきっかけに，ミドル期において仕事の中心性を高くした女性，林氏（インタビュー当時41歳）の事例である。

　林氏のキャリアのスタートも，大学を卒業してすぐに企業に就職といったものではなかった。林氏は当初，大学の研究者になるつもりで，大学院に進学したのである。

> 「学部から，そのまま大学院に進みまして，国際関係を専攻していたんですが，修士課程，マスターを出て，ドクターのほうに行きました。（中略）　実務経験がないままに，一応フィールドスタディーはやるんですけど，ほぼ机の上での研究という形で。」

> 「こういう国際関係のようなことを，いろいろ知見を深めて，それで社会に知識でもってフィードバックしたりとか，こういった分野を学んでいく学生に教える，みたいなことがやりたかったんですね，当時ね。」

　ところが博士後期課程に在籍していた頃，林氏はキャリアの転換を図ることになる。

「単位取得をして，博士学位取得のための基準になる論文を何本も仕上げてってと
ころに行く前に，就職をしたんです。人生の転換を図りまして。ただ，そのときに
なると，年も27とかだったから。新卒の枠という感じでもなく，なので，ビジネ
スをまずは習得しようということで，まさにベンチャーが流行っている時期で，知
り合いのやってるベンチャー企業に，ポンッと飛び込んだと。業界経験はないです
が，役員陣の右腕，左腕になって，あらゆる業務を経験させてもらったと。」

　このように林氏は学問を追究する道から，ベンチャー企業で働く道へと，大き
くキャリアを変えたのである。林氏がベンチャー企業に飛び込んだのは2003年で
あり，IT関連企業をはじめとする多くの新興企業が生まれ，注目されていた頃
であった。

「（就職先は）ビデオ・オン・デマンド・システムみたいなものを持っていて，それ
で，マーケットをいろいろ探しながら，その業界に特化したビジネスを立ち上げて
いくみたいなことをやってました。」
「例えばですけど，美容業界，ウエディング業界，全国チェーンで経営されてる方
向けに，お客さん向けの販促用のビデオシステムだとか，あるいは，社内の技術者
を養成するための番組を作って配信するとか，そういったことですね。」

　林氏はこの事業における制作企画から実際に配信するところまでを一貫して担
当しており，簡単にいうならばプロデューサーのような仕事をしていたといえる。
またそれに加えて，営業方法の立案，つまり，どこに売るかを考えて，実際に試
しにいくつか立ち上げて，可能性を見極めるような仕事も担当していた。こうし
た重要な仕事，しかも膨大な仕事を，入社して間もない社員が担当していたわけ
であるが，やはりそのあたりはベンチャー企業ならではのことだったといえるだ
ろう。林氏が勤務していた会社は東京の渋谷にあったのだが，当時の渋谷はビッ
ト・バレー（bit valley）と呼ばれて[7]ベンチャー企業が集まっていた。そこで
は多くの人が昼夜を問わないような働き方をしていたのだが，林氏もその例にもも
れず，毎日深夜まで働くような生活を送るようになっていたという。

「ベンチャーキャピタリスト向けの提案資料とかも作ってたので。」

7）　アメリカのシリコンバレーを真似た名称であり，bitは渋い（bitter）と情報量を表す単位
　（bit）をかけたもの，バレーは谷（valley）である。

「2年間（その企業で働いて），朝の7時から夜の3時ぐらいまで，毎日続けてたんですね。」

「そういうもんなんだなあと。渋谷にいたんですけど，周りもみんなそんな人ばかりだったんで，世の中そういうもんなのかな，ぐらいの感じで（酷い職場とは捉えていなかった）。」

2．育児のための転職

　しかしながら，そうした生活を長く続けるのは難しい。林氏の場合は子供の成長に伴い，別の働き方をすることを迫られることになる。おそらくこれが林氏にとって最初の（ミドル以前の）キャリアの転機であろう。

「そもそも，就職した経緯っていうのが，学生結婚をしていて，子供が生まれたんですね。なんですけど，（夫と）別れることになって，自分でちゃんと稼げるようになろうっていう，短期的にそれが趣旨だったので，2年間はまだ新宿の保育園で，24時間保育園とかもあったりとか，家族の助けも得たりとかしてですね，できたんですけど，小学校上がって，これ無理だぞって思ってですね。ちょっと家族に合わせた職選びっていうことで次に移ることにした。（中略）そうなんです。30ちょい手前です。」

「そうです。定時で帰れる仕事っていうのが，世の中にあるぞと。会社でも，派遣社員の方とか来ていただいていたので。」

　そして林氏は転職することになるのだが，林氏が転職したのは中部地方のX県にある人事関連のシェアード・サービスの企業であった。

「実家がX県なんです。その近くで，自分のスキルで安定して働けるとこっていうことで，人材紹介会社に紹介してもらったのが，総合商社グループの人事機能会社です。」

「本体の人事と，あとグループ各社の人事支援サポートっていうことをやっている会社に入りました。」

　林氏はその後，人事管理，人的資源管理の領域を中心にキャリアを形成していくわけであるが，この転職で初めてそれに従事することになったのである。そしてこのときに，人事制度や労働基準法などの専門知識についても学び始めることになる。

「ものすごい勉強することがいっぱいありました。そのときは，総合商社自体の一般職，事務系の方たちの採用，育成，評価っていう業務管理全般を，最初入社してから３年ぐらいはやってました。で，その後，グループ会社の人事サポート，人事制度を作ったりですとか，運用方法の見直しをしたりだとか，そういうことを始めました。で，そこから人材開発のほうに行って，総合商社の本体自体の人材開発業務もやりまして，最終的には海外を含めたグループ連結の人事管理，リーダー育成や理念浸透プログラムのグローバル展開，日本から派遣する海外駐在員の処遇管理の仕組みを統合していく，みたいなこともやりました。あとは，グループの一つの会社のほうに出向で出掛けて，そこの人事機能の変革みたいな，オペレーティブ業務は自分の所属会社に出して，その会社自体は，戦略人事的なこと，ローテーションをちゃんとかけてく，制度立ち上げる，仕組みを立ち上げるといったことをやっていました。」

　林氏は初めて転職した会社でこのような仕事に従事し，12年間勤務を続けたのである。その過程で仕事内容も徐々に広くなっていたし，グループ会社の仕事も担当するようになっていった。その意味では人事のスタッフとして順調に成長することができていたし，さらなるキャリア発達も期待できるものであったと言えるだろう。ただ，林氏はその頃の仕事と，先のベンチャー企業での仕事を比べて，次のような感想も持っていたという。

「最初の（ベンチャーの）頃は，規模はすごくちっちゃいんですけど，全方位を意識して，多分それが見えないと疲労するだけなんですけど，会社がうまくいくかどうかというステージなので，そういうのに意識をしてやることができた。そこから先（転職後の会社）は，会社は絶対つぶれない中で，競争力と言いますか，機能高めていくために，ここを充実させる，というパーツを与えられて，そこを拡張していく，そういうすみ分けで，連続性を持って，自分が成長できてる気もしました。」
「心の中では，（転職後の会社は）やっぱりちょっと緩いといいますか，これでこのたくさんの人数がこんなに給料もらってやっていける。なんか，もっと（一人一人が）できるのになっていうような気持ちでずっと12年間過ごしてた。」

3. 育児が終わった後にシンクタンクに転職する

　そうした思いを抱えて働いていた中で，林氏に再びキャリアの転機が訪れることになる。最初の転職の原因となった育児が一段落して，もっと仕事に時間を割ける環境ができてきたのである。

　　「12年たちまして，娘が高校に上がりまして，（将来の）志望学部とか，もうびしっと決まってきているんです。大学は多分家を出ますので，そうすると，そもそも娘のために実家の近くで安定した仕事っていうことなんですけど，それがなくなったら，（今の仕事が）やりたい仕事かどうかって考えたんです。それで，そうではないかなあ，というふうに思いまして。」

　そして林氏は熟慮した結果，大阪に転居して大手シンクタンクの経営コンサルタントになるという道を選ぶ。当然そのことは，それまでの安定的な仕事と生活を捨てることを意味しており，ベンチャー企業ほどではないにしても，ハードな仕事をするようになるということにつながる。林氏はそういう選択を，ミドル期に入ってからしたのである。

　　「これ，本当，ご縁で。初めは，また人材紹介会社から，世の中どんな仕事があるのかっていうことでご提案いただいて，その中にも入ってきたっていうことですけど。一番最初に，学生時代に，ずっと研究とかを続けて，それで学生を含めた人とか世の中にいろんなことを還元するってことを，自分の仕事としてやりたいと思ってたところに，一番近い仕事だなあと思ったんですよね。（その会社は）リサーチ部門を持ちつつ，コンサル部門もある。で，卒業（退職）される方たちの経歴とかも，どちらかというと，例えば，学校，大学で教えられたり，だいぶ自分の元々の価値観というか，よりに近いのかなあと思いまして，なので，50，60っていう年齢を見据えたときにいる場所としては。一番フィット感があるのかなと思った次第で。」

　もちろん40代に入ってからの転職に不安がなかったわけではなかったが，林氏はほとんど迷うことなく，コンサルタントの道に進んでいる。

　　「そうなんですよ。ちょっとはあると思うんですけど，この会社はそういうこと（人を使い捨てるようなこと）をしないだろうっていう。普通に考えて，そういう

ことをやってたら，こういう会社ではいられないはずだよなっていう感じですか
ね。」

　林氏のこうした言葉からは，非常に楽観的な観測によって転職を決意したよう
な印象を受ける。実際，林氏は周りの人が考えるほど40歳を超えてからの転職を
深刻には捉えていなかった。問題はなぜ林氏がそのように楽観的にいられたかと
いうことであるが，その理由としては，キャリアの最初にベンチャー企業に就職
し，昼夜を問わずハードに働いた経験があったことが大きいと言える。林氏は例
え転職がハードワークにつながったとしても，あのときのことを考えれば大丈夫
だろうと思うことができたのである。もしその経験がなければ，このような思い
切った意思決定はできなかったかもしれない。

　ベンチャー企業に見られるような，次にどんな仕事をやることになるかわから
ないような職場環境，あるいは何でもやらざるを得ないような環境で成長してき
た人は，非常に打たれ強くなっているのが大きな特徴となる。またそれだけでな
く，たとえ失敗しても，やり直し学習をためらいなくできるというタフさを持っ
ている。もちろんその反面，大企業で着実に育てられてきた人に比べて，場当た
り的で非連続的な学習をしがちであり，自己流の知識やスキルしか持てなくなっ
てしまうという弱点もある。しかしながら，異業種や異職種に転職することを想
定すると，困難な環境に負けない強さや適応力を持っているということの利点は
大きいだろう。林氏はそうした強みを持っていたのである。

　「最初（ベンチャー企業）のとき，この働き方では，生活とのバランスが回らな
いっていうのがありましたし，次（シェアード・サービス）のときは，それはまず
ないんですけども，本当これ以上幸せな環境はない，この職場から出るのはバカだ
と思いましたが，ただやっぱり，どうしても壁がありました。組織の限界っていう。
粛々と経営方針とかの中で，会社の組織が決まって，これをやって行きます。それ
が，それぞれの階層でブレイクダウンして，落とされて，決めてくんですけども。
一回ここで決まったことは，そもそも覆せないので，そこから先。（中略）これ，
私じゃなくてもできるなあっていう世界，めちゃめちゃ多かったなあと思うのと，
あとは，会社。人事機能会社なんですけど，これもまたトップが出向してくるんで
すが，（トップが）変わるごとに（方針も）変わるんですよね，ちょっと欲を出し
てみて，外部にも売ってみようか（外販）っていうような色を出す人もいれば，も

う完全に（親会社の）アウトソース（に限定する人もいる）。」

「それがあっちこっち。12年いると，大体４回ぐらい方針が変わって，慣れてはくるんですが，見えますよね。それをこう上回るような機能を，何か提案するような経営に変わらない限り，もうやることも見えてんなあっていうところがあって，ちょっとつまらなくなると言いますか，それはあった。それは元々ずっと50から60までかけてやりたい仕事ではないなっていう，そこですね。」

　林氏はシンクタンクに転職してまだ間がないのであるが，徐々に自分のやりたいことや，コンサルタントとしての目標のようなものができてきたという。

「（この仕事は）難易度は高いと思います。答えがない世界なので，何を考えなきゃいけないかとか，どう考えるかとかいうのを，自分で相手が理解して意思決定しやすいように，全部こう，丁寧にアウトプットにまとめていくっていうところなので。よっぽど，そういうのが好きで，やりたくて，かつ，やれる人でないとできない仕事だなあっていうのは思います。」

「仕事を通じて勉強させていただいてます。グローバルテーマの組織人事コンサルティングのニーズが増えているので，上司からそこに対応していく力を大阪でもつけていこう，というテーマを与えていただいて。そこは意識して勉強してます。具体的には，全体観，例えば，じゃあ，グローバル・リーディング・カンパニーがどういう組織の戦略とか，制度とか，考え方でいるかっていう話ですとか，日本全体の企業自体のグローバル化の様々なステージで，それぞれどれくらい会社があるとか，あと，実際に日本企業自体の傾向とか，そういうのを把握しようとしてます。前職で，こういうのやってたっていうのはあるんですけど，１社経験なので，それを広げようと思って。」

　このように林氏はシンクタンクで働くうえでのテーマの一つとして，グローバル人事のコンサルティングをあげているのであるが，実はそれは，林氏自身が過去に学んだことがあるテーマなのである。林氏は２度目の会社に勤務していた際，国内の大学院でMBAを取得しており，そこでグローバル経営に関する修士論文を書いている。

「MBAで受講した授業の中でも，日本企業の海外進出やグローバル経営を扱ったものは，どはまり（専門）のテーマでした。特に，いろんな多国籍企業の中で，日本

企業の人事マネジメントの特徴といったテーマに関心を持ちました。」

「総合商社の人材開発ってやってるときに，事業開発系のプログラムもあれば，グローバルリーダー育成もやりました。受講生である社員の皆さんをコーチングといいますか，いろいろサポートする立場なんですけど。自分自身が，じゃあそれぐらい，現場でそういう事業運営だとか開発だとかやってないのに，彼らのことを理解して課題を提案したりできているのかと。なんか上滑りなことやってるなあって気がしたんです。実際に経験，体験したいと。ただ，営業部門に異動するっていうのは現実的ではないので，MBAにはそういった思いの強い精鋭が集まって，そういう勉強して，疑似でもやってく場なので，そこに飛び込めば，2年間集中してやれるんじゃないかと，で，自分の足りてること，足りてないことも見えるだろう，というので行きました。」

「今の職場では，日系企業が事業を通して世の中に貢献していくことに対する，自分の貢献方法，経営や組織人事に関する専門性を高めるために，仕事はできるだけ，いろんなもの経験したくて。その中で，これから先10年は，これがテーマだよねっていうのを適宜見つけていって，（中略）それをやっていくと恐らく，経験を積めばその先が見えるようになるんじゃないかなって思ってます。」

　これらの話から，元々林氏は研究者志望であったわけであるが，そうした学問や理論に対する志向性が強いことも，現在のキャリアに役立っていることが窺い知れる。

第5節　ミドル期以降の働きやすさをどう実現するか

1．分析視点からの考察

　ここからは，ミドル期以降に仕事の中心性を変化させた3名の事例について，三つの分析視点から考察していきたい。

① 　キャリアの転機と，その後の変化はどのような関連性を持つのか。また長く第一線で活躍するための専門性や創造性はどのように身につけられるのか。
　　事例の3名のうち，2名は仕事の中心性を低くしている。すなわち激務を緩和させる，あるいは仕事の負荷を少なくするように働き方を変えている。その背景

には心身の健康の問題や，育児と仕事との両立といった家庭生活の問題があった。一方，残りの１名は生活環境が変わったことにより，ミドル期以降の仕事の中心性を高くしている。これはどちらかといえば珍しい事例だと言えるだろう。

　木村氏は総合商社やコンサルティング・ファームで活躍した後，役員としても働いた経験を持っている。またその後には社内ベンチャーから新会社を立ち上げるなど，非常に華々しい活躍を続けていたと言える。しかしながらその新会社の事業が上手くいかなくなり，投資ファンドから経営を批判されるようになった頃から，心身の健康に支障が出始める。結果的に木村氏はしばらく休養することになるのだが，それが木村氏の大きな転機となる。

　木村氏はそこから再起を果たし，再び自分の事業を始めるわけであるが，そこでの働き方や働く目的は以前とは大きく変わっていった。以前は事業の拡大や成功を強く求め，仕事に没頭していたわけであるが，転機の後は成功をひたすら追求するような働き方ではなく，仕事だけの生活から脱却している。また以前は他人の成功が気になり，それに負けたくないという気持ちが強かったが，転機の後はそうした「他者に褒められたい，すごいと思われたい」というような意識は弱くなり，むしろ家族や次世代のためになるような仕事をしたいと考えている。そうした他者を支援するという新しい目標ができたことにより，木村氏は転機後のキャリアは，仕事の中心性がやや低下したとしても，十分充実したものになっているようだ。

　一方山口氏は，大学卒業後すぐに中国にわたり，そこで中国語と会計知識を学んで，現地で会計士として働くまでに成長を遂げる。中国とアメリカの会計士の資格を取得しており，中国や中国企業のことを良く知りつつ，かつ超難関の公的資格を保有している人材としての評価を確立していくことになる。

　そして山口氏は15年にわたって中国とシンガポールで働いた後，配偶者の転勤の都合で日本に帰国するわけであるが，そこでキャリアの転機を迎えることになる。中国等では育児と仕事が両立できていたわけであるが，日本では働き方や雇用慣行が大きく異なるため，その両立が難しくなったのである。結果として山口氏は転職して仕事の負荷を減らすことにした。重要なのはその転職の際に，仕事の内容だけでなく賃金等の処遇条件についても，一切妥協することなく，山口氏の希望を満たすことができた点である。これは山口氏が転職先から相当の高い評価を得ていなければできないことだと言える。おそらく「中国をよく知る高度な会計士資格の保有者」という山口氏の持ち味が，転職先にとって（あるいは労働

市場において）かなり魅力のあるものだったのであろう。

　この 2 名の事例を見るうえで，ミドル期以降に仕事の中心性を下げた場合に，仕事の意欲が低下するのではなく，前向きにやりがいをもって働くためには何が必要かを考えることが重要になる。そしてそれは，本書が全体を通して分析のポイントとしている，長く活躍するための専門性や創造性をどのように身につけるのかということにも，深く関連することである。事例からは二つのことがあげられるだろう。

　一つは仕事の中心性を下げると同時に，他者や次世代を支援するような働き方にシフトすることである。これは木村氏が強調したことであるが，山口氏も論及したことである。自分の仕事の成功を貪欲に追求している頃には，まさに人生の中心は仕事であったと考えられる。そしてその仕事の量や負荷を減らそうとした場合，人によっては空虚な気持ちになってやりがいを失う人も出てくるのであるが，自分の成功を追求する代わりに，他者や次世代を支援するように考え方を変えられた場合は，仕事の中心性を下げたとしても，やりがいや充実感を持って働き続けることができるようである。木村氏は配偶者や子供のキャリアを支援する活動をする中から，女性の経済的自立を支援する仕事や，新しい家族や働き方のモデルを作るような仕事ができるのではないかという展望を広げている。それが現在の木村氏のやりがいになっているようである。また山口氏は，これからは後進を助けてあげられるような仕事をしたいと考えている。このようなシフトが，仕事の中心性の低下をセミリタイアのような状態にせずに，積極的な意味を持つ働き方の変化にするのだと考えられる。

　もう一つは，若いうちから労働市場で競争力を持つような知識やスキル，つまり高度に専門的で希少価値が高いような知識やスキルを蓄積しておくことである。これは外国で公的資格を取得した山口氏に顕著なことであるが，大手コンサルティング・ファーム等で高度な知識を学んだ木村氏にも当てはまることである。一般に仕事の量や負荷を下げた場合は，その分重要度の高い仕事は任されなくなり，勤務条件も悪くなりがちである。そのことを長い目で見るならば，知識労働者として挑戦的な仕事が減少することにより，継続的な成長が望めなくなることにつながる恐れがある。つまり，本書が問題視している専門性や創造性の低下につながりやすいと考えられる。

　ところが山口氏は転職して仕事の負荷を下げた際にも，まったく仕事内容や勤務条件を悪化させなかった。これは山口氏が転職先の企業にとって得難い存在で

あったからに違いない。山口氏が代わりのきかない人材だったからこそ，大事な仕事も与えられたし，処遇に関わる希望も聞き入れられたのである。高度に専門的で希少価値の高い知識やスキルを蓄積しておくことは，ミドル期以降に新しい働き方を求める際の大きな武器になるのと同時に，やりがいの維持や継続的な成長の可能性を高めるといえそうである。

　さてもう一人，ミドル期以降に仕事の中心性を高くした林氏の事例を振り返っておきたい。林氏は研究者になりたくて博士後期課程に学んでいたが，気持ちを切り替えてベンチャー企業に就職した。そこで毎日深夜まで働くといったハードワークを経験している。またその経験は，どんな仕事にも対応する，自分で考えて自分で学ぶ，などの習慣を体得した経験だったとも言えるだろう。そしてその後，育児との両立のために転居し，総合商社の子会社であるシェアード・サービスの会社に転職した。そこは以前と比べ落ち着いた働き方であったので，林氏にとっては物足りなくもあったのだが，着実に人的資源管理の仕事について学べる有意義な経験ができた職場であったとも言える。またその頃，林氏は大学院でグローバル人事について研究している。

　その後，育児が一段落したことを機に，林氏は新しい仕事に挑戦したいと思うようになった。それが林氏のミドルの転機になったと言える。林氏は大阪のシンクタンクに転職し，コンサルタントとして働き始めたのである。ミドル期を迎えてもなお，より挑戦的な仕事に変わることができたということが，林氏のキャリアの大きな特徴であろう。林氏は現在，これまでの経験や学んだことを活かして，グローバル人事のコンサルティングに着手しようとしている。

　林氏のキャリアを見るうえで重要となるのは，なぜミドル期以降においても仕事の中心性を上げることができたかという点であろう。別の言葉でいえば，さらに難易度の高い仕事に従事するために必要な専門性や高度な知識等，林氏はなぜ持っていたかということになる。それを説明するとするならば，次の三つの点があげられる。

　一つは林氏が長年人的資源管理という専門分野に継続して従事していたことであろう。豊富な経験や実績があるということは，新たに困難な仕事に挑戦するうえでの信用になるものと思われる。林氏がコンサルタントになれたのも，この豊富な経験とそれに基づく実務知識の蓄積に負うところが多いものと思われる。もう一つは林氏がベンチャー企業の頃に，ハードに働く経験をしてきたことであろう。こうした経験をしてきた人は自律性が高く，新しい環境にも適応しやすい。

それも働く機会を広げることにつながるだろう。コンサルタントの仕事もハードであるため，採用を決める際にはそれに耐えられるかどうかが一つの評価要素となる。また自ら学ぶ意欲や習慣を持っているかも，選考基準になりやすい。その意味においてベンチャー企業での経験は貴重だと言える。そして最後に，林氏が大学院で高度な知識を学んできたことがあげられるだろう。これは専門性の高さを証明するものにもなるし，シンクタンクのような企業に対しては魅力のある人材としてアピールできる材料にもなる。大学院での研究を通じて，林氏は高度な専門知識を学習し，論理的に考える訓練等を重ねてきたものと思われる。こうした三つの点が，林氏がミドル期以降も高度な仕事に挑戦できた理由になるものと思われる。

② 　知識労働者のミドル期以降のキャリア発達に，個人が持つ知識やスキル，人的ネットワーク，自己認識や柔軟性，回復力等の心理的特性がどの程度影響しているか。またキャリアの転機や変化が異なれば，その影響の大きさも異なるのか。

　本章で取り上げたのはミドル期以降に仕事の中心性を変化させたキャリアであるが，それに強く影響していると思われるのは個人の心理的特性，中でも自己認識であると考えられるだろう。事例の3名はキャリアの転機に自分を問い直し，自分の働く目的などを再確認，あるいは変更したうえで仕事の量や負荷を変えたのだと思われる。

　例えば木村氏であれば，成功を追い求め，事業の拡大を志向するような働き方から，NPOを支援するような仕事をするようになり，自ら「生き直し」を公言している。それだけの自己変革をしたのであり，その結果として，「世界を変える」ためではなく，家族や周りの人たちを幸せにするために働くようになっている。一方山口氏を見ると，こちらも働き方や働く目的を変化させている。家庭と仕事が両立できるような働き方を優先しており，それに伴って次世代の役に立てるような仕事をしたいと思うようになっている。そして最後の林氏は，先の2名とは変化の方向性が違うのであるが，やはりそこにも自己変革があったことがわかる。育児が一段落して仕事に力を注ぐことが可能になったことから，林氏は転居してシンクタンクのコンサルタントになった。その意志決定の背後には，これまでの仕事の経験をもっと高いレベルで活かしたいという気持ちや，大学院で学んだことを役に立てたいという気持ちがあったものと推察される。おそらくは過

去の経験や自分の学んだことを振り返ったうえで，今後のキャリアを展望して自分の新しい働き方をイメージしたのだろう。そこで生まれた新しい自己像が，ミドルになってから仕事の負荷を増やすという選択につながったのだと思われる。

　そしてもう一つ，この3名のキャリアには，彼（彼女）らの持つ知識やスキルが大きく影響している。仕事の中心性を上げるにしても下げるにしても，それは知識労働者にとって勇気のいる決断である。それを実行できる背景には確かな専門知識や高度なスキルがあるものと思われる。それらに関する自信が持てない人は，自分の働く場所がなくなることを恐れて仕事の中心性を下げられないだろうし，反対に十分な成果をあげられなくなることを恐れて仕事の中心性を高くできないだろう。事例の3名は過去に学んできたことや達成してきたことに自信があるから，多少のリスクがあったとしても新しい働き方を選べたのである。特に山口氏についてはその傾向が強い。彼女は高度に専門的で希少な知識やスキルを持っていたからこそ，仕事の中心性を下げるキャリアを，前向きなものにできたのである。

③　個人の自己認識や自己変革がキャリアの客観的側面の変化を促進するのか。
　　あるいは客観的側面を変えようと試行錯誤することが自己変革を促すのか。

　本章の事例を見る限り，まず個人の自己変革が先にあって働き方を変わり，それが場合によっては転職や独立などの客観的な側面につながると考えられるだろう。事例の3名は，健康上の理由や育児との両立などが原因で，キャリアの転機を迎えた。その際に自分を見直してどのように働きたいか，あるいはどのように働くべきかを考えたわけである。そしてその働き方を実現するための手段として転職や起業を選んだということができるだろう。ただ現実的には，転機を迎える以前と同じ企業において，新しい働き方を実行するのは難しいことが多いと思われる。そのため，仕事の中心性を変える際には，転職や独立・起業のような組織間移動が起こりやすくなるものと考えられる。

2．仕事の中心性が下がる人，上がる人が働きやすい環境を作る

　加齢に伴い，仕事の中心性を変えたいと思う人，あるいは変えざるを得ない人は現在でも数多く存在するし，キャリアが長期化する今後の社会では，ますます増加してくるものと思われる。したがってこれからの企業では，そうした仕事の中心性が変わる人が共存し，それが高くなる人も低くなる人も働ける環境を作っ

ていく必要がある。

　しかし現実的にはそうした変化を望む人は，それまでの企業を離れて転職や独立をすることが多いのではないかと推察される。事例で見た3名もすべて転職や独立をすることによって，自分が求める働き方を手に入れていた。

　もちろん企業等の組織がすべての社員の事情に合わせた仕事を用意するのは困難なことなので，その際に組織間移動が起こること自体はしかたがない。個人の側から見ても，転職や独立をした方がその後において働きやすいのなら，それを選択することが望ましいだろう。ただ，働く人のある程度の多様性に企業が対処することができなければ，これからの長いキャリアを生きる人々のマネジメントは不可能であろう。深刻な病気でなくても体力の低下によって仕事の中心性が下がる人や，家族の介護から解放されて50歳以上で仕事を増やしたい人は，これからかなり増えてくるものと思われる。

　従来の日本企業では，こうした社員の変化に柔軟に対応できるマネジメントが行われてこなかったように思われる。いわゆる年功や熟練を重視した日本の人的資源管理では，年齢と職位，あるいは報酬との結びつきが強かったため，全員が年齢に応じて同じような働き方を求められることが多かった。また仕事内容や勤務場所を限定しない雇用形態により，「どこでも働ける」，「どんな仕事も引き受ける」という社員以外は，企業の主要人材として扱ってもらえなかった。そのような中においては，仕事の中心性を一時的にでも下げざるを得ない社員は働きにくいであろう。

　一方，多くの日本の大企業が役職定年制や定年退職後の継続雇用制度を整備しているが，その対象になった人は任されていた役職を外れたり，簡単な仕事に配置転換になる代わりに，報酬も大きく下がることになる。場合によっては，新入社員と同等の賃金になることもあるようである。もちろん報酬については仕事内容とのバランスが大事になるのだが，一番問題なのは，そこでは今までと同じように，あるいは今まで以上に仕事に没頭したいというミドルやシニアの希望は受け入れられないということである。つまり仕事の中心性を上げたくても上げられないのである。

　今野（2012）はこれからの企業では，育児や介護，年齢や健康の問題から，転勤や配置転換を受け入れられない制約社員，つまり働き方に何らかの制約がある社員が増加してくることを指摘している。また同時に，働く意欲が強く活力のある高齢者も増えてきて，彼（彼女）らを有効に活用する必要があることも指摘し

ている。そのうえで今野（2012）は，従来の日本企業に多く見られた年功重視の人事制度や賃金制度（具体的には職能給）を見直し，仕事の難易度や責任の重さで等級や賃金を決める制度（具体的には職務給，あるいは役割給）に変えるべきだと主張している。仕事の内容や難易度に応じた職位と賃金が与えられるのであれば，仕事の中心性が上がる人にも，あるいは下がる人にも，公平な処遇を行いやすくなるからである。

　年功を重視した人事制度では，ほとんどの総合職の社員の等級や職位，賃金等が年齢に応じて，大きな個人差がつくことなく上がっていくので，そこから逸脱するような社員は許されないような構造ができ上がっていく。それでは制約のある社員は働き続けることが難しくなる。またそうして全員の等級や賃金が上げられた結果，60歳に近くなると社員の処遇はかなり高い水準となり，企業にとってはそれをそのまま長く維持することは困難になる。そのため，60歳以降は全員の賃金は下げられ，大事な仕事も与えられなくなる。そのような一律的な仕事と賃金の引き下げは，もうあまり働きたくないという人には問題ないだろうが，仕事の中心性を上げたい社員にとっては不満が大きいだろう。

　職能給に代表される日本的な人事管理や雇用慣行は，かつては日本企業の発展を支えたものとして評価されたのであるが，高齢社会となった現在において，多くの問題点があるといわざるを得ない。近年では欧米企業を参考に，職務給や役割給を中心とした人事制度を導入した企業も増えているが，高齢者の雇用を視野に入れた場合，さらなる改善が必要であると考えられる。少なくとも知識労働者の場合，事例にあったように年齢を重ねても意欲的に働こうとする人は少なからずいるものと思われる。そして今後は，それらの人が制約社員になったり，仕事の中心性を上げる，下げるといったことが増えてくるだろう。それらにある程度対応できるマネジメントが必要とされていると言える。職務給や役割給といった仕組みはその基礎となるものであろうが，それにさらに新しい工夫を取り入れて，長いキャリアや多様なキャリアに寄り添えるマネジメントが目指されるべきだと考えられる。

終章

ミドル・シニアのキャリアを
有意義なものにするために

第1節　本書が見出したもの

1．多様なキャリアのプロセス

　本書では，①知識労働者のミドル期以降の多様なキャリア発達のプロセスを，転機と変化を中心に据えて分析し，明らかにする，②知識労働者のミドル期以降の変化を可能にする要因を明らかにする，という二つの研究課題を設定し，参考事例も含めて18名のキャリアの分析を行った。ここで，本書が事例研究から見出したものを，三つの分析視点に則ってまとめておきたい。

　最初の分析視点は「キャリアの転機と，その後の変化はどのような関連性を持つのか。また長く第一線で活躍するための専門性や創造性はどのように身につけられるのか」であった。本書が取り上げた事例には，大きく分けて五つ，細分化すると九つの転機と変化のプロセスがあったと言えるだろう。

(1) 自律性や成長欲求が強いことによる葛藤や不満　➡　転職や独立・起業

①　知識労働者には，成長欲求や自律性が非常に強い人が少なからずいるのだが，彼（彼女）らはそれが強いがゆえに，所属する企業や組織との間に葛藤を覚えることがある。そしてそれが転機となり，転職や独立・起業というキャリアの変化につながっていく。

②　同様に，成長欲求や自律性が強い人は，現状に飽き足らず新たに挑戦したい仕事を見つけたり，安定を嫌って変化を求める場合がある。それが転機となって転職や独立・起業につながることになる。

③　また成長欲求や自律性が強い知識労働者の中には，一つの企業や組織に所属し続けること，あるいはキャリアを預けてしまうことに危機感を持つ人がいる。それが転機となり，独立・起業というキャリアの変化が起こる。

(2) それまでの仕事，働き方への疑問や限界の認識　➡　専門分野の変更

④　知識労働者が現在の仕事や働き方に疑問を持つことがキャリアの転機になり得る。それは仕事を含めた生活の全体や，仕事自体の将来性を疑問視すること，あるいはキャリアの残り時間を強く意識することから始まるのであるが，そうしたことが，専門分野を変更することによって新しいキャリアを切り開くことにつながる場合がある。

⑤　また中には，人事異動によって長年従事してきた専門分野から離れざるを得なくなる人もいる。特定分野の専門職としての限界を迎えたことによる転機なのであるが，それを契機として新しい専門分野に挑戦し，積極的に学習する人もいる。

(3) 早い成功の後の停滞　➡　活動領域の拡大と自己の再認識

⑥　知識労働者の中には，早い段階で大きな成功を遂げる人もいる。彼（彼女）らは有能で，意欲の強い人たちなのであるが，それゆえにミドル期に躓きを経験する人や，必要以上に衰えや不安を感じる人もいる。そうしたことが転機となるのだが，彼（彼女）らは活動領域を広げて試行錯誤を繰り返すこと，それと同時に原点回帰して自分が本当にやりたいことを見直すことを通じて，再出発することになる。

(4) 知識やスキルの不足，将来への不安　➡　学び直し

⑦　知識やスキルの不足がキャリアの転機となる場合がある。若い頃からの体系的な学習が不足しており，その場その場のつまみ食いのような形で仕事に関する知識やスキルを学んできた人がこうした転機を迎えやすい。こうした「たたき上げ型」の知識労働者は，労働市場における競争力が弱くなりがちである。彼（彼女）らがキャリアを好転させるためには，積極的な学び直しが必要になる。

⑧　また，知識やスキルが不足していない場合でも，自分が働いている仕事の領域について，その将来性等に不安を覚える人がいる。それらの人の中にも積極的に新しいことを学び，よりよいキャリアを切り開く人がいる。

(5) 心身の健康や家庭生活の問題　➡　仕事の中心性の変化

⑨　心身の健康や育児等に代表される家庭生活の問題が，キャリアの転機になり得る。そうした転機を迎えた人の多くは，仕事の中心性を下げることになりやすいのであるが，中には育児等が終わることによって，仕事の中心性を上げようとする人も存在する。

　序章でも触れたように，ミドル期のキャリアの転機については，先行研究において「危機」と表現されることが多かった。そのため，何か悪いことが起こることや，窮地に陥るようなことが転機として想起されやすいのであるが，ミドルの転機はそうしたものばかりではなく，積極的な内容のものも多いことがわかったと言えるだろう。本書では，知識労働者として長く活躍できるキャリアのプロセスを理解しようとしているため，こうした積極的な転機を取りあげて議論できたことは，非常に意義のあることだと思われる。また，窮地のような転機においても，「学び直し」や「専門分野の変更」，「試行錯誤」や「自己の再認識」などによって，キャリアを切り開くことが可能になることがわかった。このこともこれからの社会のキャリアを考えるうえで，大きな意義があることだと思われる。

　また特に知識労働者の場合は，年齢を重ねても長く活躍できる専門性や創造性をどのように身につけるかが重要な問題となるので，キャリアのプロセスの中に，それらを高め続ける人や，積極的に学び続ける人の特徴を見出すことが必要になる。それについて事例から学べたことをまとめるならば，次のようになるだろう。

a．専門的，創造的な仕事でキャリアを継続できる人は，キャリアの早い段階で新規事業開発や新会社設立などの，不確実性の高い仕事に従事していることが多い。それらは高度な仕事や多様な仕事を経験できる機会であると同時に，試行錯誤しながら自らの意志で学ぶ習慣がつく機会でもある。若い段階でのそうした経験が，後のキャリアに及ぼす影響は大きいと言える。

b．同様に，専門的，創造的な仕事でキャリアを継続できる人の多くは，大学院やMBA，あるいは難関と呼ばれるような高度な公的資格の取得によって，理論的，体系的な知識を学んでいる。彼（彼女）らは実際の仕事経験から学ぶだけでなく，学問によって学ぶ，あるいは企業や組織の外で学ぶといった経験をしているのである。このような，実務と理論を往復して行われる学習，また組織の中と外を往復して行われる学習は，事例の知識労働者に非常によく見られた特徴であった。おそらくそれは，彼（彼女）らの知識やスキルを（暗黙知のような形で放置するのではなく）言語化して体系化しているのと同時に，組織を超えて通用するものにしていると考えられる。

c．不確実性の高い環境で試行錯誤をしながら学んだ経験が少しでもある人や，体系的な学習をしたことがある人は，「学ぶ習慣」が身についており，ミドル期以降において学び直しをすることに抵抗が少ない。新しいことを学ぶ，手探りで学ぶべきことを探すといったことを嫌がったり，不安を覚えること

が少ないようである。

d．学び直しを行う際には，どれだけそれまでの自分を厳しく評価し，やり直すべきだと思うことができるかが大事になる。当面の仕事に大きな支障がない状態においても，自分を批判的に見る人が新たなキャリアを切り開くことができる。

e．また若い頃から試行錯誤を続けてきた人，あるいは厳しい競争の下で働いていた人は，苦境や困難から立ち直る回復力（レジリエンス），あるいは柔軟性を持ちやすくなる。そしてそれが学び続けることにもつながる。

f．専門分野を変更することによって，専門性や創造性の低下を避けることが可能になると思われるが，専門分野の変更は簡単なことではなく，短期的には実現されない。専門分野を変更した人は，何年かかけて計画的に新しいことを学んでいる。ただ，新しいことに挑戦する際に，かつての仕事で学んだことを活かすことは可能であり，それを効果的に行うことで新しい分野への移行が円滑になる。

g．市場価値が非常に高い専門性，あるいは希少なレベルに達した専門性等を持つ人は，転職等に際して自分の望む仕事や勤務条件を手に入れやすくなる。つまり，キャリアを自由に選択することができるようになる。

　これらの発見事実は，知識労働者としての存在意義や市場価値を維持したままで長く働くために必要なことと理解することができ，これからの社会で働く人にとって重要なものだと言えるだろう。また本書の事例には，専門性や創造性の維持に関わることではないが，意欲的に働く知識労働者の特徴に関わる発見や，年齢を重ねた知識労働者が働くことに充実感や満足感を得ることに関わる発見もあった。代表的なものとして，次の三つがあげられよう。

i．積極的な転機を経て意欲的なキャリアを継続する人の特徴として，ミドル期に入る前の30歳前後に一度大きなキャリアの転機を迎えることがある。多くの場合その転機は，自らの目標や挑戦したいことが見え始めて，行動を開始する転機（例えば最初の転職や留学）である。そしてミドル期の転機では，それまで挑戦してきたことを具体的な形にしたり，大きな成果を出すために行動するか（例えば独立・起業や希望する仕事を得ること），あるいは新しい仕事や機会に挑むことになる。たとえるならば最初の転機は「覚醒」の転機であり，ミドル期の転機は「結実」，あるいは「再出発」に至る転機である。

ii．ミドル期やシニア期における転機の後の変化は，純化，社会化，精神化という変化を伴うことが多い。それは限られた残りのキャリアで何がしたいかを問い直したことによる変化であるし，また「成功にとらわれていた」知識労働者が，それから解放され，本当に自分らしい働き方を見つけたことによる変化でもある。

iii．加齢とともに仕事の中心性を下げる場合に，自分の仕事の負荷を少なくするだけでなく，同時に他者や次世代の支援をする役割を担うことで，働くことの意義を感じることができるようになる。

　これらのことは，知識労働者のキャリアにとって重要であるだけでなく，これからの時代に長く働き続けるすべての人たちに重要となる発見事実であるかもしれない。

2．変化を可能にする要因

(1)　知識やスキル

　2番目の分析視点は「知識労働者のミドル期以降のキャリア発達に，個人が持つ知識やスキル，人的ネットワーク，自己認識や柔軟性，回復力等の心理的特性がどの程度影響しているか。またキャリアの転機や変化が異なれば，その影響の大きさも異なるのか」であった。つまり，知識労働者のミドル期以降の変化を可能にする要因を分析するものである。それに関する本書の発見は**図表終－1**のようにまとめられるだろう。

　一つずつ見ていこう。まずは知識やスキルについてである。知識労働者のキャリアにおいて，彼（彼女）らが持つ知識やスキルが重要になるのは当然である。キャリアの変化が大きなものになるほど，彼（彼女）らがどのような知識やスキルを蓄積してきたかが問われることになる。

　中でもキャリアの変化を論じるうえで特に注目すべきことは，組織を超えて通用する知識やスキルの重要性である。転職や独立を含む組織間移動を可能にするのは，こうした知識やスキルだと言える。高度に専門的な知識や，それを用いて新しいことを提案するスキルなどがそれにあたるのであるが，第2章で取り上げた佐藤氏や鈴木氏，そして第3章の池田氏，渡辺氏，伊藤氏を見ても，そうした知識やスキルを豊富に持っていたことがわかる。

　彼（彼女）らがこうした知識やスキルを持っていた理由をあげるとするならば，一つには若い頃に新規事業開発や新会社の設立，新規プロジェクトの推進等，不

	知識やスキル	人的ネットワーク	心理的特性
転職する	市場価値があり，社外でも通用する専門知識やスキルがある。	相互に学び合う場であり，転職の機会を見つける場にもなる。	自分のやりたいこと，働くうえでの目的意識を持つことが重要になる。
独立・起業する	市場価値のある専門的な知識やスキルを持ち，過去の経験から事業構想力や顧客への対応力を学んでいる。	相互に学び合う場にもなるし，独立・起業を後押ししてくれる人も現れる。	明確な言語で表現できるレベルで自分の働くうえでの目的意識，あるいは使命感のようなものを認識している。
専門分野を変える	過去の専門分野での知識や経験を上手く活用する。	事例では強調されていない。	自分の働くうえでの目的意識を問い直すことや，新しいことに取り組む柔軟性が必要になる。
成功の後の停滞を抜ける	長期間蓄積してきた，専門知識やスキルが武器になる。	ネットワークの中に再起の支援をしてくれる人がいた。	回復力が必要であるのと同時に，深いレベルでの自己認識が必要である。
学び直しをする	学ぶ習慣があることが重要になる。	事例は多くなかったが，新しい学習の機会を提供してくれる人もいる。	自分に対する厳しい評価をすること，新しい経験に対して開かれた姿勢を持つことが必要になる。
仕事の中心性を変える	市場価値があり，社外でも通用する専門知識やスキルがある。	事例は多くなかったが，新しい仕事を支援してくれる人もいる。	深いレベルでの自己認識が必要である。

出所）筆者作成

確実性の高い環境で働いたことがあげられるだろう。そうした経験は，試行錯誤の中で自ら考えて学ぶ姿勢を身につけることにつながるし，組織内に蓄積された既存の知識に頼らない姿勢を強くすることにつながるだろう。それが知識労働者の知識やスキルを汎用性の高いものにするものと思われる。

　もう一つには，MBAや大学院での学習，あるいは高度な公的資格の取得によってなされる学習があげられるだろう。本書で紹介した事例の中でも，実に多くの知識労働者がこうした学習を行っていた。これらの学習は実務に直結するものではないため，これまでの日本企業ではそれほど重視されてこなかったとも言えるのであるが，彼（彼女）らはこうした学習を通じて自らの知識やスキルを洗

練されたものとし，組織を超えて通用する市場価値を身につけたようである。お
そらく，こうした学習は専門知識が得られるだけでなく，普段の実務から得られ
る経験的な知識を意味付け，体系化し，より応用範囲の広いものに変えていく効
果を持っているのだろう。事例でも多くの知識労働者が，仕事の経験を通じた学
習と，こうした学習を併用して成長していたと言える。第7章で取り上げた仕事
の中心性を変えた知識労働者の中には，希少なレベルに達した高度な専門性に
よって，転職に際して自分の望む仕事内容や勤務条件を手に入れることに成功し
た人がいた。これなどは専門性の高さが個人の市場競争力を強くした典型的な事
例であろう。

　さらにいえば，このような不確実性が高い中での試行錯誤による学習や，高度
に体系的な専門知識の学習の経験は，知識労働者にとって「学ぶ習慣」をつける
といった意味においても重要である。本書で取り上げた多くの事例が示すように，
知識労働者がミドル期以降も成長を続けるためには，学び続けることが必要不可
欠になる。学ぶ習慣を持っている人は，第6章で議論した学び直しにも対応でき
るし，第4章で取り上げた専門分野の変更をする際にも，過去に学んだことを活
かしながら新しいことを学べるようである。学ぶ習慣を持つことは，多様なキャ
リアの変化を可能にする要因になるということができるだろう。

(2)　人的ネットワーク

　キャリアの変化を促す要因として，もう一つあげられていたのが人的ネット
ワークであった。バウンダリーレス・キャリアの研究やプロティアン・キャリア
の研究において注目されていたものである。そしてそれらの研究が指摘している
ように，組織の境界を越えて移動するキャリアにおいて，人的ネットワークの重
要性が確認されたと言える。

　具体的には，第2章で取り上げた転職するキャリアや，第3章で取り上げた独
立・起業するキャリアにおいて，人的ネットワークがキャリアの変化を促してい
たと言える。それらのキャリアにおいて人的ネットワークは，学習の場としても
機能していたし，転職先を見つける場にもなっていた。

　中でも，独立・起業するキャリアにおいては，人的ネットワークは非常に重要
になると思われる。第3章で取り上げた池田氏は，自らの働く目標や目的意識を，
様々な企業の幹部たちとの交流の中から見出し，独立の際にはそれらの人たちに
相談もしている。そこでお墨付きをもらった池田氏は自信を持って独立したので

あり，人的ネットワークが彼の独立の契機にもなり，また後押しもしていることがわかる。同じように渡辺氏が独立した際も，過去に築いた人的ネットワークからの仕事の依頼があり，そのことが渡辺氏の事業の立ち上げにつながったと言える。さらには，伊藤氏が一つの企業だけに所属するキャリアを歩みたくないと考えたきっかけとなったのも，人的ネットワークにおける企業の経営者や幹部との交流であった。その交流で刺激を受けた伊藤氏は，独立するキャリアを選んだのである。

　このように，特に経営者として自立する人にとって，組織外に形成された人的ネットワークは貴重なキャリア発達のリソースになるようである。そしてそれは，独立・起業した後も重要であり，交流を通じた協力や相互支援も行われるようである。第5章の吉田氏を例にあげると，経営者として挫折を経験したときに，支援の手を差し伸べてくれたのも過去から形成してきたネットワークの仲間であった。人的ネットワークは，組織に頼らないキャリアにおけるセイフティ・ネットにもなり得るようである。

⑶　自己認識や柔軟性，回復力等の心理的特性

　最後に心理的特性についてであるが，多くの事例において自己認識や自己発見の重要性が見て取れたと言える。こうした「自分を知る」ことや，「新しい自分になる」ことに関しては，古くから多くの研究で議論されていたのであるが，本書の事例においても，それがキャリアの変化を促していることがわかった。

　本書の事例を見ると，自分の意志，すなわち「やりたいこと」を知るということと，自分の能力，すなわち「できること，できないこと」を知ることが，知識労働者のキャリアにおいて特に重要であるように思われる。前者の自分の意志については，転職や独立・起業するキャリアや，専門分野を変えるキャリアにおいて顕著にその必要性が見られたと言える。

　第2章で議論したように，仮に転職できる能力がある人であっても，実際に転職するとは限らない。現在の企業や組織を離れて達成したい目標や目的があるからこそ，ミドル期以降であっても組織間移動をするのである。またあえてリスクを冒してまで新しい専門分野へ移行するようなキャリアも，強い意志がなければ実現されないであろう。組織間移動のようなキャリアの変化を促す要因として，個人の意志や働く目的意識は非常に大きなものだと言える。またそれは，転職ではなく独立・起業する人にとって，さらに重要なものであると言えるだろう。第

3章の事例を見ると，独立や起業をした人は，自らの働く目的や目標を端的に表すキーワードのようなものを持っていた。そしてそれが彼（彼女）らの努力を促すモチベータになっていたし，働くうえでの信念や自尊心にもつながっていたと見ることができる。自分のやりたいことを知るということは，自律的なキャリアを形成するための要諦であるのは当然とも言えるのであるが，特定の企業や組織に頼らないキャリア，あるいは独立するキャリアを選ぶ場合は，その重要性がさらに高まるのだと思われる。

　一方，第8章で議論したように，ミドル期以降に仕事の中心性を変える場合にも，自分の意志を持つことが重要になると思われる。仕事の中心性を下げる場合においても，単に仕事を減らすだけでは，働く意欲が減退することや，知識やスキルが陳腐化していくことが懸念される。仕事の総量が減った場合においても，自分にとって重要な仕事に取り組み続け，そこで何らかの挑戦を続けることが知識労働者にとって重要になるだろう。自分の仕事の中で何を減らし，何を残す（あるいは増やす）かを決めるのは，自分がミドル期以降の残りのキャリアで，何をやりたいかという意志に関わってくる。その意志の明確さが，かつてよりもハードに働いていなくても活躍を続ける人なのか，単に衰退していく人なのかを分けることになるのだと思われる。

　次に後者の自分の能力についての認識については，特に学び直しをするうえにおいて重要になるようである。自分の能力を知るということは，自分の強みと弱みを自覚するということである。第6章でも議論したが，自分の能力を正しく認識するというのは難しいことである。厳しく，批判的に自分を評価することができなければ，将来の成長につながるような選択をすることができないが，それは簡単なことではないだろう。事例の中で学び直しをした人は，自分のそれまでの働き方に危機感を持っていた。それを見れば，自分の強みを理解するだけでなく，自分の弱みを直視し，それにきちんと向き合えるか否かが重要になることがわかる。そのことが，キャリアの変化を促す要因ということができるだろう。

　さて，キャリアの変化に関わる心理的特性としてもう一つ重要になるのが，レジリエンスと呼ばれるような精神的な強さや回復力である。レジリエンスは「逆境や葛藤，失敗などはもちろんのこと，責任の増加のような前向きな変化にも耐えられる能力，それらを跳ね返して回復できる能力」と定義されるものであるが，そうした強さや回復力の重要性は，苦境を経験した知識労働者のキャリアの変化においても見ることができた。第5章で取り上げた早い成功の後に停滞期を経験

した人のキャリアであるが，そこから立ち直って再度活躍を始めた人には，レジリエンスと呼べるような特性が備わっていたと言えるだろう。過酷な肉体労働に従事しながらチャンスを探した吉田氏，活動範囲を広げて試行錯誤しながら自分を見直した山田氏はその事例だと言えるし，第7章で取り上げた，心身の健康問題から立ち直った木村氏などもその事例と言えるだろう。彼らは本書で取り上げた事例の中でも，非常に挑戦的で変化の激しいキャリアを送っていたわけであるが，そのようなキャリアにおいては，レジリエンスは非常に重要なものだと判断できる。問題はなぜ彼らがそのような強さを身につけることができたかであるが，おそらくそれは，彼らが若い頃から不確実性の高い環境で試行錯誤しながら働いていたこと，さらには非常に競争的な職場で同僚と切磋琢磨してきたことに原因があるものと思われる。彼らは若い頃からそのように働くことで，精神的な打たれ強さと苦境でも努力を続ける姿勢を身につけてきたのだと思われる。

⑷　主観的な側面の変化と客観的な側面の変化

　さて，キャリアの変化を可能にする要因に関連して，本書ではもう一つの分析視点が設定されていた。それが「個人の自己認識や自己変革がキャリアの客観的側面の変化を促進するのか。あるいは客観的側面を変えようと試行錯誤することが自己変革を促すのか」である。この点については先行研究の間で色々な主張がされていたこともあり，本書では事例を見ることによってその実態を確認しようとしていた。それに関する本書の発見は次のようにまとめられるだろう。

　まず，多くの事例において，個人の自己認識，あるいは自己変革がなされることによってキャリアの客観的な変化，すなわち転職や独立が起こっていたと言える。転職や独立は，知識労働者が自らやりたいことを実現するために行われることがほとんどであったし，専門分野の変更も学び直しについてもそうであった。さらには仕事の中心性を変えるうえでも同様であったと言うことができる。

　ただもちろん，客観的なキャリアを変えて試行錯誤することが，個人の自己認識を変えることにつながる事例が見られなかったわけではない。そうした例は，キャリアの比較的若い段階に見られることが多く，若い知識労働者がそうしたキャリアのプロセスを経ながら，徐々に自分らしい働き方を見出していることが見て取れた。またもう一つ，第5章で取り上げた早い成功の後の停滞などがそうであるが，ミドル期以降に大きな挫折を経験してキャリアの方向性がわからなくなった場合に，一定期間の試行錯誤を行い，それを通じて自己を発見，あるいは

再確認する例が見られたと言えるだろう。

　客観的なキャリアの変化や試行錯誤が，自己認識や自己発見につながるというのは，Ibarra（2003）やMitchell, Levin and Krumboltz（1999）において主張されていたことであるが，本書の事例の中では，そのような傾向が見られるのはキャリアの早い段階においてが中心だったと言ってよい。ミドル期に入った知識労働者は，とりあえず動いてみるというよりは，よく考えて意思決定しており，それを実行に移している。専門分野を変えた人などは数年にもわたる計画的な努力を継続してそれを実現しているし，学び直しについても同様である。そこには長期間維持される意志の力があると言ってよい。少なくとも，とにかく何かやってみるといった考え方は見て取れない。

　先に述べた本書の分析結果を合わせて考えるならば，30歳前後の最初の転機までの段階，言い換えるならば覚醒の段階の前後においては，試行錯誤の中から自分を発見していくようなキャリアがよく見られるのかもしれない。しかしながら，ミドル期が近づき，結実や再出発の段階になってくれば，熟慮のうえで客観的キャリアを変えることが多くなるものと思われる。おそらく，そうでないとバウンダリーレス・キャリアやプロティアン・キャリアの研究が指摘しているように，迷走するだけのキャリアになってしまうだろう。本書の事例研究により，こうしたライフステージによるキャリアの変化のプロセスの違いが明らかになったものと思われる。

第2節　理論的インプリケーション

1．知識労働者に特有の転機と変化

　ここからは本書の理論的なインプリケーションについて述べていきたい。本書は厳密な実証分析等を行ったわけではないので，理論的インプリケーションは限られたものになる。そこからいくつかあげていきたい。まずは知識労働者ならではのキャリアの転機や変化を明らかにしたことである。

　本書は知識労働者のミドル期以降のキャリア発達を，転機と変化に注目して分析してきたわけであるが，その中で知識労働者らしい転機や変化を取りあげることができたと考えられる。そしておそらくそれは，今後の知識社会でよく見られるようになる転機や変化であり，今後のキャリア研究のテーマになり得るものだ

と考えられる。

　キャリアの転機については，これまでも様々な学問の領域において研究されてきた。Schein（1978）などにおいては，ミドル期以降のキャリアの課題がかなり具体的に論じられていたのであるが，本書は知識労働者を研究対象にしたことによって，そうした議論に新たな視点を加えることにつながったと思われる。

　従来のミドル期以降の転機は，加齢による心身の変化によって起こるものや，生活環境や社会的役割の変化によるもの，あるいは昇進の停滞などによって起こるものが議論されていた[1]が，知識労働者の場合は，もっと積極的な理由でミドル期以降の転機が起こる場合が少なくないことがわかっている。

　例えば，第2章や第3章で取り上げた，自律性が高いゆえに組織との間に葛藤が生じ，それが転職や独立・起業につながっていく転機と変化は，知識労働者に注目したからこそ見出せたものかもしれない。知識労働者には働くうえでの目的意識を明確に持った人が多くいるのであるが，そうした人がミドル期以降に，残りのキャリアを真剣に検討した結果，転職や独立を選ぶことが少なくないのである。そうした積極的な理由による転機や変化は，今後もっと議論されるべきものであろう。

　その他にも，専門分野を変更するといった変化も知識労働者らしいものだと言える。専門分野を変えることにつながる転機は，自分が本当にやりたいことを見つけたという積極的なものもあれば，それまでの専門分野で働くことに疑問や限界を感じたというものもある。それらの変化は，一般的なホワイトカラーが人事異動によって配置転換になるのとは異なるであろう。自分のキャリアの軸である専門分野の変更は，知識労働者にとってリスクの大きいものであるが，同時にそれは，新たな分野において再出発することによって成長を継続させる，意欲的な変化だということができる。おそらくそれは，学び直しをするというキャリアの変化も同様であろう。こうした転機や変化も，今後の研究対象になってくるものと考えられる。

　さらにいえば，早い成功の後に不安を感じることがキャリアの転機になるというのも，知識労働者らしいものだといえよう。これからの社会では，若くして成

1）　従来の研究で議論されていたのは，主に組織内キャリアであり，現在のような組織間移動が頻繁にあるキャリアはあまり想定されていなかった。さらに，それらの研究の対象は工業化社会における資本を持たない労働者（いわゆるブルーカラーやホワイトカラー）であったため，本書が取り上げたようなことはあまり論じられなかったものと思われる。

功する知識労働者がさらに増加してくるものと思われるが，彼（彼女）らの中には，こうした転機を迎える人がかなりいるものと思われる。また，ミドル期以降に仕事の中心性を高くするという知識労働者も増えてくるかもしれない。こうした今まであまり考えてこられなかった転機や変化も，今後のさらなる研究の対象になるのではないだろうか。

2．キャリアの変化の詳細な検討

　本書の理論的インプリケーションとして二つ目にあげられるのが，キャリアの変化について再検討する視点を見出したことである。従来からキャリア発達における変化や移行期の重要性については，多くの先行研究で論じられていたが，本書の分析結果を見ることによって，そのプロセスや意義，特に自己変革や自己発見のプロセスや意義をより深く考えることが可能になると思われる。

　その一つが先述の「キャリアの主観的側面の変化が客観的側面の変化を促すのか。あるいはキャリアの客観的側面を変えようと試行錯誤することが主観的側面の変化につながるのか」という問題に関するものである。事例分析の結果，ライフステージやキャリアの状況（停滞期か否か）によって，どちらが望ましいものであるかが変わることがわかってきた。もちろんどちらのプロセスもキャリアの変化として有意義なものなのであるが，それをより詳細に検討するための視点が見つかったものと思われる。

　もう一つは，キャリアの停滞期を抜けた後の大きな自己変革に関するものである。第5章や第7章で見た事例の中には，大きな成功の後の躓きや不安を経験した後に，あるいは心身の健康を崩した後に，自己認識に大きな変化があった人たちがいた。彼らはいずれも，転機を経験する前はひたすら成功を追求し，他者よりも大きな成果をあげることや，他者から尊敬されることを重視していた。そしてその欲求は満たされることなく，かなりの成功を手に入れたとしても，さらに大きな成功が求め続けられていたと言えるだろう。

　ところが上記の転機を経て，彼らは自分の本当にやりたいことを見出したり，他者や社会の役に立つような働き方をしたいと思うように変化している。そして彼らはそこにおいて本当の働き甲斐を見つけ，充足感を得たようにも思われる。こうした変化はミドル期の変化としても，これからの社会における変化としても非常に重要になるのではないだろうか。

　彼らの変化は，ミドル期以降の変化の特徴である純化，社会化，精神化などに

当てはまるものかもしれない。もしくはMaslow（1954）の有名な欲求階層説における，比較的低次な自尊欲求，すなわち他者からの称賛や尊敬，名声に対する欲求から，より高次な自尊欲求，すなわち自立や成長，理想の実現に対する欲求へのシフトと見ることが可能かもしれない。いずれにせよ彼らは世間から成功者として見られることや，他者よりも大きな成功を収めることにこだわらなくなり，自分が培ってきた能力を最大限に生かし，社会のためになるような仕事をすることを重視するようになっている。これは本当の意味で成熟した人間への変化であるし，ミドル期の自己変革として非常に意味のあるものだと考えられる。

　また，これからの知識社会における変化として考えても，こうした変化の意味は大きい。知識社会には成功の機会も挫折の機会も多数存在している。これからを生きる人たちはそうした社会で長く働かなければならない。それを考えれば，ひたすらに成功や名声を求める働き方から，成熟した働き方への変化は，多くの知識労働者や有能な人たちのキャリアの大きなテーマとなるだろう。本書においてこうしたキャリアの変化を取りあげることができたのは，非常に意義深いものだったと思われる。

3. シニア期を見据えたキャリア開発

　本書の理論的インプリケーションとして三つ目にあげられるのが，本書の事例分析の結果が，シニア期の働き方の選択肢を広げるようなキャリア開発を研究するうえで，重要な手掛かりとなる可能性を持つことである。そしてそれは同時に，これまでの日本的なキャリア開発を見直す必要性を指し示してもいる。

　日本企業におけるキャリア開発の特徴を論じた研究は数多くあるのだが，中でも広く知られている代表的なものとして，小池（1991），小池（1993a）や，今田（1994）などがある。小池（1991），小池（1993a）では，日本企業で働く人が現場での実務経験や，OJT（On the Job Training）によって知的熟練を遂げていくことが論じられており，今田（1994）では3段階の昇進モデルによって徐々に人材の選抜が行われることが論じられている。

　まず小池（1991），小池（1993a）が明らかにした日本企業のキャリア開発は，長い期間をかけた昇進と選抜，現場でのOJTや配置転換を通じた熟練の形成が特徴だと言えるだろう[2]。日本企業では，何よりも現場の仕事を経験してそこから学ぶことが重視される。そして，定期的に職場の配置転換を経験することによって，徐々に知識やスキルの幅を広げるのと同時に，部門間，職種間に存在する文

脈的な知識の体得が促されるのである。

　その一方で，仕事を離れた教育訓練であるOFF-JT（Off the Job Training）は
あくまでOJTを補完するものとして位置づけられ，OJTほど重視はされていない。
またほとんどのOFF-JTはキャリアの早い段階に集中しており，ベテランや上位
階層向けのOFF-JTはあまり多くない。おそらく上位の仕事はOFF-JTで学ぶよ
うなものではないという考え方が支配的なのであろう[3]。それに加え，正式な
OFF-JTよりも，むしろ日常業務の延長線上で行われる話し合いのような，非公
式のOFF-JTが重視される傾向が強く，あくまでも現場の仕事に直結した学習が
重視されていることも明らかにされている。

　日本企業ではこうした人材育成が，長期雇用慣行の下で行われるため，その企
業に固有の知識やスキルを持つ，実務に強い人材が育成される傾向が強かったと
言える。それが日本企業，特に製造業の丁寧なモノづくりを支える人材を育てる
のに役立ち，企業の競争力を高めていたということができる。

　同じように，今田（1994）が示した3段階の昇進モデルも，日本企業で働く人
が企業に固有の知識やスキルを身につけながら，長期間かけて育成，選抜される
ことを説明するものである（図表終－2）。

　3段階の昇進モデルとは，①差がつかない状態で全員が同時に昇進する「一律
年功モデル」，②全員同じ職位に到達するが，そのスピードにやや差が生じる
「昇進スピード競争モデル」，③昇進できる者と出来ない者が分かれてくる「トー
ナメント型競争モデル」を順に移行する昇進モデルを指している。日本企業は新
入社員から5年目ぐらいまでの期間において一律年功モデルを採用しており，そ
の後係長クラスまでの期間には昇進スピード競争モデルが適用されることになる。
そして管理職に登用される頃から，トーナメント型競争モデルによって本格的な
選抜が開始されるのである。

　今田（1994）によれば，特に歴史の長い伝統的な日本企業において，こうした
3段階の昇進モデルが顕著に見られており，そうした企業では働く人々に対して，

2）　これらの特徴は，小池（1993b）で明らかにされたアメリカのホワイトカラーの育成と
　　は対照的なものである。アメリカでは一部のエリート候補が速い昇進経路（ファースト・ト
　　ラック）に乗せられ，そこで幅広い仕事を経験しながら激しい競争の中で育てられていく。
　　一方，それ以外の人たちはジョブ・ローテーションがほとんどなく，昇進も一定以上は行わ
　　れないのである。
3）　近年では一部の日本企業が，次世代の経営者候補を早期に選び出して高度なOFF-JTに
　　参加させるなどの取り組みを行っている。

図表終－2 日本企業の3段階の昇進モデル

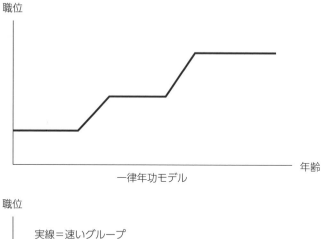

一律年功モデル

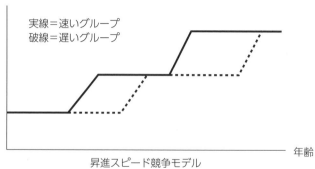

実線＝速いグループ
破線＝遅いグループ

昇進スピード競争モデル

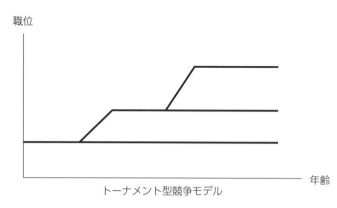

トーナメント型競争モデル

出所）今田（1994）を元に筆者作成

少しずつ差をつけながら長期間にわたる競争が促進されていると論じられている[4]。この仕組みは簡単に差がつかない昇進競争であるため，早い段階であきらめて働く意欲をなくしてしまう人が少ないというメリットを持つと考えられる。それと同時に，一律年功モデルや昇進スピード競争モデルの段階では，そこで働く人が競争よりも協働を意識しやすくなることから，企業内，組織内における知識やスキルの共有が図られやすくなるというメリットもあると考えられる。先に見た知的熟練の研究と同様に，日本企業の強みを長期にわたる競争と組織内での熟練の形成から説明した研究だと言えるだろう。

しかしながら，知識社会が喧伝され始めた頃から，こうした人材育成やキャリア開発のデメリットが指摘されるようになってきた。こうしたキャリア開発では，現場の実務を重視するあまり，オペレーションに熟練した人材を育てることはできても，創造的な人材や起業家的な人材を育てることが難しいのである。また堅実でチームワークが得意な実務家を育てることができても，組織を変えるような戦略的なリーダーを育てることは難しくなると考えられる。長く現場の細かい実務に従事しすぎると，事業全体の構想を考えたり，長期的な戦略を思い描くような習慣がつかなくなる恐れがある。上記のようなキャリア開発は，かつての工業化社会に適したもので，知識社会には適していない可能性があるのである。

そしてそれは，シニア期における働き方の選択肢を広げるという観点からも，問題が多いということができる。上記のようなキャリア開発は，一つの組織の中での熟練を重視するものであり，しかも現場での経験に大きく依存するものである。もしその企業で勤務できなくなってしまった場合に，そこで育てられた人は働く場所を新たに見つけることができなくなってしまう恐れがある[5]。さらに，創造性や戦略性よりもオペレーションや堅実さを重視して育てられた人は，独立や起業を果たすことは難しいであろうし，一つの企業で働き続ける場合にも，全員が一定の職位まで昇進するモデルで育てられた人が，シニア期において人件費が高すぎる人になってしまい，継続雇用と引き換えに大幅な賃金の低下を余儀なくされる恐れも出てくる。このように，かつて日本企業の繁栄を支えたキャリア

4）　花田（1993）では，日本の伝統的な企業ではこうした中々差がつかない競争がある一方で，一度昇進が遅れた人が追い付いたり，逆転するような現象はほとんど見られないことが明らかにされている。

5）　企業に特殊な知識やスキルしか持たない者が高齢時に退職を余儀なくされた場合に，彼（彼女）らが身動きできなくなってしまう問題は，ホールドアップ問題として議論されている（高階，2003）。

開発の仕組みが，長期化するキャリアの時代において，多くの問題を生み出してしまうことにつながりかねないのである。

　本書では，様々なキャリアにおいて自分らしく活躍する知識労働者を見てきたわけであるが，彼（彼女）らの多くはこうした日本企業独特のキャリア開発の影響を受けてこなかったか，あるいは早期にそこから抜け出していたことがわかる。本書で見た知識労働者は，若い頃から競争的な環境で働いたり，不確実性の高い仕事において試行錯誤しながら学習していた。また高度で体系的な専門知識を学んだり，企業や組織の外で様々な人と交流しながら学んでもいた。中には経験を蓄積する前に，若いうちから重要な職位につき，大きな責任を負って働いている人もいた。これらの特性は先の日本企業におけるキャリアとは大きく異なるものであるが，彼（彼女）らはこうしたキャリアを経て，ミドル期やシニア期において積極的な変化を遂げたのである。

　本書におけるこうした発見は，シニア期のキャリアの選択肢を増やすために，若い頃からのキャリア開発をどうしていくべきかについて考えるためのヒントになるだろう。日本企業が従来のキャリア開発の考え方を維持したままで，ミドル期になってから何らかの施策を実行したからといって，シニア期にキャリアを選択できる人は増えないだろう。長く続くキャリアを創造的で充実したものにするためには，キャリア開発全体のプロセスを見直していく必要があるものと思われる。そのことは日本企業のキャリア研究において，最も重要なテーマになるのではないだろうか。

第3節　実践的インプリケーション

1．働く個人にとってのインプリケーション

　次に本書の実践的なインプリケーションをあげていきたい。本書では実際の知識労働者のキャリアの事例を見てきたので，個々の事例に実践的なインプリケーションが示されてきたわけであるが，その中でも重要だと思われるものを改めて提示しておく。

　実践的なインプリケーションは，働く知識労働者，あるいは働く個人にとってのものと，彼（彼女）らを雇用する企業や組織にとってのものがあるが，先に前者について見ていきたい。最初にあげられるのが，若い頃から試行錯誤しながら

自分で考えて学ぶことの重要性や，高度な知識，体系的な知識を学ぶことの重要性である。

　本書の事例において，独立・起業を果たした人や，自分の能力を活かして転職をした人は，ほとんど例外なく若い頃から試行錯誤しながら学ぶ経験をしていた。その代表的なものは，新規事業開発や新会社の設立，あるいは何らかの挑戦的なプロジェクトなどであるが，そうした経験をする中で，彼（彼女）らは貴重な知識やスキルを体得するだけでなく，学ぶ習慣を身につけたと言えるだろう。それが後のキャリア発達に大きく役立ったことは間違いない。そのような経験をした人は，キャリアの途中で窮地に陥ったとしても，そこから学び直しを行って再び活躍を続けることができる。反対に同じような仕事を何年も続けたり，新しいことを避けるような働き方を長くしてしまえば，ミドル期やシニア期に成長が止まってしまう恐れがある。

　また高度な専門知識や体系的な知識の学習手段としては，難関と呼ばれるような資格の取得とか，大学院やMBAでの学習があげられる。本書の事例でも多くの人がそれに挑戦していたが，従来の日本企業では，そうした学習はあまり重視されてこなかったと言える。

　先述のように，日本企業では現場での実務経験が非常に重視される傾向が強く，目の前の仕事に没頭することが美徳とされがちであった。そのため，現場を離れた学習，特に理論的な知識の学習は，あまり役に立たない，意味のないものとして軽視される傾向が強かったように思われる。しかし本書の事例を見ると，それはあまりにも短期的なものの見方であり，特定の企業や組織の文脈にとらわれた考え方であるように思える。

　事例になった知識労働者の多くが，大学院やMBA，高度な資格取得などに挑戦していたわけであるが，彼（彼女）らはそれを活かして新しいキャリアの機会を切り開いていた。また多忙な知識労働者が陥りがちな「つまみ食い」状態の学習から脱却し，「偽物」の知識労働者から実力のある本物へと変化していた。彼（彼女）らにとって資格の取得や学位の取得は単なる箔付けなどではなく，実務経験を補完し，体系化して洗練されたものにしていく学習であり，同時に実務からでは得られない知識の学習機会になっているのである。

　第7章で取り上げた山口氏などは，仕事の中心性を下げながらも自分の望む勤務条件を確保していたが，それは山口氏が市場価値の高い希少な専門性を持っていたからである。また第6章で取り上げた井上氏も，技術士の資格を得ることで

定年後に独立開業を果たしていた。さらに第5章の吉田氏や山田氏のように，実務の世界と学問の世界の両方で活躍している人もいる。彼らは実務をやっていたからこそ大学で仕事を得られ，学問に取り組んだからこそコンサルタントとして活躍しているのである。日本企業で働く多くの人が，目の前の仕事に忙殺されがちであるが，長期的な視点でこうした学習の重要性を評価する必要があるものと思われる。

　さて次にあげられるのが，組織の外での活動や学習の重要性である。それは自分が所属する組織にないものを学ぶうえでも重要であるし，有益な人的ネットワークを作るうえでも重要である。さらには，自らの市場価値を冷静に見る目を養うためにも重要である。

　組織を離れた学習の重要性は先述の通りであるが，それは高度な専門知識や体系的な知識の学習でなくても，キャリアを豊かにしてくれる可能性がある。事例の中でも窮地に陥った知識労働者が，活動領域を広げて試行錯誤していくうちに，少しずつ活路を見出していった例があった。普段と異なることを経験し，学ぶ機会は，個人の思考を柔軟にして積極的な行動を導く可能性があると考えられる。

　また当然ながら，独立・起業するキャリアや転職するキャリアの事例を見ると，人的ネットワークの重要性が理解できる。それは知識労働者にとって貴重な学習の場であると同時に，キャリアの機会を見つける場でもあり，新たな挑戦をサポートしてくれる場でもある。豊富な人的ネットワークを組織外に持つことの意義は大きいだろう。

　さらに，転職や独立をする場合はもちろんのこと，専門分野を変えたり，学び直しをする際には，自分の強みや弱みを評価してみる必要があるのだが，その評価を冷静で厳しいものにするためには，組織の外で活動し，外部の人たちの評価に身をさらすことが重要になる。所属する企業内部の評価では，評価が甘くなりがちで的確な意思決定ができにくくなる恐れがある。特にミドル期に差し掛かったような年代の人は，相応の職位につき，相応の処遇を受けている。そのことが本人の過信にもつながりやすいし，周囲の同僚たちも実際よりも高く評価してくれがちである。しかしそれが労働市場における評価とは乖離している場合も少なくないのである。それを避けるためにも組織の外で活動する習慣は重要である。

　日本企業はチームワークや組織コミットメントを重視するので，そこで働く人も組織の外で活動することを積極的に捉えてこなかったものと思われる。しかし長期化するキャリアを見据えたうえで，その考えを見直す必要があるだろう。

　そして実践的インプリケーションの最後にあげられるのが，専門分野の変更や学び直しには，計画性や長期的な努力の継続が必要だということである。事例にもあったように，それまでの仕事に疑問や不安を覚えたり，窮地に陥った知識労働者が，専門分野を変えて，あるいは学び直しを行って再び活躍することは可能である。しかしそれは決して簡単なことではなく，計画的に仕事を変えたり長期的に努力を続けることが不可欠になる。

　第4章の事例においても，専門分野の変更は数年単位の計画に基づいて行われていたし，そのために継続的に新しい勉強をすることが必要とされていた。また第6章の学び直しの事例においても，将来のために10年以上も勉強を続けた例が見られた。それらのことが示すように，キャリアの何かを変えるというのは性急にできることではないのである。思い付きで何かをやるのではなく，丁寧な準備や計画が必要であるし，かなりの期間，あきらめることなく，努力を継続できる勤勉さも必要になる。そうしたことが理解できない人は，キャリアを変えていくことはできないであろう。おそらく，専門分野を変えたり，学び直しをする際には，最初は上手くいかないことの方が多いだろう。ときには以前よりも後退していると感じてしまうこともあるだろう。そのときに投げ出してしまったり，元の働き方に戻ってしまう人は，キャリアを変えることはできなくなる。本書で取り上げた事例は決して華やかな変化や飛躍ではなく，地道で粘り強い努力のプロセスなのである。

2．知識労働者を雇用する組織にとってのインプリケーション

　本書では，ミドル期以降のキャリアの転機を経て，その後も活躍を続けている人の事例を取り上げてきたわけであるが，そうした知識労働者を支援するために，彼（彼女）らを雇用する企業や組織ができることを考えてみたい。

　最初に考えられるのが，一律的な人的資源管理を知識労働者に適用するのではなく，多様な働き方やキャリアを前提としてマネジメントを行うことである。本書の事例が示すように，知識労働者のミドル期以降のキャリアは多様なものとなる。転職や独立によって組織の外に出ていく人もいれば，長く勤務する人もいる。高齢になっても精力的に働き続ける人もいるし，仕事の中心性を下げる人もいる。それらの人々が働きやすく，そして公平に扱われるマネジメントが必要になるだろう。

　これまでの日本企業の人的資源管理は，こうした人材の多様性に対応しきれて

いない部分が大きかったと思われる。既述のように伝統的な日本企業では，長期雇用と長期選抜を基盤とした人的資源管理が行われており，年齢や勤続年数が職位や賃金に与える影響が大きかった。そのような人的資源管理は，働く人がシニア期を迎える頃になると，働く人にとって不合理で窮屈な状況を生み出すことになりやすいのである。

　現在，多くの企業で60歳以上の人たちの継続雇用が行われているが，その際に一律に賃金を引き下げられる場合が多い[6]。また，仕事内容も大きく変わり，重要な仕事を任されなくなる場合が多い。その背景には年功重視で一律的に昇給させてきたシニア人材を，それ以上長く勤務させようとした場合，彼（彼女）らの処遇を大幅に下げざるを得ないという企業側の事情がある。そして，そうした処遇や仕事の責任の引き下げは，依然として意欲が高く有能な人材も，そうでない人材も同様に，一律に行われやすいのである。そうしたマネジメントが公平なものではなく，意欲ある人材を活かせるものではないことは明白であろう。

　今後さらにキャリアが長期化して，多くの人が70歳近くまで働くようになれば，シニア期のキャリアはますます多様なものになるだろう。そしてそれらの人たちを企業に役立てようとするならば，多様な人材にそれぞれに適した役割を与え，それに応じた処遇をすることが必要になる。もちろんそうした多様性を考慮したマネジメントは，シニア期になってから始めるようなものではない。若い頃から多様性を認めたマネジメントが行われていなければ，効果的なものにはならないだろう。新卒で採用し，長期選抜された人材のみを重用するのではなく，様々なバックグラウンドを持つ中途採用の人材を活用すべきであるし，年功的な処遇をするのではなく，職務や役割を基準とした処遇が必要になるだろう。そうした雇用環境が整備されないことには，若年期からミドル期までのマネジメントと，ミドル期からシニア期のマネジメントとの整合性が取れず，その間の移行も円滑に行かなくなるであろう。本書では，ミドル期以降に転職する知識労働者や，独立・起業する知識労働者の事例を見てきたが，今後は極めて市場価値の高い中高年齢者を中途採用する企業が増えてくることも考えられる。それらの人が働きやすいマネジメントの確立が必要であろう。

---

[6]　日本労働政策研究・研修機構が行った2016年の調査によると，61歳時の賃金は60歳になる前の6割から7割程度が一般的で，企業の規模が大きいほど減少幅が大きいことがわかっている。また65歳以上の人の年収で最も多いのは，200万円〜300万円と，300万円〜400万円であることもわかっている。

　次に考えられるのが，社員の転出や独立・起業を支援するようなマネジメントである。長期雇用を前提としている企業では，人材の流出は避けるべきことで，転出することを支援することなどもってのほかということになるのだが，長期化するキャリアを考慮すれば，一定の社員が早めに転出する方が合理的だとも考えられる。それは働く個人の立場から見ても，ミドル期やシニア期に再スタートを切りたい場合には，新しい職場の方がやりやすいという可能性がある。さらに企業が転出する社員，特に独立・起業する社員と良好な関係を維持することができ，協力することができるのであれば，それが新しい企業活動に結びつくことも期待できるだろう。

　すでに一部の先進的企業で行われているのであるが，自社内では実現できないような事業構想を持っている社員に対し，転職や起業を支援するような取り組みが出てきている。転職や起業を希望する社員に対し，その準備がしやすいように援助するのはもちろん，場合によってはその事業に出資をすることもある。そして，その事業が自社と提携できるようなものであれば，退職後もその転出者と協力して仕事をするのである。

　こうしたことはどんな企業にもできることではないだろうが，少なくとも独自の事業構想や自分らしい働き方を持った社員を認め，それを妨げないような姿勢が企業に求められてくるだろう。そうした自由がある企業だからこそ知識労働者は働きやすくなるのであり，そこで自分で考える習慣がつき，育っていくのだと考えられる。そして，ミドル期やシニア期にある知識労働者がそのように活躍するのを見て，若い知識労働者も自律的に働き，学ぶようになるのである。知識労働者に関していえば，人材の流動化を認めることによって人材の育成が進む可能性があるのであり，企業はそれを考慮したマネジメントを，今後模索していく必要があるものと思われる。

　さて，企業や組織へのインプリケーションとして最後にあげられるのは，知識労働者に自己認識や自己発見，そしてそのための内省を促すような施策の導入である。

　事例で見てきたように，知識労働者がミドル期以降の転機を乗り越える際に，自分を知ることが非常に重要になる。それは転職や独立といった場合だけでなく，専門分野を変更する場合においても，さらには挫折から立ち直る場合や，学び直しを行う場合にも重要なことであった。事例であげた知識労働者は，それぞれ自分を振り返り，再評価することによって変化を遂げていったわけであるが，それ

がなかなかできない人もいるものと思われる。そうした人を企業や組織が支援する必要があると思われる。

　自分を知ったり，評価するための方法としては，キャリア・カウンセリングのような方法をはじめ，キャリアを振り返るための研修や，職場の上司との面談など多様なものが考えられる。どれも相応の効果が期待できるものであるが，本書の事例を見ると，ミドルやシニアの知識労働者に社外での活動や学習に従事させて，それを通じて自己認識を深めるような取り組みが有効だと思われる。

　事例では，キャリアに停滞感を覚えた知識労働者が社外の様々な活動に参加し，そこで自分を認識し直すことが示されていた。また社外に出ることによってはじめて自分の能力や価値に気付くということもあるようであった。従来の日本企業では，自社の仕事に完全に専念することを働く人に求めていたので，社外での活動に参加することを推奨することは少なかったと思われるが，外に出ることによって自分を知ることができるのであれば，それを認めていくべきだと考えられる。

　特に，社外の評価にさらされたほうが，自分に対する評価が冷静で厳しいものになることは重要であろう。長く一つの企業や組織にいた人は，自分を高く評価しがちであるし，周りの同僚も同じである。外部の人たちや労働市場の評価に身をさらした方が，今後の計画をより厳しい視点から立てることにつながる。そのことが新たな努力や学習を引き起こすのであれば，積極的に試す価値があるだろう。

第4節　これから明らかにされるべきこと

1．研究対象の拡大

　本書の最後に，これから取り組むべきこと，すなわち今後の研究課題をあげておきたい。言うまでもなく，課題は山積しているのであるが，ここではその代表的なものとして，研究結果の一般化に関わるものと，分析の精緻化に関わるものを述べておきたい。

　本書はミドル期以降の知識労働者を対象とした事例研究であるが，事例研究の弱点として，研究結果がどこまで一般化できるのかといった問題がある。本書では18名のキャリアの転機や変化を分析したわけであるが，18名を分析したからと

いって一般化可能な結果が得られたとは主張できないし，一般化できる部分があったとしても，その範囲（IT技術者やコンサルタント以外にどの程度あてはまるか）も定かではない。より幅広く知識労働者を捉えるならば，さらに議論し，検討すべきこともたくさん存在しているのである。

　そうした問題を解決するためには，より研究対象を広げて，本書とは異なる知識労働者を含めた分析や考察を行うことが必要になるだろう。例えば，ゲームのクリエイターのような職種を取り上げることが考えられるし，広告関連の仕事やマーケティングの専門家を取り上げることも考えられる。また医療や教育関連の専門職を取り上げることも考えられるだろう。ゲームや広告等の知識労働者は，発想のユニークさや社会の動きに機敏に反応する感覚が特に求められるため，加齢に負けずに意欲的に働き続けることは，さらに難しくなるのかもしれない。また，医療や教育の専門職にとっては，公的な資格や学校教育が，成長を続けるうえでさらに重要になるかもしれない。

　それらのことを分析することによって，多くの知識労働者に一般化できることを見出し，特定の職種において顕著なこととの区別を明らかにできる可能性がある。

2．異なる視点からの分析

　研究結果を一般化できるかどうかは，取り上げた事実がどの程度客観的なものと言えるかにも関わる問題である。本書における事例分析は，知識労働者本人にインタビューを行い，自分のキャリアを振り返ってもらう形式で行われた。それはキャリアの転機や変化において，当事者が何を考え，どのように行動したのかを記述し，それに基づいて研究課題にアプローチするものであったと言える。

　そのことによって多くの発見が得られたわけであるが，そこで扱われた事実は，あくまで本人から見たものであることは間違いない。その意味では，どこまで客観性が高いものであるかは不明だと言わざるを得ない。

　それを考慮するならば，知識労働者を雇用する立場にある経営者や，彼（彼女）らを管理する立場にあるマネジャー，あるいは人事部の責任者などにインタビューする必要があると考えられる。そのことによって，本書が示した研究結果や，インプリケーションの妥当性がより正確に捉えられるだろう。

　それに加えて，本書の事例分析は，様々な転機や変化を経験して，現在も意欲的に働いている人，あるいは自分が望むような働き方をできている人に関する分

析が中心である。簡単な言葉で言い換えるならば，成功例の分析が中心であったと言える。もちろん，そうした働き方をしている人たちから学ぶことは多く，十分に意義があるのだが，反対の立場からの考察も必要であると思われる。ミドル期以降に働く意欲が低下してしまった人，あるいは長く停滞したままになっている人を分析することにより，何が本当に重要なことなのかを，厳密に評価することが可能になると思われる。もちろん，停滞を感じている人に話を聞いたり，そのキャリアを振り返ったりすることは，容易に実現できることではないのだが，そうした比較研究ができれば，より正確で一般化可能な研究結果が得られるものと思われる。

3. 仮説検証型の研究

次にあげるのは，分析の精緻化に関わる課題である。事例研究で得られた結果を精緻化する方法の一つとして，サーベイリサーチによる仮説検証型の研究があるが，それに取り組むことが，今後の研究課題となるだろう。本書が提示した発見事実を基に，調査項目や変数を作成して仮説を設定し，それを検証することによって，より精緻な研究結果が得られることが期待できる。

実際に，過去に行った試験的な調査と分析において，本書の研究結果とかなり整合性のある結果が得られている（三輪，2019）。その概要をまとめるならば，次のようになるだろう。

図表終－3は，個人が持つ知識やスキル（マネジメント能力，専門性・論理的思考，顧客理解，外部人材活用）と，心理的特性（自己発見，精神的タフさ），ならびにミドル期以降の個人の再学習行動（仕事の拡大・充実，キャリアの振り返り）が[7]，社内と社外における将来のキャリアの効力感[8]に与える影響を分析（重回帰分析）したものである[9]。社内で長く活躍できると感じている人，社外で長く活躍できると感じている人は，どんな知識やスキル，あるいは心理的特性を持ち，ミドルになってからどんな努力をしているのか検証したわけである。

7） ここでいう再学習行動とは「それまでの自分を見直し，新しい仕事や活動に取り組もうとする行動，あるいは新しい知識やスキルを得ようとする行動」と定義される。

8） ここでいうキャリアの効力感とは，Bandura（1977）の自己効力感（結果を生み出すのに必要な行動を効果的に遂行できるという確信）を参考にしたもので，「今後のキャリアで継続的に成果を生み出すための行動を，成功裡に遂行できるという確信」と定義している。Bandura（2017）では，自己効力感が強い場合，職業の選択肢が広がり，関心が大きくなることが論じられている。

図表終－3　知識やスキル，心理的特性等が社内効力感，社外効力感に与える影響

独立変数	社内効力感 β	社外効力感 β	VIF
年齢	−0.103 ***	−0.095 ***	1.240
性別（女性）	−0.061 *	−0.068 **	1.103
学歴（大学院）	0.016	0.013	1.211
IT技術者	−0.004	−0.055 *	1.453
金融専門職	0.049 †	−0.004	1.345
企業規模（1000人以上）	−0.039	−0.042 †	1.055
役職（管理職）	0.086 **	0.058 *	1.265
マネジメント能力	0.225 ***	0.011	2.261
自己発見	0.243 ***	0.094 **	2.688
専門性・論理的思考	0.084 *	0.284 ***	2.728
外部人材活用	−0.040	0.057 *	1.611
精神的タフさ	0.073 *	0.081 **	1.841
顧客理解	−0.007	−0.019	1.677
仕事の拡大・充実	0.097 **	0.171 ***	2.275
キャリアの振り返り	−0.110 ***	0.047 †	1.608
R^2	0.350	0.426	
調整済みR^2	0.342	0.419	
F 値	42.473 ***	58.549 ***	

† $p<.10$, * $p<.05$, ** $p<.01$, *** $p<.001$

　それによると，社内の効力感に対してはマネジメント能力が強い正の影響力を持っている。一方，社外の効力感に対しては，専門性・論理的思考や，外部人材活用（社外の人的ネットワークを使う力）が強い正の影響力を持っている。そして，自己発見や精神的タフさ，ミドル期以降の仕事の拡大や充実は，社内と社外，両方の効力感に正の影響力を持っている。これらは本書の分析結果とほぼ一致したものだと思われる。

　また**図表終－4**は，過去のキャリアにおいて試行錯誤や異質な仕事に取り組ん

9）　調査は2018年11月から12月にかけて行われ，web上で質問フォームに回答してもらうか，電子ファイルでデータをやり取りする方法がとられた。通信2社，システム開発1社，マイコン開発1社，金融・保険2社，人材サービス1社，シンクタンク1社，その他3社から，1609名の協力が得られた。そしてその中から職種や年齢を確認できる1198名のデータを分析に使用することにした。なおシステム開発1社のデータが336，シンクタンクのデータが681あるため，それらのデータが中心になることは否定できない。

　過去の仕事経験がミドル期以降の取り組みに与える影響

独立変数	仕事と学習領域の拡大・充実 β	キャリアの振り返り β	VIF
年齢	−0.169 ***	−0.101 **	1.229
性別（女性）	−0.021	0.049 †	1.094
学歴（大学院）	0.060 *	−0.014	1.151
IT技術者	−0.025	0.017	1.460
金融専門職	0.111 ***	0.120 ***	1.317
企業規模（1000人以上）	−0.038	−0.025	1.033
役職（管理職）	0.082 †	0.012	1.208
先進的・創造的な仕事経験	0.368 ***	0.176 ***	1.919
新規事業経験	0.073 **	0.037	1.571
社外交流経験	0.233 ***	0.233 ***	1.615
R^2	0.424	0.167	
調整済みR^2	0.422	0.160	
F 値	88.330 ***	23.695 ***	

† p<.10, *p<.05, **p<.01, ***p<.001

だ経験（先進的・創造的な仕事経験，新規事業経験，社外交流経験）が，ミドル期以降の再学習行動（仕事の拡大・充実，キャリアの振り返り）に与える影響を分析（重回帰分析）したものである。分析の結果，それらの経験が，ミドル期以降の再学習を強化することが明らかになっている。

　この結果も，若い頃の試行錯誤の経験が，ミドル期以降の学び直しや，専門分野の変更を促進するという本書の分析結果と整合性のあるものである。その意味においては，試験的に行ったサーベイリサーチの結果は，本書の分析結果を支持していると言えるだろう。

　しかしながら，三輪（2019）で行った分析は改善や再考が必要なものであり，問題点も少なからず残されている。設定された変数についても，修正や追加などが必要とされるだろう。また仮説や分析方法も極めて単純なものであり，再考の余地は多くある。今後はこうした仮説検証型の研究をさらに進めていくことが必要だと思われる

4．専門性や創造性，提案力などの厳密な分析

　最後に，知識労働者にとって最も重要だと考えられる専門性や創造性，提案力などを厳密に分析することがあげられる。本書においても，そうした知識やスキルを低下させないまま年齢を重ねるということが，大事な分析のポイントになっていた。

　本書の事例分析では，事例で取り上げた人の事業や仕事が順調であり，長くその分野で活躍していることを理由として，専門性や創造性を維持して働いているとみなしたわけであるが，それが本当に正確な判断であったかは不明なところもある。順調に仕事をしていて，成果をあげていたとしても，専門性の低下を別の要素で補いながら成果をあげていたという可能性もある。またそうでないにしても，本書は事例であげた人たちの専門性や創造性を，直接的に詳しく測定したわけではない。これは研究上の大きな課題と言えるだろう。

　今後，事例研究を重ねて研究結果の一般化を図るにしても，あるいはサーベイリサーチを行って研究の精緻化を目指すにしても，何らかの形で知識労働者の専門性や創造性を測定，分析することが必要になるだろう。例えば開本・和多田（2012）では，詳細な先行研究のレビューによって，様々な創造性の定義や測定方法等が議論されている。それらを参考にすることも可能である。その課題を解決できれば，知識社会，そしてキャリアが長期化する高齢社会において，大きな意味を持つ確かな発見が得られるものと考えられる。

【引用および参考文献】

Allen, T.J. and Katz, R.（1986）"The dual ladder: motivational solution or managerial delusion?," *R&D Management,* Vol.16, No.2, pp.185-197.

Aoki, M.（1988）*Information, Incentives, and Bargaining in the Japanese Economy,* Cambridge University Press.

Argyris, C. and Shön, D.A.（1978）*Organizational Learning: A Theory of Action Perspective,* Addison-Wesley.

Arthur, M.B. and Rousseau, D.M.（1996）*The Boundaryless Career–A New Employment Principle for a New Organizational Era,* Oxford University Press.

Arthur, M.B., Inkson, K. and Pringle, J.K.（1999）*The New Careers: Individual Action and Economic Change.* Sage Publications.

Bailyn, L.（1985）"Trained as engineers: issues for the management of technical personnel in midcareer," in Katz, R.（eds）*Career Issues in Human Resource Management,* Prentice-Hall, pp.35-49.

Baltes, P.B.（1987）"Theoretical propositions of life-span developmental psychology: On the dynamics between growth and decline", *Developmental Psychology,* Vol.23, No.5（東洋・柏木恵子・高橋恵子編集・監訳『生涯発達の心理学　1巻　認知・知能・智慧』新曜社，1993年）.

Bandura, A.（1977）Self-efficacy: Toward a unifying theory of behavioral change. *Psychological Review,* 84, pp.191-215.

Bandura, A. ed.（2017）*Self-Efficacy in Changing Societies,* Cambridge University Press.（本明寛・野口京子監訳，本明寛・野口京子・春木豊・山本多喜司訳『激動社会の中の自己効力』金子書房，2020年）

Bridges, W.（1980）*Transitions,* Addison-Wesley（倉光修・小林哲朗訳『トランジション　－人生の転機－』創元社，1994年）.

Burt, R.S.（2005）*Brokerage and Closure: An Introduction to Social Capital,* Oxford University Press.

Cusumano, M.A.（1991）*Japan's Software Factory: A Challenge to U.S. Management,* Oxford University Press（富沢弘之・藤井留美訳『日本のソフトウェア戦略　アメリカ式経営への挑戦』三田出版会，1993年）.

Cusumano, M.A.（2004）*The Business of Software,* The Free Press（サイコム・インターナショナル監訳『ソフトウェア企業の競争戦略』ダイヤモンド社，2004年）.

Cusumano, M.A. and Selby, R.W.（1995）*Microsoft Secrets,* Simon & Schuster（山岡洋一訳『マイクロソフト・シークレット　上・下』日本経済新聞社，1996年）.

Davenport, T.H. and Prusak, L.（1998）*Working Knowledge: How Organizations Manage What They Know,* Harvard Business School Press.

Davenport, T.H.（2005）*Thinking for a Living: How to Get Better Performance and Results from Knowledge Workers,* Harvard Business School Press（藤堂圭太訳『ナレッジワーカー　－知識労働者の実力を引き出す経営－』ランダムハウス講談

社，2006年).

DeFillippi, R.J. and Arthur, M.B.（1996）"Boundaryless contexts and careers: A competency-based perspective," in Arthur, M.B. and Rousseau, D.M.（eds）*The Boundaryless Career : A New Employment Principle for a New Organizational Era*, Oxford University Press, pp.116-131.

Drucker, P.F.（1993）*Post Capitalist Society,* HarperBusiness（上田淳生訳『ポスト資本主義社会』ダイヤモンド社，2007年).

Drucker, P.F.（1999）*Management Challenges for The 21st Century*, Elsevier.

Drucker, P.F.（2002）*Managing in The Next Society*, St Martins Pr.（上田淳生訳『ネクスト・ソサエティ　－歴史が見たことのない未来がはじまる－』ダイヤモンド社，2002年).

Erikson, E.H.（1956）"The problem of ego identity", *Journal of the American Psychoanalytic Associations,* 4, pp.56-121.

Erikson, E.H.（1968）*Identity: Youth and Crisis,* Norton.

Erikson, E.H.（1980）*Identity and the Life Cycle*, W.W. Norton & Company（西平直・中島由恵訳『アイデンティティとライフサイクル』誠信書房，2011年).

Erikson, E.H. and Ericson, J.M.（1997）*The Life Cycle Completed: A Review*, W.W. Norton & Company（村瀬孝雄・近藤邦夫訳『ライフサイクル，その完結』みすず書房，2001年).

Ference, T., Stoner, T. and Warren, E.K.（1977）'Managing the career plateau', *Academy of Management Review,* 2, pp.602-612.

Frorida, R.（2002）*The Rise of The Creative Class,* Susan Schulman（井口典夫訳『クリエイティブ資本論　－新たな経済階級の台頭－』ダイヤモンド社，2008年).

Frorida, R（2005）*The Flight of The Creative Class*, Harper Collins Publishers（井口典夫訳『クリエイティブ・クラスの世紀　新時代の国，都市，人材の条件』ダイヤモンド社，2007年).

Gouldner, A.W.（1957）"Cosmopolitans and locals: Toward an analysis of latent social roles Ⅰ," *Administrative Science Quarterly,* 2, pp.281-306.

Gratton, L.（2011）*The Shift: The Future of Work Is Already Here,* Harper Collins Business（池村千秋訳『ワーク・シフト』プレジデント社，2012年).

Gratton, L. and Scott, A.（2016）*The 100-year Life: Living and Working in an Age of Longevity,* Bloomsbury Information Ltd.（池村千秋訳『LIFE SHIFT』東洋経済新報社，2017年).

Greenwood, E.（1957）"Attributes of a profession," *Social Work,* Vol.2, No.3, pp.45-55.

Hall, D.T.（1976）*Career in Organizations.* Scott, Foresman and Company.

Hall, D.T.（2002）*Careers In and Out of Organizations,* Sage Publications.

Heldman, K.（2002）*PMP Project Management Professional Study Guide*, Sybex（PMI東京（日本）支部監訳『PMP教科書　Project Management Professional』翔泳社，2003年).

Horn, J.L. and Cattell, R.B.（1967）'Age differences in fluid and crystallized intelligence,' *Acta Psychologica,* 26, pp.107-129.

Huber, F. (2007) *Social Networks and Knowledge Spillovers: Networked Knowledge Workers and Localised Knowledge Spillovers*, Peter Lang.

Ibarra, H. (2003) *Working Identity: Unconventional Strategies for Reinventing Your Career*, Harvard Business School Press.

Jacoby, S.M. (2005) *The Embedded Corporation*, Princeton University Press（鈴木良始・伊藤健市・堀龍二訳『日本の人事部・アメリカの人事部』東洋経済新報社, 2005年）.

Jones, C. (1996) "Careers in project networks: The case of a film industry," in Arthur, M.B. and Rousseau, D.M. (eds) *The Boundaryless Career: A New Employment Principle for a New Organizational Era*, Oxford University Press, pp.58-75.

Jung, C.G. (1933) "The stage of life," *The Collected Works of Carl G. Jung*, Vol.8, Princeton University Press.

Katz, R. and Tushman, M.L. (1988) "An Investigation into the Managerial Roles and Career Paths of Gatekeepers and Project Supervisors in a Major R&D Facility," in Katz, R. (eds) *Managing Professionals in Innovative Organizations*, Ballinger, pp403-415.

Kelley, R.E. (1985) *The Gold Collar Workers*, Addison-Wesley Publishing.

Kim, W.C. and Mauborgne, R. (2015) *Blue Ocean Strategy: Expanded Edition*, Harvard Businees School Publishing（入山章栄監訳, 有賀裕子訳『新版・ブルーオーシャン戦略 －競争のない世界を創造する－』ダイヤモンド社, 2015年）.

Kroger, J. (2000) *Identy Development: Adolescene through Adulthood*, Sage Publications（榎本博明編訳『アイデンティティの発達 －青年期から成人期』北大路書房, 2005年）.

Krumboltz, J.D. and Levin, A.S. (2004) *Luck Is No Accident*, Impact Publishers（花田光世・大木紀子・宮地友紀子訳『その幸運は偶然ではないんです！』ダイヤモンド社, 2005年）.

Lave, J. and Wenger, E. (1991) *Situated Learning: Legitimate Peripheral Participation*, Cambridge University Press（佐伯胖訳, 福島真人解説『状況に埋め込まれた学習 －正統的周辺参加－』産業図書, 1993年）.

Levinson, D.J. (1978) *The Seasons of A Man's Life*, Knopf（南博訳『ライフサイクルの心理学 上・下』講談社学術文庫, 1992年）.

Luthans, F. (2002) The need for and meaning of positive organizational behavior. *Journal of Organizational Behavior*, 23. pp.695-706.

Luthans, F., Youssef-Morgan, C.M. and Avolio, B.J. (2015) *Psychological Capital and Beyond*, Oxford University Press.

May, T. (2001) Social Research 3rd edition, Open University Press（中野正大監訳『社会調査の考え方 －論点と方法－』世界思想社, 2005年）.

Maslow, A.H. (1954) *Motivation and Personality*. Harper & Brothers.（小口忠彦監訳『人間性の心理学』産業能率短期大学出版部, 1971年）.

Mitchell, K.E., Levin, A.S. and Krumboltz, J.D. (1999) "Planned happenstance:

constructing unexpected career opportunities," *Journal of Counseling and Development,* Vol.77, pp.115-124.

Nonaka, I. and Takeuchi, H. (1995) *The Knowledge-Creating Company: How Japanese Companies Create the Dynamics of Innovation,* Oxford University Press (梅本勝博訳『知識創造企業』東洋経済新報社，1996年).

Parker, P. and Arthur, M.B. (2000) "Careers, organizing, and community," in Peiperl, M., Arthur, M., Goffee, R. and Morris, T. (eds) *Career Frontiers: New Conceptions of Working Lives,* Oxford University Press, pp.99-121.

Pelz, D.C. and Andrews, F.M. (1966) *Scientist in Organizations,* John Wiley and Sons (兼子宙監訳『創造の行動科学』ダイヤモンド社，1971年).

Prusak, L. and Cohen, D. (2004) 'How to invest in social capital', in Lesser, E. and Prusak, L. eds. *Creating Value with Knowledge,* Oxford University Press, pp.13-23.

Prusak. L. and Matson, E. (2006) (eds) *Knowledge Management and Organizational Learning,* Oxford University Press.

Reich, R.B. (1991) *The Works of Nations,* Alfred A. Knopf (中谷巌訳『THE WORK OF NATIONS －21世紀資本主義のイメージ』ダイヤモンド社，1993年).

Schein, E.H. (1978) *Career Dynamics: Matching Individual and Organizational Needs,* Addison-Wesley (二村敏子・三善勝代訳『キャリア・ダイナミクス』白桃書房，1991年).

Schein, E.H., (1990) *Career Anchors: Discovering Your Real Values,* Jossey-Bass/ Pfeiffer (金井壽宏訳『キャリア・アンカー －自分の本当の価値を発見しよう-』白桃書房，2003年).

Simonton, D.K. (1990) "Creativity in the later years: Optimistic prospects for achievement," *The Gerontologist,* 30, pp.626-631.

Spencer, L.M. and Spencer, S.M. (1993) *Competence At Work,* John Wiley and Sons (梅津祐良・成田攻・横山哲夫訳『コンピテンシー・マネジメントの展開　導入・構築・活用』生産性出版，2001年).

Super, D.E. (1957) *The Psychology of Careers-An Introduction to Vocational Development,* Harper & Brothers.

Thite, M. (2004) *Managing People in the New Economy: Targeted HR Practices that Persuade People to Unlock their Knowledge Power,* Response Books.

Tierney, T., Nohria, N. and Hansen, M.T. (1999) What Your Strategy for Managing Knowledge? *Harvard Business Review,* March-April 1999 (黒田由貴子訳「コンサルティング・ファームに学ぶ「知」の活用戦略」『ダイヤモンド・ハーバード・ビジネス』第24巻第5号，60-74頁).

Toffler, A. (1980) *The Third Wave,* W.Morrow & Co. (徳山二郎監修，鈴木健次・桜井元雄他訳『第三の波』日本放送出版協会，1980年).

Wang, M., Olson, D.A. and Shultz, K.S. (2013) *Mid and Late Career Issues: An Integrative Perspective,* Routledge.

Wenger, E, (1998) *Communities of Practice: Learning, Meaning, and Identity,*

Cambridge University Press.

Wenger, E.（2006）"Community knowledge at work," in deFillippi, R.J., Arthur, M.B. and Lindsay, V.J.（eds）*Knowledge at Work, Creative Collaboration in the Global Economy,* Blackwell Publishing, pp.50-74.

Wenger, E., McDermott, R. and Snyder, W.M.（2002）*Cultivating Communities of Practice,* Harvard Business School Press（野村恭彦監修，野中郁次郎解説，桜井祐子訳『コミュニティ・オブ・プラクティス　－ナレッジ社会の新たな知識形態の実践－』翔泳社，2002年）.

Yin, R.K.（1994）*Case Study Research 2/e,* Sage Publications（近藤公彦訳『ケース・スタディの方法』千倉書房，1996年）.

相田洋・大崎敦（1996）『NHKスペシャル　新・電子立国　第1巻　ソフトウェア帝国の誕生』日本放送出版協会.

相田洋・荒井岳夫（1996）『NHKスペシャル　新・電子立国　第2巻　マイコン・マシーンの時代』日本放送出版協会.

青木昌彦（2002）「産業アーキテクチャのモジュール化　－理論的イントロダクション」青木昌彦・安藤晴彦編著『モジュール化　新しい産業アーキテクチャの本質』東洋経済新報社，3～31頁.

阿部正浩・山本勲編（2018）『多様化する日本人の働き方　－非正規・女性・高齢者の活躍の場を探る』慶應義塾大学出版会.

石山恒貴（2013）『組織内専門人材のキャリアと学習』公益財団法人日本生産本部生産性労働情報センター.

石山恒貴（2015）『時間と場所を選ばないパラレル・キャリアを始めよう　－「2枚目の名刺」があなたの可能性を広げる』ダイヤモンド社.

今田幸子（1994）「年功昇進の謎」日本労働研究機構編『組織内キャリアの分析　－ホワイトカラーの昇進構造－』日本労働研究機構，35-52頁.

今野浩一郎（2012）『正社員消滅時代の人事改革』日本経済新聞社.

岩本純・吉井博明（1998）『「情報」の商品化と消費』学文社.

梅澤隆（1996）「情報サービス産業の分業とソフトウェア技術者のキャリア・職業意識」『三田商学研究』第39巻第1号，63-80頁.

梅澤隆（2000）『情報サービス産業の人的資源管理』ミネルヴァ書房.

太田肇（1993）『プロフェッショナルと組織　－組織と個人の「間接的統合」－』同文舘.

岡本祐子（1997）「中年期のアイデンティティの危機と発達　中年期の危機をキャリア発達にどう生かすか」『BUSINESS INSIGHT』第五巻第一号，20-33頁.

岡本祐子（2007）『アイデンティティ　生涯発達論の展開　－中年期の危機と心の深化－』ミネルヴァ書房.

奥林康司（1988）「日本的経営の展望」奥林康司編著『ME技術革新下の日本的経営』中央経済社，175-184頁.

大西勝明（1998）『大競争下の情報産業　－アメリカ主導の世界標準に対抗する日本企業の選択－』中央経済社.

大庭さよ（2003）「ダグラス・ホール：関係性アプローチ」渡辺三枝子編著『キャリア

の心理学 －働く人の理解<発達理論と支援への展望〉－』ナカニシヤ出版，113-126頁.

加藤忠宏（1999）『提案型システムコンサルタント養成講座 －システムソリューションの具体策』同友舘.

金井壽宏（1996）「統合概念にまつわるクロス・レベル・イシュー －個人，集団，組織の発達における「分化に応じた統合」－」『組織科学』Vol.29, No.4, 62-74頁.

金井壽宏（1997）「キャリア・デザイン論への切り口 －節目のデザインとしてのキャリア・プランニングのすすめ－」『BUSINESS INSIGHT』第五巻第一号，34-55頁.

金井壽宏（2002）『仕事で「一皮むける」 －関経連「一皮むけた経験」に学ぶ』光文社新書.

神谷美恵子（1980）『生きがいについて』みすず書房.

木下康仁（2007a）『ライブ講義M-GTA －実践的質的研究法 修正版グラウンデッド・セオリー・アプローチのすべて－』弘文堂.

木下康仁（2007b）「修正版グラウンデッド・セオリー・アプローチ（M-GTA）の分析技法」富山大学看護学会誌第6巻第2号，1-10頁.

国友義久（1994）『情報システムの分析・設計』日科技連出版社.

小池和男（1991）『大卒ホワイトカラーの人材開発』東洋経済新報社.

小池和男（1993a）「日本企業と知的熟練」伊丹敬之・加護野忠男・伊藤元重編『日本の企業システム 第3巻 人的資源』有斐閣，53-76頁.

小池和男（1993b）『アメリカのホワイトカラー －日米どちらがより『実力主義』か』東洋経済新報社.

小池和男（1997）『日本企業の人材育成』中公新書.

厚東偉介（2003）「技術職の能力開発」石井脩二編著『シリーズ 人的資源を活かせるか 3 知識創造型の人材育成』中央経済社，129-153頁.

國領二郎（1999）『オープン・アーキテクチャ戦略 －ネットワーク時代の協働モデル』ダイヤモンド社.

佐野陽子（1998）「ゴールドカラーの人材育成」二神恭一編著『戦略的人材育成 －コンティンジェント雇用システム』中央経済社，77-88頁.

清家篤編著（2009）『叢書・働くということ⑧ 高齢者の働き方』ミネルヴァ書房.

高木浩人（2001）「加齢と働く意欲，職務態度」田尾雅夫・石田正浩・高木浩人・益田圭『高齢者就労の社会心理学』ナカニシヤ出版，35-57頁.

高階利徳（2003）「高年齢労働者」奥林康司・上林憲雄・平野光俊編著『入門人的資源管理』中央経済社，240-255頁.

東京大学社会科学研究所（1989）『情報サービス産業の経営と労働』.

戸塚秀夫・中村圭介・梅澤隆（1990）『日本のソフトウェア産業 経営と技術者』東京大学出版会.

中村圭介（1996）『日本の職場と生産システム』東京大学出版会.

西村純一（1994）『成人発達の心理学』酒井書店.

日本労働政策研究・研修機構（2016）「高年齢者の雇用に関する調査（企業調査）」JILPT調査シリーズ，No.156.

野中郁次郎（1990）『知識創造の経営 －日本企業のエピステモロジー－』日本経済新

聞社.

野中郁次郎・紺野登（2003）『知識創造の方法論　－ナレッジワーカーの作法－』東洋経済新報社.

花岡昌（1992）『システム・エンジニアの養成と管理』日刊工業新聞社.

花田光世（1993）「日本の人事制度における競争原理　昇進・昇格システムの実態」伊丹敬之・加護野忠男・伊藤元重編『日本の企業システム　第3巻　人的資源』有斐閣，276-299頁.

花田光世・宮地友紀子・大木紀子（2003）「キャリア自律の新展開」『一橋ビジネスレビュー』51巻1号，東洋経済新報社，6-23頁.

濱口桂一郎（2014）『日本の雇用と中高年』筑摩書房.

開本浩矢（2006）『研究開発の組織行動　－研究開発技術者の業績をいかに向上させるか－』中央経済社.

開本浩矢・和多田理恵（2012）『クリエイティビティ・マネジメント　－創造性研究とその系譜－』白桃書房.

平野光俊（1999）『キャリア・ドメイン　ミドル・キャリアの分化と統合』千倉書房.

藤本雅代（2005）『専門職の転職構造　－組織準拠性と移動－』文眞堂.

古田克利（2017）『IT技術者の能力限界の研究　－ケイパビリティ・ビリーフの観点から－』日本評論社.

益田圭（2001）「加齢と能力・パフォーマンス」田尾雅夫・石田正浩・高木浩人・益田圭『高齢者就労の社会心理学』ナカニシヤ出版，13-34頁.

松尾睦（2006）『経験からの学習　－プロフェッショナルへの成長プロセス－』同文館出版.

三崎秀央（1998）「研究開発従事者の二重のロイヤリティに関する体系的研究」神戸商科大学博士論文.

三崎秀央（2004）『研究開発従事者のマネジメント』中央経済社.

南隆男（1988）「キャリア開発の課題」三隅二不二・山田雄一・南隆男編著『組織の行動科学』福村出版，294-331頁.

三輪卓己（2001）『ソフトウェア技術者のキャリア・ディベロップメント　成長プロセスの学習と行動』中央経済社.

三輪卓己（2009a）「経営コンサルタントの自律的キャリアの実態の分析－知識の獲得，人的ネットワーク，キャリア志向の多様性－」『京都産業大学論集社会科学系列』第26号，27-52頁.

三輪卓己（2009b）「知識労働者のキャリア発達における多様性の分析　－ソフトウェア技術者の組織内キャリアと組織を移るキャリア－」『日本労務学会誌』第10巻第2号，2-17頁.

三輪卓己（2010）「知識労働者のキャリア志向と学習　―自律的キャリア発達における複合的キャリア志向の意義―」『日本労務学会誌』第11巻2号，2-16頁.

三輪卓己（2011）『知識労働者のキャリア発達　－キャリア志向・自律的学習・組織間移動』中央経済社.

三輪卓己（2013a）「知識労働者の人的資源管理の多様性　－コンサルティング関連企業12社の事例分析」『日本労務学会誌』Vol.14，No.2，87-104頁.

三輪卓己（2013b）「技術者の経験学習　－経験と学習成果の関連性を中心に」『日本労働研究雑誌』No.639，27-39頁.

三輪卓己（2014a）「IT技術者の人的資源管理の事例分析　－成果主義・市場志向の人的資源管理は一般的なのか」『京都産業大学論集社会科学系列』第31号，29-56頁.

三輪卓己（2014b）「知識労働者の人的資源管理の比較分析　－4類型にみる組織への定着意志とコミュニケーション」『京都マネシメントレビュー』第25号，1-23頁.

三輪卓己（2015）『知識労働者の人的資源管理　－企業への定着・相互作用・キャリア発達－』中央経済社.

三輪卓己（2018a）「知識労働者のミドル期以降のキャリア発達プロセス　転機とその後の変化」『人材育成研究』第14巻第1号，17-33頁.

三輪卓己（2018b）「知識労働者のミドル期以降の組織間移動　－転職・起業を促す要因の探索－」『京都マネシメントレビュー』第33号，33-52頁.

三輪卓己（2019）「知識労働者のミドル期以降の効力感を高める要因」『京都マネシメントレビュー』第35号，67-89頁.

村上由紀子（2001）「シリコンバレーにおける労働移動と日系企業の人的資源管理」『日本労務学会誌』第3巻第2号，23-33頁.

村上由紀子（2003a）「研究開発技術者の配置転換・転職と昇進」『日本労務学会誌』第5巻第2号，56-67頁.

村上由紀子（2003b）『技術者の転職と労働市場』白桃書房.

守島基博（2002）「知的創造と人材マネジメント」『組織科学』Vol.36，No.1，41-50頁.

山本寛（2000）『昇進の研究　－キャリア・プラトー現象の観点から－』創成社.

山本寛（2005）『転職とキャリアの研究　－組織間キャリア発達の観点から－』創成社.

山本寛（2014）『働く人のためのエンプロイアビリティ』創成社.

山本寛編著（2016）『働く人のキャリアの停滞　－伸び悩みから飛躍へのステップ－』創成社.

リクルートワークス編（2003）「コンピテンシー活用にパラダイムシフトを」『ワークス』Apr.-May 2003，24-43頁.

若林満（1988）「組織内キャリア発達とその環境」若林満・松原敏浩編『組織心理学』福村出版，230-261頁.

（参照URL）

株式会社サイバーエージェントホームページ（https://www.cyberagent.co.jp/way/info/contents_type=1118，2020年12月26日閲覧）

株式会社リクルートマーケティングパートナーズホームページ（http://www.recruit-mp.co.jp/recruit/planner/，2020年12月26日閲覧）

総務省統計局ホームページ（http://www.stat.go.jp/data/topics/topi721.html，2020年12月26日閲覧）

索　引

■著者紹介

三輪　卓己（みわ　たくみ）
桃山学院大学経営学部教授　博士（経営学）

1964年　徳島県に生まれる
1988年　横浜市立大学商学部卒業
2001年　神戸大学大学院経営学研究科博士後期課程修了
　　　　㈱三菱UFJリサーチ＆コンサルティング，チーフコンサルタント，
　　　　京都産業大学経営学部専任講師，准教授，教授などを経て2021年より現職
著書：
『ソフトウェア技術者のキャリア・ディベロップメント―成長プロセスの学習と行動』
中央経済社，2001年。
『成果と公平の報酬制度』（共著）中央経済社，2003年。
『フラット型組織の人事制度』（共著）中央経済社，2004年。
『入門 人的資源管理（第2版）』（共著）中央経済社，2010年。
『知識労働者のキャリア発達―キャリア志向・自律的学習・組織間移動』中央経済社，
　　2011年。（第34回　労働関係図書優秀賞）
『ケーススタディ 優良・成長企業の人事戦略』（共編著）税務経理協会，2015年。
『知識労働者の人的資源管理―企業への定着・相互作用・キャリア発達』中央経済社，
　　2015年。

ミドル＆シニアのキャリア発達
■知識労働者にみる転機と変化

2021年4月25日　第1版第1刷発行

著　者　三　輪　卓　己
発行者　山　本　　　継
発行所　㈱ 中　央　経　済　社
発売元　㈱中央経済グループ
　　　　パ ブ リ ッ シ ング

〒101-0051　東京都千代田区神田神保町1-31-2
電話　03（3293）3371（編集代表）
　　　03（3293）3381（営業代表）
https://www.chuokeizai.co.jp
印　刷／三英印刷㈱
製　本／㈲井上製本所

© 2021
Printed in Japan

＊頁の「欠落」や「順序違い」などがありましたらお取り替えいた
しますので発売元までご送付ください。（送料小社負担）
ISBN978-4-502-36931-5　C3034

JCOPY〈出版者著作権管理機構委託出版物〉本書を無断で複写複製（コピー）することは，
著作権法上の例外を除き，禁じられています。本書をコピーされる場合は事前に出版者著
作権管理機構（JCOPY）の許諾を受けてください。
　JCOPY〈http://www.jcopy.or.jp　eメール：info@jcopy.or.jp〉

●好評発売中●

知識労働者の人的資源管理

企業への定着・相互作用・キャリア発達

三輪　卓己〔著〕

● A 5 判・312頁
● ISBN：978-4-502-16061-5

> これからの社会と企業活動を牽引する存在である知識労働者。彼らの活躍と成長を促すための効果的なマネジメント（人的資源管理）をインタビュー調査等によって明らかにする。

◆本書の主な内容◆

中央経済社

一般社団法人　　　　　　　　特定非営利活動法人
日本経営協会［監修］　経営能力開発センター［編］

経営学検定試験公式テキスト

経営学検定試験（呼称：マネジメント検定）とは，
経営に関する知識と能力を判定する唯一の全国レベルの検定試験です。

① 経営学の基本
（初級受験用）

② マネジメント
（中級受験用）

③ 人的資源管理/
経営法務
（中級受験用）

④ マーケティング/
IT経営
（中級受験用）

⑤ 経営財務
（中級受験用）

中央経済社

ベーシック＋プラス

Basic Plus

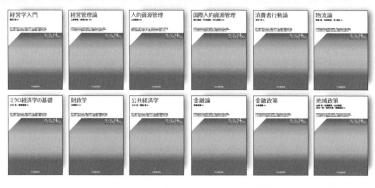

経営学入門	人的資源管理	経済学入門	金融論	法学入門
経営戦略論	組織行動論	ミクロ経済学	国際金融論	憲法
経営組織論	ファイナンス	マクロ経済学	労働経済学	民法
経営管理論	マーケティング	財政学	計量経済学	会社法
企業統治論	流通論	公共経済学	統計学	他

いま新しい時代を切り開く基礎力と応用力を
兼ね備えた人材が求められています。
このシリーズは，各学問分野の基本的な知識や
標準的な考え方を学ぶことにプラスして，
一人ひとりが主体的に思考し，行動できるような
「学び」をサポートしています。

中央経済社